Coleção Leitura, escrita e oralidade

Júlio César Araújo
Messias Dieb
(Organizadores)

Linguagem e Educação
Fios que se entrecruzam na escola

COPYRIGHT © 2007 BY ORGANIZADORES

CAPA
Victor Bittow
Sobre imagem de Verô

REVISÃO
Cecília Martins

EDITORAÇÃO ELETRÔNICA
Conrado Esteves

2007
Todos os direitos reservados pela Autêntica Editora.
Nenhuma parte desta publicação poderá ser reproduzida,
seja por meios mecânicos, eletrônicos, seja via cópia
xerográfica, sem a autorização prévia da editora.

AUTÊNTICA EDITORA

BELO HORIZONTE
Rua Aimorés, 981, 8º andar . Funcionários
30140-071 . Belo Horizonte . MG
Tel: (55 31) 3222 68 19
TELEVENDAS: 0800 283 13 22
www.autenticaeditora.com.br
e-mail: autentica@autenticaeditora.com.br

SÃO PAULO
Rua Visconde de Ouro Preto, 227 . Consolação
01 303-600 . São Paulo-SP . Tel.: (55 11) 3151 2272

	Araújo, Júlio César
A663l	Linguagem e educação: fios que se entrecruzam na escola / Júlio César Araújo e Messias Dieb. — Belo Horizonte: Autêntica, 2007.
	248 p. – (Leitura, escrita e oralidade, 5)
	ISBN: 978-85-7526-244-3
	1.Educação. 2.Linguagem. I.Dieb, Messias. II. Título. III. Série
	CDU 37

Para Marlene e Fransquinha

Mães-tecelãs que, incansavelmente e com sabedoria,
tecem amor e dedicação.

Agradecimentos

Nenhum texto é uma tarefa solitária, sobretudo quando se trata de uma coletânea de trabalhos. Assim, queremos agradecer, primeiramente, aos colegas autores que aceitaram a empreitada coletiva de entrelaçar Linguagem e Educação. Com eles, estendemos nossos agradecimentos:

À Dra. Irandé Antunes (UFPE) e à Dra. Bernardete Biasi-Rodrigues (UFC) pela leitura atenta do volume e por suas palavras generosas no prefácio e na orelha deste livro.

Às colegas Dra. Alessandra Freitas, líder do NUPED e Ms. Cássia Santos, líder do PRADILE, o nosso reconhecimento pela parceria e pelo entrelaçamento dos sonhos acadêmicos vivenciados no âmbito da UERN.

Aos demais membros dos grupos NUPED e PRADILE pelo desejo mútuo de crescer na pesquisa.

À Dra. Carla Coscarelli (UFMG) por apresentar nosso trabalho à Rejane Dias, a quem, representando a Editora Autêntica, também agradecemos a credibilidade e a publicação das pesquisas aqui apresentadas.

Sumário

11 Apresentação

15 Linguagem e Educação:
fios que se entrecruzam na escola

19 PRIMEIRA PARTE – PRÁTICAS DISCURSIVAS E ENSINO

21 A intertextualidade intersuportes:
estratégia de quebra de expectativas
na leitura e na escritura de gêneros
Antônio Duarte Fernandes Távora

33 A produção escrita na escola:
o computador como ferramenta pedagógica
Regina Cláudia Pinheiro

51 Leitura e (hiper)texto:
"novas" práticas contemporâneas?
Fernanda Correa Silveira Galli

65 A leitura de hipertextos: charge
Carla Viana Coscarelli

89 A notícia no jornal escolar: o que sabem
os alunos acerca dos gêneros que produzem?
Antônia Nágela Costa
Júlio César Araújo

101 O conceito de pergunta nas teorias e abordagens
lingüísticas: uma visão panorâmica
Silvano Pereira de Araújo

113 SEGUNDA PARTE – LITERATURA E ENSINO

115 Pirlimpsiquice: jogo de vozes em palco dialógico
Cássia Fátima dos Santos

127   O perfume da Fulô do Mato assuense:
      o romantismo na obra de Renato Caldas
      Terezinha de Fátima Ferreira

141   Os filhos da carochinha:
      contando e recontando histórias
      Alessandra Cardoso de Freitas
      Marly Amarilha

159   TERCEIRA PARTE
      PRÁTICAS PEDAGÓGICAS E LEGISLAÇÃO EDUCACIONAL

161   Ensino de leitura e escrita: a escola primária
      potiguar em 1920
      Maria da Conceição Silva

175   A prática e a teoria: uma transversalidade
      possível no trabalho docente
      Ednacelí Abreu Damasceno Mota

193   Estratégias de indagação em aulas de Matemática
      Francisca Ramos-Lopes

209   Estudantes no Ensino Médio e a sua relação
      com as aulas de Português
      Francisca de Jesus Gomes de Sousa
      Messias Dieb

225   A Educação Infantil na LDB: pressupostos
      antropológicos, éticos e sociológicos
      Messias Dieb

245   Os autores

Apresentação

A perspectiva textual e discursiva da língua tem despertado um interesse crescente não apenas em relação aos estudos lingüísticos, mas também no que se refere à correlação entre esses estudos e questões pedagógicas. É que muitas orientações teóricas foram gradativamente empurrando a ciência da linguagem para as dimensões sociais e interacionais da língua, o que forçosamente levaria ao texto e ao discurso, com seus múltiplos e complexos desdobramentos, uma vez que toda atividade que envolve a linguagem é eminentemente textual e discursiva. Era natural também que a questão do ensino da língua viesse à tona, na procura de se viabilizar resultados mais próximos dos ideais pensados para esse ensino. Assim, texto, discurso e ensino de línguas passaram a ser objeto dos interesses mais próximos de quantos se ocupam dos estudos sobre a linguagem e sobre a educação.

Mesmo assim, pode-se lembrar todo o percurso – lento e persistente – da Lingüística, para transitar: da frase ao texto, do texto ao discurso; da morfologia à semântica e, depois, à pragmática. Foram voltas e mais voltas até se reconhecer que os limites da frase eram insuficientes para se dar conta de muitas questões lingüísticas. Não menos complexo também tem sido o empenho para pôr em relação essas descobertas da Lingüística e as práticas pedagógicas atinentes ao ensino de línguas, seja da língua materna, seja de línguas estrangeiras. Pode-se ainda reconhecer que, como acontece no âmbito de outras mudanças, a força de algumas crenças, de alguns mitos, tem provocado resistências a esse processo de sintonia entre as descobertas da ciência lingüística e os princípios pedagógicos que regulam as atividades de sala de aula.

Por essas resistências – que provêm de diferentes forças e com objetivos claros, embora bastante sutis ou disfarçados – muito dessas descobertas ainda tem um caráter de "novidade sem fundamento", que suscita desconfiança e rejeição. Assim, novas perspectivas de consideração do fenômeno lingüístico têm tardado a se fortalecer, sobretudo no âmbito prático do ensino. Ainda persistem, aqui e ali, práticas de sala de aula que favorecem a concentração de alunos e professores em "listas de erros" e respectivos acertos, como se a língua pudesse ser reduzida à dimensão tão pequena e tão simples de apenas se conformar a uma determinada norma gramatical.

Ou seja, não obstante tantos avanços na maneira de se ver o fenômeno lingüístico, ainda perduram práticas de ensino da língua que parecem ignorar a amplitude das novas visões sobre esse fenômeno. Por isso é que ainda causa estranheza a alguns o fato de se ocupar as aulas de língua para ler e analisar textos; como ainda causa estranheza conceder prioridade ao estudo das propriedades lingüísticas e pragmáticas dos textos: é como se, por esses meios, não estivéssemos nos ocupando de um estudo "sério" de língua e, mais especificamente, não estivéssemos nos ocupando do estudo da gramática. Por todo lado, não faltam pessoas "bem intencionadas", que vêm àquelas escolas que já seguem a orientação de novas concepções para reclamar das aulas de língua; reclamam que faltam explicações de gramática; ou que não se corrigem os erros dos alunos, que "falam e escrevem mal". Tais pessoas estão convictas de que aprender uma língua – o que, para elas, é sempre uma tarefa muito difícil – equivale a saber de cor o conjunto de regras que definem os usos tidos idealmente como marcas de uma suposta norma culta.

E se, a algumas escolas, não chegam tais reclamações, é porque lá se faz muita análise morfológica e sintática, lá se fazem exercícios de formação e correção de frases, mesmo que não haja tempo para ler um texto ou um livro e para escrever – com planejamento e revisão – textos dos mais variados gêneros. Nessas escolas, os pais ou tutores de seus alunos se sentem tranqüilos, acreditando que aqueles exercícios de análise morfológica ou sintática de palavras e de frases soltas constituem as melhores oportunidades para que seus filhos aprendam da língua aquilo que lhes vai abrir todas as portas do sucesso comunicativo, tão necessário às múltiplas atividades sociais de cada um.

Quer dizer: persiste muita confusão, entre a maioria daqueles que fazem a comunidade escolar, sobre o que deva ser *questão lingüística relevante para compor um bom programa de estudo (escolar ou não) sobre a língua*. Em geral, o texto, o discurso, a interação social oral e escrita, com todas as suas dimensões, ainda não são o centro das atenções de quem estuda línguas numa escola.

Ora, tudo que diz respeito à língua é bem mais complexo do que *formar frases*, do que *falar corretamente*. A língua é, antes de tudo, um fato cultural, com seus desdobramentos sociais, históricos e políticos, com raízes que vão bem longe, no tempo e no espaço, que passam pela cabeça e pelo coração das pessoas todas com que convivemos. É por isso que uma língua é parte crucial da identidade de cada um, da vida que cada um levou, leva e pensa levar na imensa rede dos *fios que se entrecruzam* (não somente na escola), para constituir o grande discurso da autoria humana.

Parece imensamente oportuno, pois, que se reforce o empenho pela pesquisa lingüística de diferentes fenômenos, nomeadamente quando tais fenômenos recobrem o domínio amplo e significativo do texto, do discurso e de suas múltiplas incursões. Essa pretensão está visivelmente presente no livro *Linguagem e Educação: fios que se entrecruzam na escola*. O próprio título já aponta para a interdependência entre os domínios da linguagem e da educação, de forma a constituírem um tecido feito de linhas que se cruzam, que se perpassam mutuamente. Na verdade, a proposta central do livro é pôr em destaque o fato de que não se pode pensar educação sem linguagem e que explorar a linguagem representa uma forma de desenvolver nas pessoas suas capacidades para compreenderem melhor o mundo e, assim, atuarem socialmente de forma ampla, crítica, participativa e adequada às situações concretas da interação social.

Por isso, o livro está organizado para considerar, em primeiro, a relação entre: "Práticas Discursivas e Ensino"; em segundo, entre "Literatura e Ensino" e, por fim, entre "Prática Pedagógica e Legislação Educacional", cumprindo, assim, de forma tão significativa, áreas ou perspectivas que transcendem em muito as estreitas visões da prescrição lingüística.

Nesse quadro tão abrangente, são vistas questões bem atuais, como a dos gêneros textuais, com privilégio para o estudo de suas especificidades (a charge e o jornal escolar, por exemplo) e de seus cruzamentos intertextuais de modelos ou de formas (a mala direta, por exemplo). As análises propostas nos deferentes capítulos guardam relação, como era de se esperar, com a dimensão do ensino da leitura e da produção de (hiper)textos, afirmando assim o núcleo de interesse para o qual o livro está voltado. Mesmo em relação aos capítulos diretamente ligados ao domínio da literatura, não faltaram considerações sobre a prática milenar de contar e recontar histórias, com ênfase na produção, oral e escrita, individual e coletiva, de recontos de textos do gênero conto de fada, como recurso de desenvolvimento e estruturação da linguagem pela criança.

A particular relação do aluno com o saber que aprende também é mostrada nos resultados de uma pesquisa; concretamente, aquele saber vinculado ao estudo da língua. Corroborando dados que fazem parte da memória de todo professor de Português, essa pesquisa colheu dos alunos declarações que instigam nossa capacidade de reflexão. Disseram alguns:

- Acho que nossa língua é difícil, só quem entende mesmo é os professores;
- Não gosto da matéria; é chata demais. Minha dificuldade é escrever sem erro demais porque isso é horrível;
- A minha principal dificuldade é na gramática;
- Detesto Português. Tento ler, mas só que é difícil mesmo muita gente é como eu.

São uma espécie de desabafo? Uma espécie de "pedido de socorro"? Somente podemos responder a essas confissões – tão sinceras e tão cheias de razão, pois elas são resultado de uma prática secular de confinamento ao erro e à inculcação de que "somos todos muito incompetentes lingüisticamente" – com estudos, reflexões, pesquisas e propostas que ampliem nossos olhos:

- Para verem o funcionamento da língua, como forma de interação social, submetida a regularidades de muitas ordens, como aquelas do léxico, da gramática, da textualização, das convenções sociais;
- Para verem *a atuação social das pessoas por meio do exercício da linguagem*, o que somente acontece em atividades discursivas, sob a forma de gêneros de textos diferentes;
- Para verem a força que a linguagem representa na constituição do mundo e da vida de cada um;
- Para verem o poder simbólico das palavras, que, como peças mágicas, podem criar o mundo idealizado, o mundo da utopia, o mundo da contemplação estética.

O livro *Linguagem e Educação: fios que se entrecruzam na escola* constitui, portanto, um real contributo a essa tão oportuna abertura de perspectiva, de que precisamos todos que nos ocupamos das relações entre a língua e seu ensino escolar.

Já não podemos protelar a hora e a vez de o aluno aprender na escola que sua língua não é difícil, que ele não é incapaz de aprender a usá-la eficientemente; que se debruçar sobre ela não é uma coisa chata, odiosa e inútil.

Já não podemos protelar a hora e a vez de o aluno aprender na escola a curtir o sabor de sua língua, a partir da qual ele se torna indivíduo e cidadão – do País e do mundo.

Dra. Irandé Antunes
(UFPE/UECE)
Recife – PE, setembro de 2006.

Linguagem e Educação:
fios que se entrecruzam na escola

Nós somos feitos do tecido de que são feitos os sonhos
(Shakespeare)

Shakespeare recorre à metáfora do tecido para explicar a construção do ser humano a partir da realização dos seus sonhos. Se for verdade que nós nos construímos pelos sonhos que temos, o presente livro materializa o sonho da criação de dois grupos de pesquisa na Universidade do Estado do Rio Grande do Norte (UERN – Campus de Assú): o Práticas Discursivas, Linguagens e Ensino (PRADILE), sediado no Departamento de Letras, e o Núcleo de Pesquisas em Educação (NUPED), sediado no Departamento de Educação. Em uma perspectiva diferente da de Shakespeare, Roland Barthes (1977) também recorre à metáfora do tecido para, por meio da etimologia, afirmar que "texto é tecido", o que nos faz entender que tanto os sonhos quanto os textos são (re)criados na e pela linguagem. Essa bela imagem construída acerca dos sonhos e da linguagem humana nos faz pensar o texto sob dois aspectos. O primeiro nos conduz ao verbo, à ação de tecer, e o segundo, ao substantivo, o produto dessa ação, o tecido.

Quanto ao primeiro sentido, este livro retrata a ação conjunta dos dois grupos de pesquisa supracitados, pois, por meio da pesquisa, o PRADILE e o NUPED se desafiam a conhecer e a entrelaçar os complexos fios da Linguagem e da Educação nos teares da escola, a fim de produzirem "tecidos" como este que ora vem a público. Chegamos, então, ao segundo sentido do termo texto, o do produto da ação de tecer. Assim, para que chegássemos à tecedura que ora se materializa no presente livro, convidamos pesquisadores de outras universidades brasileiras, como é o caso de membros dos grupos A

Tela e o Texto e Ceale, ambos sediados na UFMG; do grupo PROTEXTO, da UFC; do grupo Formação Docente, Teoria e Práticas Pedagógicas, da UFAC; e do grupo O Ensino de Leitura e Literatura, da UFRN. Assim, os fios trazidos pelos tecelões desses grupos ajudaram a entrecruzar Linguagem e Educação, formando um tecido polifônico, no sentido bakhtiniano do termo, pois suas vozes são plenivalentes.

A tecelagem dos pesquisadores aqui reunidos só se realiza porque todos compreendem a escola como o espaço-tempo do tecer, ou seja, todos pensam a Linguagem e a Educação com os olhares direcionados às práticas de (re)criação de idéias, ações e relações entre os sujeitos e o conhecimento que eles produzem. Seguindo esse fio condutor, o livro que você tem em suas mãos foi carinhosamente preparado pensando nos professores da Educação Básica que atuam, sobretudo, nas escolas públicas brasileiras. Para tanto, a presente coletânea discute dados empíricos de várias pesquisas que mostram o enfrentamento cotidiano desses profissionais na tarefa de entrelaçar os fios heterogêneos das mais variadas práticas discursivas e de letramentos, da literatura, da memória cultural, do ensino da leitura e da escrita no "chão da sala de aula" (THERRIEN; MAMEDE; LOYOLA, 2005). Assim sendo, o presente livro está organizado em três partes que se entrelaçam em um profícuo diálogo: "Práticas Discursivas e Ensino", "Literatura e Ensino" e "Práticas Pedagógicas e Legislação Educacional".

Abre a primeira parte o capítulo de Antônio Távora, defendendo que trabalhar com o conhecimento prévio dos leitores sobre as significações estabilizadas no suporte das malas diretas pode ser interessante para as atividades de leitura e de ensino de produção textual, com fins específicos ou escolares. Ainda no âmbito da produção textual, Regina Pinheiro sugere uma metodologia para o ensino da escrita, focalizando o uso pedagógico do computador, sobretudo em escolas cujo laboratório de informática não está conectado à Internet. Na esteira das novas tecnologias, Fernanda Galli discute sobre identidade e subjetividade para abordar a questão da leitura de hipertexto e da influência das novas tecnologias na (trans)formação do sujeito pós-moderno. Ainda sobre o conceito de hipertexto, Carla Coscarelli procura verificar, com base no gênero charge, até que ponto o formato de apresentação dos textos interfere na compreensão da leitura. Ao tratar mais especificamente de gêneros, Nágela Costa e Júlio César Araújo investigam o conhecimento que os alunos possuem acerca dos gêneros que produzem a partir de um estudo sobre o jornal escolar. Para finalizar essa primeira parte, Silvano Araújo apresenta um capítulo teórico acerca das diferentes concepções da pergunta, sugerindo que esta, ao ser inserida no contexto do ensino, tem funções distintas das que exerce na conversa cotidiana. Desse modo, podemos inferir que o uso da mala direta, a produção textual facilitada pelo computador, a leitura da charge, a reflexão sobre o jornal escolar e a formulação de perguntas são práticas discursivas cotidianas que têm muito a contribuir com o ensino dito escolar.

A segunda parte do livro trata especificamente da natureza estética da linguagem. Nesse sentido, Cássia Santos se utiliza do conceito bakhtiniano de polifonia para analisar o conto "Pirlimpsiquice", de Guimarães Rosa, com vistas à exploração do jogo de vozes que se faz presente nessa narrativa. Ajustando as lentes para a literatura regional, Terezinha Ferreira estuda a obra de Renato Caldas com o objetivo de encontrar marcas da estética romântica na produção desse poeta potiguar. As autoras sugerem que a escola pode, por meio do ensino da Literatura, colaborar muito mais com a memória literária de nossos escritores e, principalmente, com a formação do cidadão. O argumento final dessa proposição encontra solidez no trabalho de Alessandra Cardozo e Marly Amarilha, o qual realça as contribuições da literatura no desenvolvimento da estruturação da linguagem por meio da prática do reconto de histórias na educação infantil. Essas pesquisadoras descrevem a magia do encontro da criança com o texto literário, concebendo a literatura como um modo de o sujeito pensar o mundo e se inserir nele. Portanto, essa parte do livro salienta a contribuição efetiva da literatura, não somente como manifestação estética da língua, mas também como uma estratégia de ensino da linguagem, pela qual os professores da educação básica podem proporcionar aos estudantes modos plurais de pensar a si próprios e conhecer o homem e a sociedade.

Em sua terceira e última parte, o livro cumpre o papel de mostrar que não são raras as vezes em que professores e alunos enfrentam o desafio de construir saberes a partir de suas experiências escolares. Isso é evidenciado por Conceição Silva que, em um viés histórico, focaliza as diretrizes para o ensino do ler e do escrever na escola primária potiguar da década de 1920, não deixando de observar que, apesar de haver parâmetros legais para orientar a ação dos professores, não havia naquela época uma uniformidade metodológica na escola primária. Assim, se a formação docente já se constituía objeto de reflexão no início do século XX, Ednacelí Mota sinaliza para essa preocupação na contemporaneidade ao estudar o caráter transversal da relação entre teoria e prática docentes. Igualmente preocupada com os saberes escolares e retomando o conceito de pergunta, Francisca Ramos-Lopes tenta compreender como se dá o processo dialógico nas aulas de Matemática, a partir de estratégias interativas de indagação utilizadas pelo professor dessa disciplina. O mesmo olhar é transposto para o processo ensino-aprendizagem da língua materna, o qual é discutido por Francisca

Sousa e Messias Dieb, tomando como referência a compreensão do sentido que os alunos do ensino médio, por exemplo, atribuem a esse processo na construção de sua relação com o saber (CHARLOT, 2000). Já que as bases dessa relação se constroem na educação infantil, a coletânea é concluída com uma importante discussão acerca daqueles que atuam nessa etapa da educação. Nesse sentido, Messias Dieb faz uma relação entre os pressupostos legais da educação infantil no Brasil e a realidade vivenciada pelos sujeitos envolvidos nessa área, ressaltando que é preciso uma urgente ação conjunta, a fim de impedir a violação dos direitos da criança e um possível retrocesso na educação da infância brasileira.

Assim, discutindo temáticas variadas e de interesse dos professores da Educação Básica, podemos dizer que *Linguagem e Educação: fios que se entrecruzam na escola* é um texto que, ao longo de seus capítulos, é "tecido", "destecido" e "retecido" por seus autores conforme os pressupostos teóricos de cada um. Sendo assim, convidamos o leitor a entrar conosco neste bordado e, a seu modo, em uma atividade interativa de leitor/tecelão, sentir-se à vontade para "destecer" e voltar a "tecer" estes fios, para que de fato construamos ações concretas para a realização do sonho de um tecido educacional mais justo e mais democrático no tear da escola brasileira, pois como Barthes (1971, p. 15), entendemos que "a escrita liga o escritor à sociedade".

Júlio César Araújo (UFC)
Messias Dieb (UERN)
(Organizadores)

Referências

BARTHES, R. *O grau zero da escritura*. São Paulo: Cultrix, 1971.

BARTHES, R. *Image, music, text*. New York: Hill & Hang, 1977.

CHARLOT, B. *Da relação com o saber: elementos para uma teoria*. Tradução de Bruno Magne. Porto Alegre: Artmed, 2000.

THERRIEN, J.; MAMEDE, M.; LOYOLA, F. Autonomia e gestão ética da matéria no trabalho docente. In: *Anais do Congresso Pedagogia 2005* [CD-ROM]. Havana: Cuba, fev. 2005.

PRIMEIRA PARTE

Práticas discursivas e ensino

A intertextualidade intersuportes: estratégias de quebra de expectativas na leitura e na escritura de gêneros[1]

Antônio Duarte Fernandes Távora

A pré-leitura de uma mala direta (doravante MD), correspondência comum e extremamente conhecida do público economicamente ativo, inicia-se no momento em que o receptor, ao recebê-la em sua casa, percebe que alguém lhe deseja vender algo. Aliás, essa pré-leitura se dá por meio da identificação, por parte do destinatário, do propósito mais saliente dessa correspondência não solicitada por ele. Muitas vezes, o processo de identificação da MD por parte do receptor se dá pelos logotipos ou logomarcas que aparecem estampados nos envelopes ou na parte externa dos invólucros, não sendo necessária a leitura completa para uma identificação do gênero ali atualizado.

Esse caráter contextual de recepção de tais mensagens é parte constituinte de um esquema já sedimentado e que pertence ao repertório dos indivíduos que recebem MD e que estão em uma determinada camada social, visada pelas empresas que fazem uso dessa estratégia comunicativa. Muitos leitores, ao identificarem tal correspondência, desvencilham-se dela, por total falta de interesse nesse contato comercial, e não a lêem. Por esse motivo, a diversidade de apresentação dos suportes (invólucros e parte interna) é bastante sofisticada, exatamente para parecer o mais atrativa possível para o cliente. Nesse sentido, a MD é um instrumento

---

[1] Artigo produzido no grupo de pesquisa Protexto do Programa de Pós-Graduação em Lingüística da Universidade Federal do Ceará. Uma versão original deste trabalho fez parte de uma sessão coordenada no III Simpósio Internacional de Estudos de Gêneros Textuais, acontecido em agosto de 2005, na Universidade Federal de Santa Maria, em Santa Maria-RS.

multifacetado que apresenta várias formas distintas. Há, nesse jogo cênico de apresentação, formato de telegrama, de folder, combinações de texto e imagem, etc. Um dos propósitos do autor parece ser o de torná-la um objeto agradável, atrativo, diferente para o leitor, ao mesmo tempo em que estabelece suas prioridades comunicativas.

O mundo da MD é um mundo físico, material, impresso. A percepção é inundada pelo tato, pelo tamanho, cores, formatos, enfim, pela visualidade que um objeto tridimensional pode proporcionar. O apelo gerado na MD para a abertura do "envelope" é um tópico recorrente no mundo do *marketing direto*[2]. Ele atualiza o primeiro esforço persuasivo de realizar o propósito comunicativo de venda de produtos ou serviços na MD. Vejamos o que dizem Sterne e Priore (2002, p. 140) sobre "envelopes" e caixa de entrada de correio eletrônico:

> No mundo da correspondência direta, tudo o que importa é o envelope. O envelope só tem duas razões de ser. Uma é a fixação da marca, a outra é fazer o destinatário abri-lo. Nada mais importa, por enquanto. A partir do momento em que a correspondência é aberta, surge um novo conjunto de prioridades. Por enquanto, só importa o envelope [...]. Com o e-mail, o seu envelope revela algumas coisas: de quem parte a mensagem, para quem se destina e do que se trata.

Como se pode ver, de acordo com a citação, estamos diante do "gênero epistolar direto" visto pela comunidade profissional (publicitários e marqueteiros) como classe. É reveladora a consciência do autor sobre sua opção classificatória, ele se refere aos *e-mails* ou às MD como *correspondência direta*, pois é obvio que estamos diante de uma realidade epistolar. A classe é revelada pelo segundo termo da expressão – "direta" – que marca a restrição classificatória de que o autor está falando. Não estamos diante de qualquer epistolaridade, na acepção mais ampla que o termo possa ter, mas diante da "correspondência direta", correspondência feita por uma comunidade produtora que dispersa discursos por encomenda para leitores – que não a solicitaram e que foram agrupados forçosamente por conveniências econômicas.

Dentre os autores da escola americana de gêneros, quem oferece um enfoque pertinente para que se possa abordar a MD como classe é Bhatia (1993, 1997), por estabelecer uma classificação que caracteriza o gênero

---

[2] Gosden (2001, p. 126) abre uma seção em seu livro *A importância dos envelopes*. Bird (2000) faz referência ao envelope nas páginas 189, 190, 199-201, 224, 228, 250, 253.

como classe até que se chegue à "espécie"[3]. Além desse aspecto, há que se registrar que Bhatia (1993) analisa, em particular, o gênero *sales promotion letter*. Nesse trabalho, a carta de promoção de vendas é tida como parte integrante de um pacote de MD. As discussões, aproximações e divergências quanto ao objeto bhatiano e o nosso objeto de pesquisa, as MD, podem ser mais bem visualizadas em Távora ([2003] 2005). A construção de sentido, aqui abordada pela relação do suporte *versus* gênero, tornou-se possível devido à identificação de exemplares de gênero, cujos propósitos e situação comunicativa encontram-se em equivalência, o que permitiu a identificação da funcionalidade dos suportes das MD. A intertextualidade intersuportes resultante da análise da relação suporte/gênero revelou-se como uma estratégia produtiva para a produção de sentido na leitura/escritura textual.

As considerações iniciais tinham como objetivo enquadrar o contexto de recepção de MD exatamente para que se pudesse mostrar como o Marketing opera para quebrar tais expectativas. O tópico subseqüente do presente capítulo revela como os marqueteiros nomeiam e descrevem a variação formal dos suportes de MD e como tal variação já é uma forma de estabelecer uma estratégia de quebra de expectativas e de refuncionalização do suporte. Em seguida, trataremos do percurso metodológico que norteou a construção deste trabalho. Revelado o percurso, avaliaremos a relação entre o suporte e o gênero MD com a análise de dois exemplares que permitem visualizar a intertextualidade intersuportes. Ao final apontamos a contribuição revelada por este capítulo referente à construção de sentido estabelecida pela intertextualidade intersuportes e suas prováveis implicações para a leitura e ensino de produção textual.

Definição de termos: as formas de apresentação "clássicas" da MD

Para que possamos fazer alusão às MD de acordo com a forma de apresentação, oferecemos as seguintes definições conhecidas pelos profissionais da área de Marketing/Publicidade:

---

[3] Segundo Pagano (2001, p. 87) a hibridação ou transformação é inerente à formação genérica: "Por um lado, reconhecemos em toda nomenclatura genérica uma forte vinculação com a idéia de taxonomia e diferenciação. Nesse sentido, é relevante lembrar que gênero é um dos componentes de classificação idealizado por Lineu nas Ciências Biológicas que ainda fazem uso da hierarquia reino, phylum, classe, ordem, família, gênero e espécie".

1) "MD de uma peça". Podem ser classificadas, do ponto de vista formal, físico, como sendo constituídas de uma única peça de papel dobrada em duas, três ou mais partes. Similares a uma conta de água ou luz, são fruto de uma tecnologia que produz e dobra a correspondência em uma única peça. Essa aparente simplicidade de produção tecnológica, no entanto, não se confunde com uma utilização única, como em nossas contas mensais. A criatividade dessas peças está centrada exatamente na tridimensionalidade que o manuseio proporciona. As dobras não se limitam ao previsível e muitas se assemelham àqueles livros infantis para crianças do período sensório motor: abre-se o livro e um castelo se forma da sua abertura. Os tamanhos cores, imagem, papel, dobras ou mesmo as quebras de expectativa nem de longe lembram as correspondências de contas de água, luz ou telefone.

2) "MD autocontidas". Possuem uma leve diferenciação formal em relação às "malas de uma peça". Também dobradas, as autocontidas servem como uma espécie de envelope que se forma a partir das dobras, como instrumento que porta textos em si e ao mesmo tempo como continente que porta outros textos. Dentro dessas malas podem ser encontrados contratos ou cartões-resposta impressos em outras folhas. Essas MD utilizam, como as de uma peça, seu próprio corpo como elemento portador de texto. A diferença formal e funcional do objeto está no fato de que as MD autocontidas servem como envelope e como elemento veiculador de texto. A MD autocontida é uma peça híbrida de envelope e de MD de uma peça.

3) "Envelope". Do ponto de vista formal, não se abre como um objeto tridimensional que se vai revelando à medida que é aberto, ele é um objeto que porta textos. A diferença formal e cognitiva proporcionada por ele em relação às outras MD está no conhecimento comum que possuímos sobre sua utilização nos gêneros epistolares padrão. A MD que se apresenta em forma de envelope promove um apelo típico à sua abertura: o envelope é rasgado e o seu conteúdo é revelado. Essa forma de apresentação confere certa "seriedade" ou ar de oficialidade à correspondência. A presença de um texto externo que conduz a leitura para dentro da MD é uma marca formal e funcional que ele possui em comum com as outras MD.

4) "Folder e cartão". Eles também são considerados como MD de uma peça. A diferença formal, diagramática, em relação às demais MD de uma peça é que o folder apresenta seu conteúdo textual em uma folha dobrada na posição de paisagem, enquanto os outros são formados com folhas dobradas na posição de retrato. Já o cartão se apresenta como um esquema de imagem em uma das faces e texto na outra.

Percurso metodológico

DA COLETA DO *CORPUS*

Para esta pesquisa foi utilizado um *corpus* composto por 59 MD que foram recolhidas durante os anos de 2001, 2002 e 2003. Para determinar que exemplares seriam coletados, foram definidos alguns critérios. O primeiro deles foi o de epistolaridade, o que significa dizer que não foi incluído no *corpus* nenhum exemplar que não tivesse sido enviado de um emissor pontual para um receptor específico, ou seja, não foi inserido no *corpus* nenhum exemplar que não tivesse sido postado pela ECT ou por empresa similar. Também não foram considerados objetos secundários de uma correspondência principal, como panfletos de venda (secundário), que acompanham fatura de cartão de crédito (principal), por exemplo.

Para que fosse possível reunir todos os exemplares para a formação do *corpus*, foram reunidas as MD remetidas a mim por diversas empresas e as enviadas a terceiros que aceitaram contribuir doando as MD que chegavam em suas casas. Essas pessoas, que foram solicitadas a doarem as MD que chegavam em suas residências, não receberam instruções explicativas do que seria uma MD.

Para a seleção do *corpus* não levamos em conta o tipo de serviço postal (*impresso normal, impresso especial, MD, porte pago, etc.*), mas o critério de epistolaridade, definição marcada, necessariamente, pela presença de um emissor jurídico[4] e de um receptor pontual. No *corpus*, há MD cuja opção escolhida pela empresa que as enviou, por intermédio dos correios, não foi a do serviço "MD", mas a do serviço "carta simples" ou a do serviço "impresso especial".

O critério de epistolaridade também não excluiu do *corpus* exemplares que não tivessem sido enviados pela ECT. Foram considerados, também, os enviados por outras empresas, que, por sua vez, devem possuir outras modalidades de cobrança e de nomenclatura para o envio de suas correspondências, como ocorre, por exemplo, com o Vaspex (VASP) e o Sedex (ECT).

DA ANÁLISE

Para que fosse possível uma identificação do *corpus*, as MD foram numeradas e classificadas com base nos dados registrados em um formulário

---

[4] O que chamamos de jurídico é toda e qualquer correspondência que tenha como emissor uma empresa com objetivos comerciais para com o receptor.

que possibilitou os seguintes procedimentos: 1) quantificar e identificar os emissores; 2) definir o tipo de receptor; 3) identificar os propósitos comunicativos específicos das MD; 4) identificar as formas físicas de apresentação das MD; 5) quantificar as "peças" presentes nessas MD; 6) identificar os serviços e/ou produtos comercializados por elas.

As respostas fornecidas pelo instrumento de análise serviram para que pudéssemos observar os fenômenos comunicativos presentes na MD com os olhos voltados para os elementos clássicos da comunicação: emissor, receptor, referente e suporte[5]. O formulário que elaboramos é composto pelos itens a seguir:

a)[ ] Remetente:_____

b) Receptor: ( ) Consumidor ( ) Empresa

c) Há propósito comunicativo específico de venda de produto ou serviço? ( ) Sim ( ) Não

Produto: ( ) Sim. ( ) Não. Qual? _____

Serviço: ( ) Sim. ( ) Não. Qual? _____

d) Se não há propósito de venda, qual é o propósito? _____

e) MD de uma peça. ( ) Envelope: ( ) Sim. ( ) Não.

f) Quantas peças há na MD? _____
Quais?_____

Os números dos exemplares das MD preenchem o vazio das chaves do item "a" como primeira identificação, e o remetente é identificado em seguida. O item "b" indica se o receptor das MD é uma pessoa física ou jurídica. Por meio da leitura dos exemplares, foi possível responder às perguntas relativas ao propósito comunicativo, respectivamente, os itens "c" e "d". O item "e" diz respeito ao aspecto físico de apresentação das MD (suporte físico), se elas são compostas de uma única peça em papel dobrado ou se sua apresentação é feita em forma de envelope que contém mais de uma peça. A pergunta relativa à quantidade de peças na MD, item "f", diz respeito ao número de portadores de textos que constituem a MD.

A quantificação dos itens presentes no formulário apresentado acima foi a porta de entrada para que se fizesse uma análise qualitativa que determinasse se havia gêneros distintos contidos nas MD, se ela era um elemento

---

[5] Fizemos a opção de chamar de suporte o que classicamente é chamado de veículo ou canal, apesar de não podermos fazer uma correlação entre ambos. Bonini (2003) e Marcuschi (2003) chamam atenção para o fato de que os termos canal e veículo não são pertinentes para a análise do objeto que aqui está sendo chamado de suporte.

portador de gêneros ou se se comportava como gênero. Essa primeira investida permitiu que voltássemos o olhar para o aspecto físico da investigação, o qual se revelou um critério de avaliação que permitiu a análise adequada de fenômenos típicos da MD, pouco abordados na área de Análise de Gêneros e que se verá na análise do *corpus* a seguir.

Analisando o corpus

DA RELAÇÃO PROPÓSITO X SUPORTE

Ao se verificar a relação entre exemplares de MD e sua realização no *corpus*, vê-se esta quantificação:

Figura 1 – Quantificação de MD com o Propósito de Venda de Produtos e Serviços por Suportes

Propósito comunicativo	Total 59	Quantificação do tipo de suporte
Venda de produto no estabelecimento comercial	8,47%	5 **MD** de uma peça
Venda de produto pela **MD**	35,51%	13 **MD** de uma peça
		3 **MD** autocontidas
		5 **MD** envelope
Venda de produto em 2 momentos	1,69%	1 **MD** envelope
Subtotal	45,67%	27
Venda de serviço	16,9%	10 **MD** de uma peça
	5%	03 **MD** autocontidas
	1,6%	01 **MD** envelope
Subtotal	23,7%	14

Esse quadro revela como se dá a distribuição de MD que se atualizaram em suportes distintos, além de poder permitir que se visualize como determinado sub-propósito comunicativo de venda é realizado nos exemplares. É possível ver também que as MD com propósito de venda de produtos ou serviços são de alta ocorrência no *corpus* analisado. A partir dele é possível discutir como as malas de uma peça são realizadas de uma forma predominante. A MD que se realiza em uma peça não ocorre sempre da mesma maneira, sempre há possibilidades de variar a forma como essa peça será apresentada, buscando inovação e correlação dessa apresentação com a significação que se deseja evocar. Os produtores de MD utilizam nosso conhecimento de mundo para aproveitá-lo numa subversão de formas das quais ecoem significados que possam ser usados como elementos persuasivos na construção de MD. A MD de uma peça é predominante no *corpus* com propósito de venda de produtos e de serviços, mas se apresenta de forma mui diversa, como será mostrado a seguir.

O caráter multifacetado da MD não se restringe à formatação gráfica, pois vai além do mero construto diagramador. O uso de estratégias publicitárias distintas faz com que suportes estabilizados sejam usados para gerar persuasão. Há no nosso *corpus* exemplares que imitam o formato externo de telegrama, ou que se apresentam como telegrama. Há MD que se apresentam em envelopes, MD autocontidas, MD de uma peça, em formato de cartão, folder, etc.

Afinal, um telegrama pode ser considerado uma MD ou se trata, nesse caso, apenas de um telegrama com propósito comunicativo distinto? Temos um telegrama-direto ou uma mala-telegrama? Se são os propósitos comunicativos os responsáveis pela identificação do gênero (como na exemplificação de BHATIA, 1997, p. 632), então temos um exemplar do gênero MD em suporte típico de telegrama. Todos sabemos das convenções de escrita dos telegramas: sua pontuação, brevidade do texto e a ausência de alguns termos, além do seu caráter de urgência comunicativa. Se o propósito do telegrama é vender um produto, como é possível não descrevê-lo ou salientar suas qualidades, ou ainda, como fazer isso sem o espaço necessário? Vejamos o EXEMPLAR 1:

Figura 2 – Parte interna de um exemplar de MD

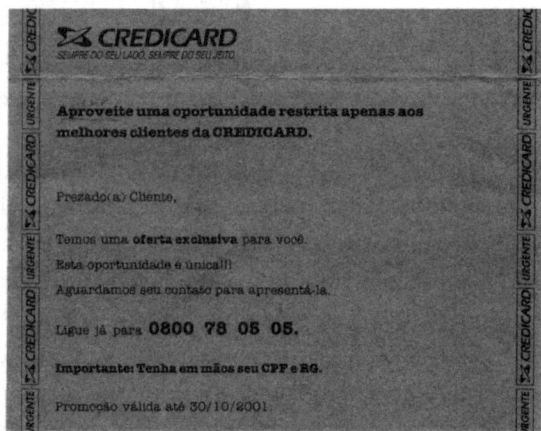

O EXEMPLAR 1 indexa a urgência dos telegramas aos seus propósitos, e esse efeito de sentido se tornou possível graças à atualização de um gênero em um suporte não convencionado para sua realização. Vê-se isso na tentativa de imitar as laterais do telegrama com os dizeres "urgente"; no entanto, a realização genérica dessa MD funciona como elemento que direciona o leitor para uma compra que se realizará via *telemarketing* em um telefone 0800. O caráter de urgência que um telegrama historicamente suscita também pode ser encontrado no lado de fora dessa MD de uma peça, pois o tamanho e a cor do EXEMPLAR 1 coincidem com o tamanho e a cor do envelope dos telegramas. Esse exemplar não assume, no entanto, a formatação de linguagem típica de um telegrama, nem mesmo suas típicas opções léxico-gramaticais. Do telegrama restou o caráter de urgência, do qual se apossa o produtor da MD para invocá-lo em louvor de seu esforço persuasivo, que desemboca na tentativa de vender produtos bancários. Essa estratégia de geração de sentido é bastante explorada, como se pode ver no EXEMPLAR 2, que usa como suporte um "cartão". Neste exemplar temos a frente do cartão, na qual se encontra a imagem de produtos de decoração, linha de venda da empresa que envia a MD; no verso, encontraremos o texto, tal como nos cartões de viagem, de Natal, etc.:

Figura 3 – Verso de um exemplar de MD

Talvez por ter noção de que essa forma subvertia a clássica noção de MD, o autor resolveu nomeá-la na tarja escura abaixo do endereço para que os leitores tivessem certeza do que se tratava. Essa ocorrência[6] reflete a diversidade de apresentação, ou mesmo de imbricação, entre suportes, uma vez que não há a utilização da textualidade dos cartões de Natal, por exemplo, o que configuraria uma intertextualidade intergêneros.

Devido ao formato único, determinado pelo suporte físico, as MD de uma peça, e mesmo as autocontidas, passam por uma (re)estruturação na organização, entre outras coisas, da textualidade que as compõe. Num suporte fisicamente delimitado, o fenômeno de imbricação e de reformatação é objeto de fenômenos singulares, pouco ou nunca estudados antes: a "imbricação por variação entre suportes" e a "imbricação intergêneros" (esta última supõe, de certa forma, a variação entre suportes).

A imbricação intergêneros ocorre quando um gênero "x" assume em seu suporte de origem a função de outro. Nesse caso, o conhecimento de mundo que o leitor possui da relação convencional existente entre suporte-gênero e da função que esse gênero possui, nesse *locus* privilegiado, contribui para a compreensão e identificação do gênero. Fica fácil compreender essa questão pelo exemplo dado por Marcuschi (2002, p. 30) do texto "Um novo José" de Josias de Sousa. Esse texto poético é construído por um processo de intertextualização que remete o leitor letrado ao poema "José" de Carlos Drummond de Andrade. "Um novo José" foi publicado em um jornal na seção "Opinião". Segundo Marcuschi, a forma de construção poética assume a função de artigo de opinião. Marcuschi (2002, p. 31), após citar Ursula Fix (1997, p. 97)[7] como autora da expressão "intertextualidade intergêneros", que designa a hibridação entre forma e função entre os gêneros, define que a mescla entre forma e função não deve trazer prejuízo à compreensão do fenômeno, "já que o predomínio da função supera a forma na determinação do gênero" (MARCUSCHI, 2002, p. 31).

Já a intertextualidade intersuportes ocorre quando um suporte de um determinado gênero é utilizado para portar um outro que não lhe é convencional com o objetivo de extrair dessa nova associação efeitos de sentido antes não observados. O que ocorre nos dois exemplares mostrados é a transposição da textualidade que poderia estar sendo realizada, por exemplo,

---

[6] Note que essa MD é postada como um impresso (modalidade de envio com valor definido pelos correios em função do peso e tamanho da correspondência), definição que pode ser visualizada antes da tarja que nomeia o cartão como MD. É importante não confundir o nome da modalidade de cobrança dos correios com o nome que é dado ao gênero pelo grupo profissional que o cria.

[7] FIX, U. Kanon und auflösung des kanons. Tipologische Intertextualität – ein "postmodernes" Stilmittel? In: ANTOS, G.; TIETZ, H. (Hgg.). *Die zukunft der textlinguistik.* Traditionen Transformationen Trends. Tübingen: Max niemeyer verlagg, 1997. p. 96-108.

em uma carta, embalada em envelope. No entanto, ao realizar o gênero MD em um suporte que imita um telegrama, ou um cartão, o produtor da MD usa, respectivamente, efeitos de sentido de urgência ou de intimidade, historicamente reconhecidos nesses suportes para associá-los ao gênero que ali será atualizado.

Considerações finais

Ao estabelecermos uma análise que redundou na caracterização do gênero MD em Távora ([2003] 2005), verificamos que o que a literatura tem chamado de *falsos gêneros* (cf. KATHPALIA *apud* BHATIA, 1997), ou intertextualidade intergêneros (cf. FIX *apud* MARCUSCHI, 2000), é o fenômeno em que um gênero usa a forma textual de outro para se realizar. O que o presente capítulo revelou foi exatamente uma outra possibilidade de intertextualidade, a que chamamos de intersuportes. O que ocorre nesse fenômeno é a mobilização de suportes, ou imitações, como estratégia de construção de sentido, que se torna possível graças a uma quebra de expectativas das associações historicamente reconhecidas entre os gêneros e seus portadores.

Esse fenômeno permite que se flagre algo pouco abordado até agora na teoria de gêneros. O fenômeno caracterizado pela evocação que um suporte "x" pode causar, devido ao condicionamento sócio-histórico, fazendo com que um resíduo significativo relacionado aos gêneros desse suporte "x" seja evocado quando se atualiza nele um gênero que não lhe é usual. Isso contribui para que se evoque um eco da significação do suporte e de seus gêneros típicos para o gênero não usual que ali está impresso.

Levar em consideração o conhecimento prévio que os leitores trazem sobre as significações e os sentidos estabilizados no suporte para a compreensão de gêneros pode ser interessante, não só para questões teóricas associadas à determinação de gêneros, mas para atividades de leitura e de ensino de produção textual para fins específicos ou escolares.

Portanto, sendo a intertextualidade intersuportes uma estratégia de construção de sentidos, ao se trabalhar com predição, por exemplo, há um elemento novo a ser considerado, qual seja: o conjunto de expectativas que são necessariamente quebradas pela intertextualidade intersuportes. Assim, pode ser produtiva a reprodução na prática de sala de aula da estratégia de construção de sentidos provocada pela imbricação intersuportes como uma estratégia geradora de significação, uma espécie de metáfora da "forma" *versus* "propósito comunicativo", cuja associação produz um efeito de sentidos sinergético maior que os elementos do par isoladamente.

Referências

BAKHTIN, M. *Estética da criação verbal*. São Paulo: Martins Fontes, 2000.

BHATIA, V. K. *Analisyng genre: language use in professional settings*. New York: Longman, 1993.

BHATIA, V. K. Genre analysis today. *Revue Belge de Philologie et d' Histoire*, 75 (3): Bruxelles, n. 75, 1997, p. 629-652.

BIRD, D. *Bom senso em marketing direto*. São Paulo, Makron Books, 1991.

BONINI, A.Veículo de comunicação e gênero textual: noções conflitantes. *D.E.L.T.A.* São Paulo, n. 1, 2003. p. 65-89.

GOSDEN, F. *Marketing direto: o que realmente funciona e por quê?* Tradução de Kátia Aparecida Roque. São Paulo: Makron Books, 1991.

KATHPALIA, S. S. A genre analysis of promotional texts. National University of Singapore: unpublished Ph. D. Thesis, 1992.

MARCUSCHI, L. A. A questão do suporte dos gêneros textuais. *DLCV: Língua, lingüística e literatura*. João Pessoa, v. 1, n. 1, out. 2003, p. 9-40.

MARCUSCHI, L. A. Gêneros textuais: definição e funcionalidade. In: DIONÍSIO, A.; MACHADO, A. R.; BEZERRA, M. A. (Orgs.) *Gêneros textuais & ensino*. Rio de Janeiro: Lucerna, 2002, p. 19-36.

MARCUSCHI, L. A. *Gêneros textuais: o que são e como se constituem*. Recife: Universidade Federal de Pernambuco. Texto inédito, 2000.

STERN, J.; PRORY, A. *Email Marketing*. Tradução de Saulo Krieger. São Paulo: Makron, 2002.

SWALES, J. M. *Genre analysis – English in academic and reseach settings*. New York: Cambridge University Press, 1990.

TÁVORA, A. D. F. Forma, função e propósito na constituição do gênero textual Mala Direta. In: CAVALCANTE, M. M.; BRITO, M. A.; MIRANDA, T. P. (Orgs.). *Teses & Dissertações*: Grupo PROTEXTO. v. 1. Fortaleza: PROTEXTO – UFC, [2003] 2005 [CD-ROM]. ISBN – 85-904864-2-7.

A produção escrita na escola:
o computador como ferrramenta pedagógica

Regina Cláudia Pinheiro

A rendeira

Na teia da manhã que se desvela,
a rendeira compõe seu labirinto,
movendo sem saber e por instinto
a rede dos instantes numa tela.[...]
Em que perdida tela mais extrema
foi tecida a rendeira e este poema?...

(Espínola, 2001)

Nas sociedades modernas, a aprendizagem da língua escrita é tão importante quanto a da comunicação oral. É impossível imaginar uma comunidade civilizada que não faça uso dessa modalidade da língua. Ela materializa gêneros textuais bastante corriqueiros, como a lista de compras da dona de casa, o recado que se deixa para a mãe, a carta que se escreve para um parente distante, etc. E, atualmente, com a inserção das novas tecnologias nessas sociedades, ela torna-se mais necessária, devido à expansão da comunicação eletrônica, provocando o surgimento de novos gêneros textuais (cf. Coscarelli, 2003; Marcuschi, 2004; Araújo, 2004).

Tendo consciência dessa importância, a escola, o lugar onde a escrita deve ser aprendida e aperfeiçoada, precisa desenvolver atividades que estimulem nos alunos o prazer de escrever e que estejam mais voltadas para ações do dia-a-dia. Porém, percebemos que a aprendizagem da produção textual nas instituições formais de ensino fracassa cada vez mais e que os alunos, a cada dia, gostam menos desse estudo ou acham que não têm capacidade para aprender. Tendo em vista essa problemática e a chegada dos computadores nas escolas, apresentaremos, neste capítulo, sugestão de uma metodologia para se trabalhar a produção escrita, usando o computador como ferramenta pedagógica facilitadora, pois acreditamos que essa atividade pode ser estimulada e ensinada, sendo o professor um orientador de todo o processo.

Apesar de poder "parecer banalidade escrever um texto centrado na potencialidade da produção da escrita na escola por meio do uso das TIC[1], uma vez que a ênfase dada pela escola à leitura e à escrita se direciona à elaboração de algo produzido para ser corrigido e muito pouco como prática para despertar o prazer da escrita" (ALMEIDA, 2001), acreditamos na potencialidade de muitos professores que usam a linguagem como um lugar de interação social. As aulas de redação, nas quais apenas se apresenta um tema para os alunos desenvolverem e o professor recebe a produção final após alguns angustiantes minutos, podem ceder lugar a atividades que oportunizem aos discentes sentirem que são capazes de produzir se forem orientados a perceber o computador como um grande aliado deste processo (cf. ARAÚJO, 2006). Desse modo, procuraremos, neste capítulo, sugerir um caminho para contribuir com o ensino da produção escrita na escola.

A metodologia que apresentaremos aqui está fundamentada nas idéias de Serafini (1997), que aborda uma escrita representativa de exposição de idéias, não se ocupando do texto literário. O foco é o tipo de texto dissertativo-argumentativo, o qual pode ser aplicado a diversos gêneros textuais.

A necessidade de inserir o uso das tecnologias no cotidiano das atividades escolares é uma questão indiscutível, pois elas se encontram em quase todas as atividades do ser humano. Por meio da comunicação eletrônica, os alunos podem desenvolver a leitura e a escrita em situações reais de comunicação. Porém, como ainda há muitas escolas cujo laboratório de informática não está conectado à Internet, esta proposta só é viável para as unidades escolares que se encontram nessa situação. Sugerimos uma metodologia de ensino em que seja necessário apenas o *software Word* (ou equivalente de um outro sistema operacional) e um laboratório em ambiente de rede local[2]. Esta proposta justifica-se por se saber que em muitas escolas

---

[1] Tecnologias de Informação e Comunicação.

[2] O laboratório em ambiente de rede local possibilita que arquivos de um computador sejam visualizados, ou mesmo modificados, por usuários de outros computadores, desde que esses arquivos tenham sido compartilhados. Para isso, é necessário que se instale um programa e configure uma rede interna. Nessa rede interna, é possível também ativar uma caixa de mensagens, que pode ser utilizada a fim de enviar textos para os usuários dos computadores conectados.

públicas – em que essa é a realidade – os laboratórios permanecem subutilizados por desconhecimento das potencialidades pedagógicas do computador. Assim, os professores que possuem poucos recursos na sala de aula e no laboratório poderão dinamizar suas aulas aplicando a metodologia sugerida neste capítulo. Ressaltamos ainda que essa aplicação não se limita a professores de língua materna, pois todos aqueles que desejam que seus alunos aprendam a redigir diversos gêneros textuais poderão utilizá-la.

As sugestões que apresentamos aqui poderão ser reduzidas ou ter acréscimos de elementos que os professores considerem importantes. O leitor deve saber que o fato de apresentarmos as etapas passo a passo não significa que estamos indicando receitas. Acreditamos plenamente que a criatividade e a sensibilidade do professor são componentes essenciais para um processo de ensino-aprendizagem eficaz.

Este capítulo está dividido em duas partes. Primeiramente, apresentaremos como os professores, acompanhando todo o processo da escrita, devem conduzir suas aulas, a fim de que os alunos compreendam que, para escrever bem, é necessário passar por várias etapas. Em seguida, discutiremos a diferença entre avaliação e revisão, dando ênfase a esta. Acreditamos que, se a revisão for realizada durante o processo da produção, o aluno terá mais chances de realizar sua produção com eficiência. Porém, se o professor somente fizer uma avaliação do produto final, sem que o aluno tenha a chance de refazê-la, este sentir-se-á desestimulado para escrever. Como veremos, o uso do computador, tanto na fase de produção da escrita, quanto na revisão do texto, facilitará o processo, sendo necessário que o professor e os alunos tenham familiaridade com recursos básicos de informática, como digitar, salvar (ver FIGURA 1 – recurso 3), localizar arquivos na rede local, etc., pois como afirma Hernandes (2003, p. 87), "é necessário compreender o funcionamento de cada um dos novos lugares para aprender".

As fases de realização de uma produção escrita: o computador facilitando o processo

A expansão das tecnologias nas sociedades modernas tem estimulado o hábito da escrita no cotidiano das pessoas para troca de informação e comunicação, e o computador torna-se um instrumento de grande utilidade para a humanidade, pois permite a comunicação até mesmo entre indivíduos que não se conhecem pessoalmente e, provavelmente, nunca irão se conhecer. Essas novas tecnologias já estão ocupando espaço em quase todos os setores da sociedade, e a escola não poderia ficar à margem dessas "novas formas de usar a linguagem" (ARAÚJO; BIASI-RODRIGUES, 2005), pois elas apresentam "possibilidades pedagógicas" (COSCARELLI; RIBEIRO, 2005) que podem e devem ser exploradas pela escola[3]. Por isso, a informática está sendo inserida na escola e, há algum tempo, vem-se estudando a viabilidade desse instrumento como ferramenta pedagógica, pois ele se tornou mais um recurso no ensino, podendo transformar as aulas tradicionais em aulas mais dinâmicas. Assim, como afirma Marques (1986, p. 40),

> a adoção do computador como mais um instrumento na metodologia de ensino implicará, certamente, algumas modificações neste ensino. O conteúdo das disciplinas não será mais transmitido apenas pelo método tradicional [...] e algumas atividades serão transferidas ou substituídas por outras no computador.

O uso dessa ferramenta pedagógica pode trazer algumas inovações que estimulam o processo de ensino-aprendizagem, pois o computador traz algumas vantagens em relação a outros recursos já usados na educação, como os audiovisuais de que dispõe, o respeito ao ritmo de cada aluno, a possibilidade de interação, o fascínio que esse instrumento proporciona às pessoas, em especial aos jovens, etc.

Sendo assim, as aulas de Língua Portuguesa poderão ser mais dinâmicas se conciliadas a esse novo instrumento pedagógico, pois como afirmamos em trabalho anterior, "a evolução das novas tecnologias de informação e comunicação implica transformações fundamentais nos processos de construção de textos, nas estratégias de leitura e na formação de novos leitores" (PINHEIRO, 2005a, p. 49). Com os computadores, a escola trabalhará com maior interesse essa prática, pois será mais fácil para os professores desenvolverem projetos em que a escrita não seja considerada apenas como função escolar, mas que assuma, antes de qualquer outra, a função sociocomunicativa[4]. Porém, não podemos esquecer de que essa nova tecnologia, como recurso pedagógico, pode ser útil desde que seja utilizada de forma adequada, pois "o computador pode ser usado como instrumento para muitas formas de ensinar. O fato de usar a informática nas aulas não transforma instantaneamente o ensino em alguma coisa 'moderna' e 'eficiente'" (COSCARELLI, 2005, p. 26). É a concepção pedagógica utilizada que define o sucesso da aprendizagem.

---

[3] Sobre o hipertexto, por exemplo, cf. os capítulos de Fernanda Galli e de Carla Coscarelli, neste livro.

[4] Sobre a descoberta da função social da escrita eletrônica por crianças em processo de alfabetização, o leitor poderá recorrer ao trabalho de Ribeiro e Araújo (2007).

Com relação à metodologia para se ensinar a escrever, baseamo-nos em Serafini (1997) que, em sua proposta, dá ênfase ao processo da escrita. As fases de realização de uma redação, apresentadas pela autora, serão adotadas fielmente neste trabalho, usando a mesma nomenclatura. Serafini (*ibidem*) aborda a produção escrita sob um duplo ponto de vista: do aluno e do professor. Com relação ao aluno, descreve as fases que este deve enfrentar na produção de um texto e orienta cada uma delas. Sob o ponto de vista do professor, explicita como este poderá ajudar o aluno durante o processo da escrita para que ele chegue ao produto final esperado. O conhecimento das fases possibilitará aos alunos a descoberta de que produzir textos é uma tarefa mais fácil do que se imagina. Além disso, a compreensão de tais fases ajuda o aluno a perceber que o domínio da escrita não provém, necessariamente, de dom ou inspiração. Com o ensino de produção textual apoiado nesta metodologia, logo perceberemos que a escrita é uma atividade que quanto mais exercemos, mais estaremos predispostos a praticar.

As fases serão comentadas levando-se em conta todo o processo, desde a solicitação da atividade pelo professor até o produto final entregue pelo aluno. Acrescentaremos à proposta de Serafini (*ibidem*) o uso do computador durante o processo de produção. Também explicitaremos que o trabalho pode ser realizado em grupo, o que certamente ajudará na realização da produção escrita, pois acreditamos que as aulas de produção textual tornar-se-ão menos penosas, tanto para os alunos, pelo dinamismo no desenvolvimento, quanto para os professores, facilitando o trabalho de leitura e orientação. Como podemos perceber, o uso do computador na metodologia e o desenvolvimento dos trabalhos em grupo implicam modificações da proposta original de Serafini (*ibidem*), devido ao novo ambiente de aprendizagem: o laboratório de informática. A utilização dessa ferramenta foi sugerida por sabermos da afinidade que os adolescentes têm com as novas tecnologias e das facilidades e vantagens que um editor de texto oferece em relação à produção feita a mão. Assim, a informatização da escrita é uma evolução para atender às necessidades do indivíduo no mundo da tecnologia. Acreditamos que esta metodologia crie novas possibilidades de ensino-aprendizagem da produção escrita.

O método de ensino de redação de textos proposto aqui se inicia com a criação de um laboratório de produção escrita, usando os espaços da sala de aula e do laboratório de informática em ambiente de rede local. Procuramos, com o uso do computador, apenas estimular os alunos a resgatar o gosto pela escrita, já que ele é uma ferramenta muito atraente para o adolescente, acabando, assim, com a rigidez e a monotonia de uma aula de redação tradicional, tornando esta uma atividade mais lúdica.

Os trabalhos poderão iniciar-se na sala de aula convencional, onde o professor, juntamente com os alunos, escolherá temas que estes queiram pesquisar e aprender. É o início da fase de planejamento da redação. Para melhorar o desempenho dos alunos na produção, o professor precisa ter em mente que eles devem estar preparados para desenvolver o tema escolhido. Assim, é necessário que haja momentos para pesquisá-lo e discuti-lo antes de iniciar a produção. A maioria dos discentes não tem consciência da delimitação do tempo e se perdem em questões pouco relevantes, daí a necessidade de um planejamento. Ainda nesta etapa, o aluno deve ser informado sobre aspectos que caracterizam sua produção como o destinatário, o objetivo, o gênero do texto, sua extensão, os critérios de avaliação, etc., a fim de que ele esteja consciente do texto que irá produzir. Além disso, é necessário que a atividade tenha um propósito significativo para ele, o que lhe permitirá desenvolver a noção de que "escrever é a ação de construir sentido por meio de textos escritos" (MARCUSCHI, E. 2004, p. 48).

Convém, ainda, ressaltar que, se as turmas forem numerosas, como é o caso da maioria das escolas públicas, as produções poderão ser desenvolvidas em grupo, que não deverão ser grandes (no máximo, quatro componentes), já que ao passar a trabalhar no laboratório de informática (na fase de produção do texto), provavelmente, não terá um computador disponível para cada aluno. Com as produções sendo desenvolvidas cooperativamente, os alunos estarão sendo estimulados a desenvolver estratégias de "aprendizagem colaborativa", o que contribui para "a necessidade de repensar valores bem como colocar em prática atitudes de abertura, humildade, compartilhamento, respeito, aceitação, acolhimento, cumplicidade e compromisso" (PRADO; ALMEIDA, 2003, p. 199).

Após a realização dessa fase, passa-se para a produção das idéias, talvez a mais importante e complexa. Nesta etapa, dá-se a seleção e organização das informações e nela nos convencemos de que "escrever não é uma simples operação de transferência de algo presente no cérebro para uma folha de papel, mas que as idéias devem ser progressivamente organizadas e elaboradas" (SERAFINI, 1997, p. 33). Para selecioná-las, deve-se ir a fontes como livros, jornais, experiências pessoais, pesquisas na Internet, etc. Exemplificando: se o tema da produção for um assunto social como a prostituição infantil, há várias fontes para subsidiar a produção do aluno, mas se este precisar escrever sobre um passeio que tenha feito, a fonte de pesquisa será somente suas lembranças.

Durante a pesquisa nas fontes, todas as idéias geradas, inclusive as que não se encaixam no tema, devem ser postas no papel, como numa "tempestade de idéias", sem levar em conta a sua ordem. Neste momento, o fato de se trabalhar em grupo torna-se muito importante, pois surgirão mais idéias. Feita a geração de idéias, a etapa seguinte consiste em selecioná-las, retirando aquelas que o grupo decidir que não se encaixam com o tema, e organizá-las. Neste momento, a preocupação com a ordem e a coerência das idéias selecionadas é fundamental; deve-se estabelecer uma correlação entre elas, retirando todas as idéias que fogem do tema e organizando as restantes em blocos de relação, chamados por Serafini (*ibidem*) de "grupo associativo". Aqui, as idéias interligadas devem estar associadas, de modo que as secundárias estejam ligadas às principais.

A partir deste momento, o professor já deve ver os trabalhos, fazendo suas observações ou perguntas para que as idéias não fiquem ambíguas, começando, assim, a orientação do professor que será feita no processo de escrita como será sugerida no próximo subitem. Essas observações podem ser feitas numa conversa informal com os alunos.

Concluídas as etapas anteriores, os alunos já têm uma noção do que vão escrever. Para iniciar a fase seguinte, os trabalhos poderão ser realizados no laboratório de informática. É a hora de dar forma escrita ao "grupo associativo", feito anteriormente. A partir deste momento, os grupos devem estar mais atentos à coesão e coerência do texto, por isso, à proporção que o texto vai sendo elaborado, deve-se fazer releituras para acompanhar o raciocínio lógico. É a fase de produção do texto. Para a realização desta fase, o uso do *software* Word é de suma importância, devido aos seus recursos, ilustrados na FIGURA 1.

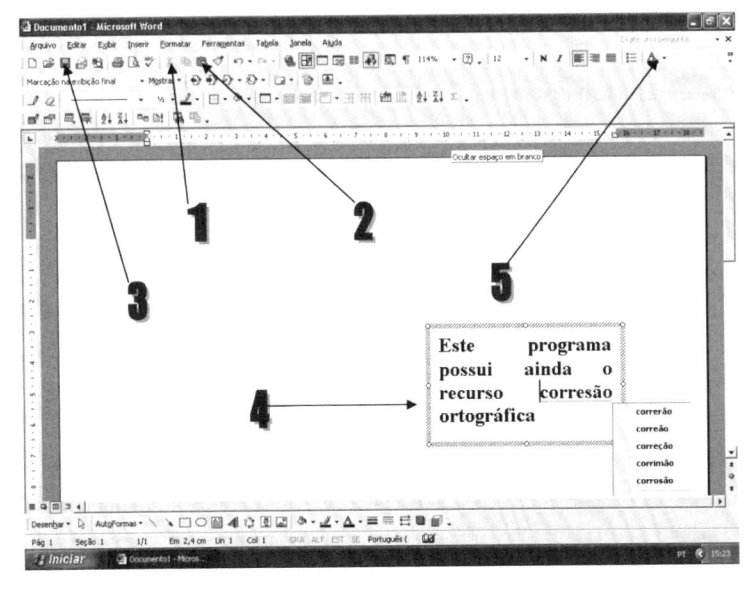

Figura 1 – Recursos do Word

Como podemos verificar na figura, os recursos do *Word* facilitam o processo da produção da escrita, permitindo que, nas releituras, os textos sejam modificados com mais facilidade, devido a recursos como cortar (recurso 1), colar (recurso 2), inserir palavras/textos no interior da produção, etc. Esse programa tem ainda o recurso de correção ortográfica (recurso 4): se o aluno escreveu uma palavra errada, o computador irá avisá-lo disso, destacando a palavra de vermelho, e ele terá a oportunidade de fazer a correção com as sugestões dadas[5]. Se não houver sugestão é porque o computador não reconhece a palavra; o aluno deverá pesquisar em outra fonte e poderá adicioná-la ao vocabulário da máquina. Esse recurso pode ser, algumas vezes, comparado a um dicionário, por mostrar a grafia correta das palavras, ou pode, ainda, como afirma Coscarelli (2005, p. 36), ser "um dispositivo que pode ajudar os alunos a criar o hábito de, na dúvida, consultar a grafia correta das palavras num dicionário, seja ele eletrônico ou não, aprendendo com ele sobre ortografia padrão". O discente pode, ainda, trabalhar com "operações diversas, anotando idéias e deixando edição e formatação do texto para depois" (VIEIRA, 2005, p. 198). Se esta etapa fosse feita a mão, ficaria muito mais difícil para os alunos fazerem suas revisões. Assim, concordamos com as idéias de Almeida (2001) quando afirma que a tecnologia de informação e comunicação transforma as escolhas inadequadas de escrita em algo que produz novos saberes.

Ressaltamos, ainda, a facilidade que o professor terá em acompanhar o processo de escrita dos alunos. Com o laboratório em ambiente de rede local, ele, em um computador, poderá ter acesso às produções dos alunos ao mesmo tempo em que estes estão escrevendo[6]. É claro que o professor deverá ter discrição e não transformar essa orientação durante o processo em um ato constrangedor para o aluno. Esse aspecto da orientação na proposta aqui apresentada é inovador, porque o professor estará fazendo intervenção pedagógica em tempo real. É necessário também que os comentários estimulem os alunos a refletir sobre o que escreveram para que possam reformular suas idéias ou períodos. À proporção que os alunos estiverem escrevendo, o professor estaria observando e propondo pequenas alterações nas produções. Porém, ele não pode esquecer-se de que o aluno, quando escreve, não se deve preocupar, a princípio, com a forma da escrita. A fluência das idéias

---

[5] Alguns softwares mais recentes fazem a correção de algumas palavras automaticamente.

[6] Para ter acesso a essas produções, o professor deverá localizar, no ambiente de rede, o computador em que se encontra o arquivo do aluno. Para isso, é necessário que os alunos salvem suas produções e que o professor saiba onde elas foram salvas.

aqui é muito mais importante. A preocupação com os aspectos formais poderá ser transferida para a fase de revisão final do texto, a etapa seguinte da produção. O professor deve ainda ter consciência de que a primeira versão do texto não é definitiva e os problemas ocorridos servem de parâmetros para criar as estratégias adequadas para uma aprendizagem eficaz (Marcuschi, E., 2004).

A maioria dos alunos não tem conhecimento ou consciência da importância das fases anteriores e acham que escrever se limita apenas às fases de produção do texto e revisão final e, por isso, se perdem ou nada escrevem. Daí a necessidade de se respeitar as fases anteriores. Para que o texto seja elaborado, é preciso que as idéias estejam ligadas umas às outras, a fim de que o leitor tenha uma melhor compreensão, pois como afirma Serafini (1997, p. 52-53), "um texto é um *continuum* em que todas as partes se inter-relacionam". Portanto, o aluno deve tentar alcançar, nesta fase, a coesão e a coerência do texto que são indispensáveis para sua legibilidade[7].

Ainda nesta fase, deve-se atentar para a organização dos parágrafos. Cada um deles deve conter uma idéia central acompanhada, geralmente, por idéias secundárias (o que não é tão difícil aqui porque, na etapa anterior, as idéias já foram distribuídas em blocos de aproximação em que as secundárias estão diretamente ligadas à principal). E ainda, para manter a inter-relação do texto, é necessário que se use um termo ligando um parágrafo a outro: um conectivo, por exemplo, a fim de que o leitor acompanhe a linha de pensamento do escrevente. Muitos alunos não atentam para a importância desta etapa e acham que o momento é só para "passar a limpo" o que já está feito. Ressaltando essa questão, Serafini (*ibidem*, p. 81) afirma que

> em geral, os rascunhos das redações contêm mínimas correções e pouco se diferem das redações passadas a limpo. Isto acontece porque os alunos revêem seus textos com uma releitura rápida e pouco crítica, em vez de fazerem uma revisão como se deve, passo fundamental para a produção de um texto.

Sendo, portanto, a revisão uma fase de autocrítica, o aluno precisa estar aberto a mudanças e reconhecer que certas passagens do texto devem ser retiradas ou modificadas. O professor, nesta fase, precisa encorajá-lo e conscientizá-lo de que um bom texto só é feito com muito esforço. O mesmo

---

[7] Para uma melhor compreensão sobre coesão e sua relação com a coerência, ver o excelente trabalho de Antunes (2005).

poderá argumentar que alguns bons escritores rasgam mais do que escrevem, para que os alunos não fiquem desestimulados.

Ainda nesta fase, o professor deverá explicar que a revisão consta de duas partes: a revisão do conteúdo e a revisão da forma. As duas, apesar de serem diferentes, podem ser feitas ao mesmo tempo. Na revisão do conteúdo, deve-se levar em conta a compreensão do texto. O tema deve estar claro e de fácil percepção; cada parágrafo deve ter uma idéia principal e um número suficiente de idéias secundárias para fundamentar o raciocínio e deixá-lo mais explícito. O produtor também deve saber que o texto precisa ter somente as informações necessárias. Portanto, o que se pressupõe que o leitor já saiba não é preciso explicitar. Ressaltamos, ainda, a importância de se estar atento às sínteses e ligações entre os raciocínios para guiar o leitor. Nesta fase, o aluno precisa também agir como leitor e reler seu texto de preferência em voz alta ou pedir para que outra pessoa o leia, para saber se compreendeu o tema e seguiu o fio condutor, pois "os comentários e críticas dos outros podem ser muito mais eficazes que os próprios" (*ibidem*, p. 81).

Na revisão da forma, o aluno precisa trabalhar observando aspectos formais como ortografia, concordância, regência etc., para melhorar a compreensão do texto pelo leitor, a fim de que a mensagem seja entendida com maior facilidade.

Mais uma vez, os recursos do *Word*, conforme vimos na FIGURA 1 acima, permitirão que as correções sejam feitas com maior facilidade. Nesta fase, o professor já deverá ter observado alguns aspectos relativos ao conteúdo do texto e ter enviado mensagens aos alunos, pela rede, para que melhorem suas produções. É importante observar que a revisão da forma somente deve ser feita pelo professor quando o aluno já tiver terminado a fase de revisão do texto, pois se ele se preocupar, a princípio, com esse aspecto, corre o risco de as idéias não fluírem. Quando o aluno termina esta fase, o professor deverá ler todo o texto e fazer as observações finais para aquele realizar a última fase. Uma outra possibilidade é pedir aos alunos que leiam as produções dos colegas. Assim, o discente passará de autor a leitor. De seu computador, ele poderá localizar e ler o texto dos colegas e, após a leitura, conversar sobre o que leu.

Concluída essa fase, chega-se à etapa de redação final. Aqui a revisão já deverá ter sido feita, sendo esta fase somente para "passar a limpo" o produto final do texto. Porém, como ele está sendo modificado durante todo o processo de criação e o computador permite que essa modificação não comprometa a estética do texto, esta fase fica somente para uma última releitura. Sendo assim, ganha-se mais tempo nas outras fases e o aluno terá a garantia de uma boa estética, muito importante para a correção e para o leitor (ele poderia se cansar se a letra fosse ilegível). Reforçando essa questão, Serafini (*ibidem*, p. 94) observa que "um texto escrito com uma caligrafia pouco clara não é inteiramente lido; no início o leitor ainda se esforça para compreender, depois começa a pular palavras". Nesse caso, o uso do computador facilita o processo da escrita, pois suas possibilidades fazem com que os redatores ganhem tempo para se preocupar com aspectos mais importantes do processo. Desse modo, os usuários das tecnologias deixam de se preocupar com questões outrora importantes para a escola, mas irrelevantes hoje em muitos textos de circulação social, pois

> se antes era importante saber separar as palavras em sílabas, hoje, quem digita não precisa se preocupar em partir as palavras para alinhar o texto, pois o computador faz isso automaticamente. Se antes era preciso saber escrever com letra cursiva, de preferência legível e bonita, agora é preciso saber digitar, é preciso conhecer as fontes disponíveis no computador e como usá-las. [...] Cabe, então, a nós professores, sobretudo das classes populares, criarmos formas de incluir nossos alunos nessa viagem, e para isso, devemos dar a eles os equipamentos necessários para serem bem sucedidos nessa empreitada. (COSCARELLI, 2005, p. 29)

Após algum tempo usando esta metodologia com diversos gêneros textuais, acreditamos que poderemos avaliar e descobrir se há melhoria no processo de escrita de adolescentes já que este trabalho tem como objetivo mostrar que a escrita deve ser ensinada e não exigida para ser corrigida (significando aqui avaliada), pois como afirma Calkins (1989, p. 22) "para que se aprenda a escrever é necessário que se esteja profundamente envolvido com a escrita, que se compartilhe o texto com os outros e que se perceba como autor".

É ainda importante que o professor e os alunos compreendam que cada uma das fases comentadas acima não se conclui para dar início à fase seguinte. Elas se sobrepõem e, a cada nova fase, o aluno poderá desenvolver habilidades referentes às fases anteriores. Assim, na fase de redação final, o aluno poderá acrescentar uma informação adquirida naquele momento (fase de planejamento) ou modificar a ordem de parágrafos ou períodos (fase de revisão final). Para melhor exemplificar a inter-relação das fases de produção do texto, criamos a figura a seguir:

Figura 2 – Inter-relações das fases da Produção Escrita

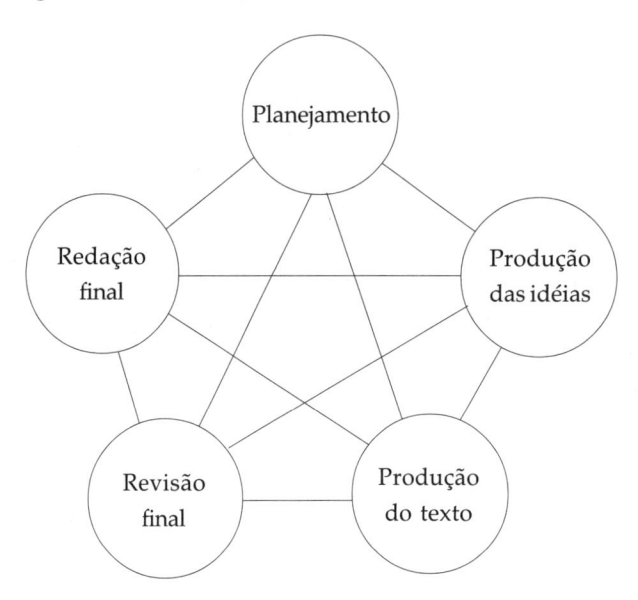

```
            Planejamento
         /      |      \
   Redação             Produção
    final              das idéias
         \      |      /
      Revisão        Produção
       final         do texto
```

Convém ainda ressaltar que, com este método, não se trabalha somente a expressão escrita, mas também a comunicação, o trabalho em grupo e o uso do computador como ferramenta pedagógica auxiliar, podendo-se expandir para outras disciplinas, pois a leitura e a escrita estão presentes em toda a vida escolar dos alunos.

Para incentivar ainda mais os alunos, as produções podem ser divulgadas na escola a fim de socializá-las. Nas instituições que dispõem da rede Internet, a metodologia poderá ser usada para estimular os alunos a se comunicarem na rede e/ou publicarem as produções realizadas durante as aulas em *blogs* ou em listas de discussão que podem ser criadas para esse fim. A Internet ainda pode ser utilizada para que os alunos ensinem o método que aprenderam a estudantes de outras escolas. Estarão, assim, praticando e refletindo sobre o que aprenderam. Talvez gêneros síncronos como os *chats* ou assíncronos como os *e-foruns*[8] podem ser úteis a esse fim.

A Correção e a avaliação do professor

São muitas as dificuldades que o professor de produção textual encontra para ministrar suas aulas. Entre elas estão o trabalho de estímulo à

---

[8] Para melhores esclarecimentos sobre os gêneros digitais blog, lista de discussão, chat e e-forum, ver Marcuschi, L. A., 2004.

leitura e à escrita, a "pilha" de produções para correção e a falta de critérios para corrigir e avaliar os textos de seus alunos. Para o professor inexperiente isso se torna ainda mais complicado. Surgem questões como: O que priorizar nas correções? Qual o melhor meio de se trabalhar os "erros" dos alunos? Será que os alunos estão preparados para desenvolver tal tema?

Neste subitem, serão sugeridas algumas técnicas de correção e avaliação para ajudar o professor a conduzir melhor o ensino de produção de texto. Essa orientação para o professor, como parte da proposta que apresentamos aqui, também está fundamentada nas idéias de Serafini (1997). Porém, o uso do computador na elaboração do texto não faz parte da proposta da autora. Ele foi inserido porque estou convencida de que ele pode facilitar os processos de elaboração e correção da produção escrita.

Serafini (*ibidem*, p. 97) apresenta uma diferença entre correção e avaliação, consideradas a mesma coisa, por muitos professores:

> A correção é o conjunto de intervenções que o professor faz na redação pondo em evidência os defeitos e os erros, com a finalidade de ajudar o aluno a identificar os seus pontos fracos e melhorar [enquanto que] a avaliação é o julgamento que o professor dá ao texto, através de uma nota ou de um comentário verbal, com o objetivo de quantificar seu resultado em relação aos demais alunos e aos resultados anteriores do próprio aluno.

A autora propõe que a correção do texto se inicie após a fase de revisão final. Porém, como as produções estão sendo desenvolvidas no laboratório de informática em ambiente de rede local, o professor pode ter acesso às produções durante o processo da escrita. Sugerimos, portanto, que a correção seja iniciada desde a fase de produção do texto, devido à facilidade que a tecnologia proporciona a esse método, não esquecendo de que a revisão da forma deve ser deixada para o final. Além disso, em todas as fases, o professor deverá assumir o papel de mediador e encorajador do processo.

Para que o trabalho do professor se torne mais completo, ele deverá apresentar estratégias que estimulem os alunos a rever e tentar melhorar seus textos. Assim, se o professor, na sua correção, catalogar e reagrupar os problemas encontrados, levará os próprios alunos a refazerem as correções. Para exemplificar isso, suponhamos que um aluno tenha escrito o seguinte trecho: *A gente fomos à praia ontem*. Nesse caso, o professor sublinhará a palavra fomos e esclarecerá que ali há um problema de concordância (sujeito-verbo). O aluno terá de pesquisar como se concorda esse sujeito com o verbo e fará a correção. Se a dificuldade detectada for de organização ou coerência, o professor deverá sugerir uma reelaboração do período. Nesta fase, não deve ser atribuída nota ao trabalho. A fase de atribuição de uma nota só deve acontecer na avaliação, realizada somente após a redação final do aluno.

Uma maneira de estimular os alunos para a produção escrita é apontar poucos problemas em um mesmo texto. O professor não pode esquecer-se de que a correção deve ser adequada à capacidade do aluno, para que este adquira autoconfiança. Nesse caso, ele deve compreender que o aluno passa, segundo Serafini (*ibidem*, p. 112), por três fases: desenvoltura, coerência e precisão.

> Na primeira fase, o aluno deve familiarizar-se com o papel, a caneta e a escrita, superando o medo da folha em branco, típico de quem não tem experiência. Somente quando tenha alcançado uma certa desenvoltura é que pode passar para a segunda fase, na qual é estimulado a buscar a coerência de seus textos. Finalmente, só na terceira fase, o professor pode visar à precisão do texto.

É necessária ainda a compreensão de que as fases acima citadas não têm idade ou série específica e cabe ao docente estimulá-las, podendo começar com um elogio no comentário da redação e/ou com uma predisposição a aceitar o texto do aluno. Porém, como são muitas as dificuldades encontradas pelo professor em fazer um trabalho desse nível em face da falta de tempo, das salas de aulas numerosas e da necessidade de se cumprir o programa, acredita-se que as correções possam ser feitas entre os alunos, o que traria vantagens para eles, pois numa atividade em que o colega corrige o texto do outro, os autores sentem-se mais seguros e confiantes já que ambos têm o mesmo nível de linguagem e o seu interlocutor não é o professor (que irá avaliá-lo). Nesse caso, os alunos sentem-se muito importantes e, por isso, são geralmente muito críticos.

Contudo, para que esse trabalho seja feito com seriedade, é necessário que os alunos tenham uma certa maturidade. As primeiras correções devem ser feitas com a ajuda do professor. Para este momento, o uso do laboratório de informática também poderá facilitar o trabalho. Como ele está em rede, o professor poderá escolher um dos textos produzidos e todos farão a correção juntos. Os alunos trabalharão os problemas encontrados em sua produção e, após chegarem a um consenso, o professor os estimulará a refazer os trechos que merecem correções sem mudar a idéia original. Após essa etapa de maturação, os alunos poderão reunir-se em grupos para o refazimento. Lendo-as em voz alta, os alunos tentarão melhorar os aspectos que anteriormente foram trabalhados com o professor. Terminada esta fase, o grupo que fez a redação original fará a versão final, que será avaliada pelo professor. É importante que as observações feitas pelos grupos fiquem destacadas com uma outra cor (ver FIGURA 1 – recurso 5), recurso possível devido ao uso do computador, para que os autores das redações possam visualizar melhor o que deve ser modificado.

O uso do computador, neste momento, é muito importante, pois permite que professor esteja acompanhando e sugerindo modificações durante o processo da produção escrita do aluno e também auxiliando os grupos a corrigir as redações dos colegas.

Após alguns trabalhos realizados dessa forma, o professor poderá começar a avaliar as redações, já que essa é uma prática das escolas. A fase de avaliação não é uma tarefa separada da correção. Esta dará ao professor subsídios para aquela, pois "processo e produto são partes complementares do aprender" (HERNANDES, 2003, p. 93). Porém, o que acontece nas escolas é que, diante da diversidade de critérios de avaliação, cada professor acaba por estabelecer os seus próprios, o que dificulta o trabalho do aluno se ele não for conhecedor desses critérios. Apesar dessa diversidade e da falta de objetividade nas avaliações, alguns princípios básicos podem nortear as ações do professor. O primeiro princípio é que o professor deve levar em conta a fase de desenvolvimento das capacidades dos alunos. Um aluno de quarta ou quinta série do Ensino Fundamental, por exemplo, não terá a mesma maturidade de um aluno de oitava série para desenvolver um gênero de texto com seqüências dissertativo-argumentativas. Outros princípios dizem respeito ao gênero textual usado e ao objetivo do texto. O professor precisa perceber se o aluno escreveu seu trabalho atentando-se para as características do gênero e se atingiu o objetivo esperado. Além disso, o professor deverá considerar o nível socioeconômico dos alunos. Um aluno que não tem, em casa, jornais, livros ou revistas para ler e/ou os pais não os estimulam para essa atividade não terá a mesma maturidade de um outro que tem contato com a leitura.

Assim, ao solicitar a produção textual, o professor deverá deixar claras as orientações para a composição e, ao avaliá-la, deverá levar em conta esses princípios, analisando-os para que eles sejam trabalhados e o objetivo do professor alcançado. A esse respeito, concordamos com Marcuschi, E. (2004, p. 47) ao afirmar que "o foco avaliativo não se resume, portanto, apenas a constatar se a tarefa foi bem resolvida ou não, atribuindo-se a partir daí uma nota, mas em observar e descrever a capacidade do aluno em mobilizar e articular recursos e competências para resolvê-la". Porém, para que o professor tente conceber uma avaliação que seja justa e segura, deve-se considerar aspectos trabalhados nas fases da produção, tais como fluência e organização das idéias.

Considerações finais

Pretendemos, com este capítulo, apresentar caminhos alternativos para o ensino da produção escrita nas escolas, bem com tornar esse ensino mais prazeroso. Baseando-nos na proposta de Serafini (1997), a qual focaliza o processo e não somente o produto final, apresentamos um aspecto que permite inovar sua idéia: a viabilidade do uso do computador na escola como instrumento pedagógico que facilita e estimula a prática da produção escrita. Acreditamos que a proposta é válida porque professores e alunos percebem que é necessário "usar a informática e não, ter aula de informática" (COSCARELLI, 2003, p. 32).

Compreendemos que, a princípio, os professores poderão pensar que esse processo dará mais trabalho e que os alunos acharão a correção realizada dessa maneira mais difícil porque alguns não estão preocupados em produzir uma boa redação e querem somente terminá-la o mais rápido possível para ficarem livres, o que se torna um obstáculo para a melhoria da situação. Porém, se houver persistência na metodologia apresentada neste capítulo, os resultados podem ser compensadores.

Convém ressaltar novamente a importância do computador como ferramenta pedagógica para a melhoria do processo de escrita, pois esse instrumento traz aos alunos um estímulo muito grande, atualizando-os num novo paradigma educacional que insere a tecnologia na educação para fomentar a mudança da escola e da postura do professor na era da comunicação e da informação. Assim, reafirmamos que são emergentes as "novas abordagens de ensino, incorporando as Novas Tecnologias de Informação e Comunicação, já que elas se encontram presentes nas diversas instituições educacionais, surgindo a necessidade de repensar currículos, métodos, conteúdos, considerando a utilização de novas linguagens e suportes" (PINHEIRO, 2005b, p. 145).

Sendo assim, a partir das sugestões apresentadas para trabalhar a produção escrita, esperamos que os professores, partindo de sua realidade, criem um projeto para trabalhá-la usando, se possível, o computador como ferramenta pedagógica, a fim de estimular e facilitar esse processo. Com base nessa metodologia, acredita-se que o processo de ensino-aprendizagem e a relação professor-aluno, no que diz respeito à produção escrita, possam ser ressignificados.

Acreditamos ser possível, com o desenvolvimento da metodologia sugerida, mudar alguns aspectos na escola: o professor de redação tradicional – que era acostumado a sugerir o tema e somente avaliar a produção final, atribuindo uma nota sem acompanhar o desenvolvimento da escrita –

passa a ser um mediador do processo de ensino-aprendizagem, tendo como funções principais orientar e acompanhar os alunos durante a escrita; a integração da informática nos conteúdos curriculares poderá ajudar nas dificuldades do processo de aprendizagem, pois a tecnologia faz repensar e reverter o processo educativo, possibilitando a seus usuários "construir, analisar e reconstruir suas propostas" (PRADO; ALMEIDA, 2003, p. 203); finalmente, o trabalho realizado em grupo poderá ajudar na integração dos alunos, aspecto de difícil realização nas atividades escolares.

Referências

ALMEIDA, M. B. B. *Boletim dalto para o futuro/TV Escola*. Série Tecnologia na Escola, 2001.

ANTUNES, I. *Lutar com palavras: coesão & coerência*. São Paulo: Parábola, 2005.

ARAÚJO, J. C.; BIASI-RODRIGUES, B. (Orgs.) *Interação na Internet: novas formas de usar a linguagem*. Rio de Janeiro: Lucerna, 2005.

ARAÚJO, J. C. Oceano de interações na Internet: tsunami digital na escola? In: *Revista Vida & Educação*. Fortaleza: Brasil Tropical. ano 3, n. 8, p. 22-23, 2006.

ARAÚJO, J. C. A conversa na web: o estudo da transmutação em um gênero textual. In: MARCUSCHI, L. A.; XAVIER, A. C. (Orgs.) *Hipertexto e gêneros digitais: novas formas de construção de sentido*. Rio de Janeiro: Lucerna, 2004, p. 91-109.

CALKINS, L. M. *A arte de ensinar a escrever*. Tradução de Deise Batista. Porto Alegre: Artes Médicas, 1989.

COSCARELLI, C. V.; RIBEIRO, A. (Orgs.). *Letramento digital: aspectos sociais e possibilidades pedagógicas*. Belo Horizonte: Autêntica, 2005.

COSCARELLI, C. V. Da leitura de hipertexto: um diálogo com Rouet *et al*. In: ARAÚJO, J. C.; BIASI-RODRIGUES, B. (Orgs.) *Interação na Internet: novas formas de usar a linguagem*. Rio de Janeiro: Lucerna, 2005, p. 109-123.

COSCARELLI, C. V. *Novas tecnologias, novos textos, novas formas de pensar*. Belo Horizonte: Autêntica, 2003.

ESPÍNOLA, A. *Beira-sol*. Rio de janeiro: Topbooks, 2001.

FREIRE, F. M. P. Escrita/Leitura e Computadores: O Uso do Editor de Texto na Escola. In: VALENTE, J. A; PRADO, M.; ALMEIDA, M. E. B. *Educação a distância via Internet*. São Paulo: Avercamp, 2003, p. 151-162.

HERNANDES, V. K. Realização de projetos baseados em texto. In: VALENTE. J. A; PRADO, M.; ALMEIDA, M. E. B. *Educação a distância via Internet*. São Paulo: Avercamp, 2003, p. 87-97.

MARCUSCHI, E. Avaliação da língua materna: concepções e práticas. In: *Revista de Letras*. v. 2, n. 26, p. 44-49, jan./dez. 2004.

MARCUSCHI, L. A. Gêneros textuais emergentes no contexto da tecnologia digital. In: MARCUSCHI, L. A.; XAVIER, A. C. (Orgs.). *Hipertexto e gêneros digitais: novas formas de construção de sentido*. Rio de Janeiro: Lucerna, 2004, p. 13-67.

MARQUES, P. C. et al. *Computador e ensino: uma aplicação à língua portuguesa*. São Paulo: Ática, 1986.

PINHEIRO, R. C. *Leitura de hipertexto: estratégias usadas por leitores proficientes*. Dissertação (Mestrado em Lingüística). Fortaleza: PPGL-UFC, 2005a.

PINHEIRO, R. C. Estratégias de leitura para compreensão de hipertextos. In: ARAÚJO, J. C.; BIASI-RODRIGUES, B. (Orgs.). Interação na Internet: novas formas de usar a linguagem. Rio de Janeiro: Lucerna, 2005b, p. 131-146.

PRADO, M.; ALMEIDA, M. E. B. Criando situações de aprendizagem colaborativa. In: VALENTE, J. A; PRADO, M.; ALMEIDA, M. E. B. *Educação a distância via Internet*. São Paulo: Avercamp, 2003, p. 195-204.

RIBEIRO, M. M.; ARAÚJO, J. C. Pronto, tia, eu já escrevi o site do "rotimeio", agora é só apertar o enter?: O endereço eletrônico na sala de aula. In. ARAÚJO, J. C. (Org.) *Internet & ensino: novos gêneros, outros desafios*. Rio de Janeiro: Lucerna, 2007.

SERAFINI, M. T. *Como escrever textos*. Tradução de Maria Augusta Bastos de Matos. Adaptação de Ana Maria Marcondes Garcia. 8. ed. São Paulo: Globo, 1997.

VIEIRA, I. L. *Escrita, para que te quero?* Fortaleza: Edições Demócrito Rocha/EDUECE, 2005.

Leitura e (hiper)texto:
"novas" práticas contemporâneas?[1]

Fernanda Correa Silveira Galli

    Este capítulo tem por objetivo tecer reflexões sobre a questão do sujeito-leitor e suas relações com o mundo contemporâneo, cujas mudanças têm refletido nas relações sociais, envolvendo as noções identidade, subjetividade, tempo, espaço e, ainda, possíveis deslocamentos das práticas de leitura – do papel para a tela. Para a análise dessa relação, nos basearemos na teoria da análise do discurso e sua intersecção com as ciências sociais e nos deteremos, em especial, nas representações que o sujeito-leitor faz sobre a leitura do texto-papel e do texto-virtual[2], o que nos permitirá discutir a questão da identidade a partir de seu discurso. Nosso *corpus* de análise compõe-se de algumas respostas[3] sobre a questão *Quando você lê textos em sites da Internet, de que forma você procede? Explique com detalhes.*, que faz parte do questionário-piloto de nossa pesquisa.

    Partimos do pressuposto de que uma "nova" ordem de discurso parece se constituir a partir do ciberespaço e, por conseguinte, novos regimes de verdade estão se configurando e trazendo conseqüências para a vida e para a constituição da identidade do sujeito contemporâneo. Nessa perspectiva, a hipótese de nosso estudo é a de que a prática da leitura nas páginas da

---

[1] Este capítulo é parte integrante de nossa pesquisa de doutorado em Lingüística Aplicada, no Instituto de Estudos da Linguagem, da Universidade Estadual de Campinas (Dla/Iel/Unicamp).

[2] Virtual no sentido on-line, a partir da Internet (conjunto de redes de computadores ligadas entre si por roteadores e *gateways*, de âmbito mundial e de acesso público – a teia *www*).

[3] Dadas por graduandos do curso de Pedagogia de uma instituição particular de ensino superior, situada na região de São José do Rio Preto, interior do estado de São Paulo.

Internet não implica na dicotomia "velho/novo", mas caracteriza-se no imbricamento das oposições e, portanto, as subjetividades vão se (re)configurando à medida em que se interpenetram, transitando entre o mesmo e o diferente, conforme nos diria Derrida (1985).

Apresentamos, a seguir, nos itens "Sujeito: (in)completudes e (des)continuidades" e "Identificação e produção de subjetividades", algumas noções teóricas que sustentam nossa pesquisa; no item "Sujeito-leitor: o imbricamento de dizeres", realizamos a interpretação dos dizeres de alunos sobre a leitura na Internet e, na seqüência, tecemos breves considerações sobre o que tem apontado nosso estudo.

Sujeito: (in)completudes e (des)continuidades

Na perspectiva pós-moderna, o sujeito é visto como "[...] esfacelado, cindido, clivado, [embora numa] superfície homogênea e una que camufla a heterogeneidade que o constitui, heterogeneidade essa que determina os conflitos e as contradições que emergem, vez por outra, do inconsciente [...]" (CORACINI, 2000, p. 180). Inserido em sua historicidade e por ela constituído, o sujeito pós-moderno está predestinado a tudo interpretar, a tudo significar, e, desse modo, pode ser definido como aquele que é constitutivamente heterogêneo, marcado sócio-historicamente, e pertencente a uma dada formação discursiva, sempre atravessada por outros discursos, que se inscrevem numa formação ideológica. Orlandi (2001a), dentro dos pressupostos teóricos da análise de discurso de linha francesa, tem a mesma postura e assevera que os sujeitos são constituídos pelo discurso – o lugar onde a ideologia e a história se encontram – como ser histórico e ideológico. Portanto, para a análise do discurso, o sujeito é histórico e traz em seu discurso – que se realiza sempre numa outra enunciação – o já-dito num outro lugar.

Numa perspectiva próxima à defendida pela análise do discurso, Doel (2001)[4] com base nas idéias desenvolvidas por Derrida e Deleuze, discute a noção de sujeito como motivo de experimentação e invenção. Segundo o autor, o sujeito é encolhido, por meio de uma série de constrições – "pelos arranjos maquínicos que o constroem e o animam; pelos discursos que circulam através dele; pelas linguagens que o ocupam; pelos desejos que o movem; pelos poderes que o saturam; e pelo tecido material que o amarra" (*ibidem*, p. 82) – e passa a ser visto como uma máquina, montada e articulada em lugar apropriado, como "uma-obra-em-processo" ou "uma-obra-como-processo",

---

[4] In: SILVA, 2001, p. 77-110.

enfim, um produto, uma "(re)invenção", em especial no momento em que estamos vivendo – a pós-modernidade.

Nesse sentido, o sujeito é entendido não como universal ou como indivíduo, mas como uma "multiplicidade virtual", nem estabilizado em si mesmo nem fixo no lugar. A citação de Deleuze e Guattari, utilizada por Doel (p. 83), define com propriedade o sujeito contemporâneo, em (des)continuidades, como produção e produto ao mesmo tempo: "O que há por toda parte são máquinas e sem qualquer metáfora: máquinas de máquinas, com suas ligações e conexões. Uma máquina-órgão está ligada a uma máquina-origem: uma emite o fluxo que a outra corta". Assim, inicialmente, o movimento se dá através da "re-imersão do eu universal" em contextos singulares em que ele se expressa, e depois pela "re-inscrição do eu individuado" nos meios sociais que o animam e o sustentam.

A relação do sujeito com o discurso é fundamental para as nossas discussões, uma vez que ela acontece por meio da formação discursiva, definida por Foucault (1969) como um conjunto de saberes sobre um determinado objeto. Desse modo, um saber se definirá sempre a partir das possibilidades de utilização e apropriação dadas pelo discurso, já que "não há saber sem uma prática discursiva definida, e toda prática discursiva pode definir-se pelo saber que ela forma" (*ibidem*, p. 207). A formação discursiva consiste num espaço, formado por regularidades[5] enunciativas, que também não se configura como fechado e imóvel no tempo, mas como instável, em desenvolvimento, em (trans)formação, como uma "distribuição de lacunas, de vazios, de ausências, de limites, de recortes, [que] repousa no princípio de que nem *tudo* é sempre dito" (*ibidem*, p. 138).

O sujeito, ao se inscrever nas formações discursivas, passa a constituí-las e a ser constituído por elas, por meio das práticas discursivas que estão constantemente movimentando-se, (entre)cruzando-se, (trans)formando-se e (re)apresentando saberes. As práticas discursivas podem regular uma sociedade, administrá-la e ainda promover modificações, como resultado da oposição entre as forças sociais – interesses e posições diferentes – que acontece nas relações de poder. Segundo Foucault (*ibidem*), as práticas discursivas funcionam como um processo que produz transformações constantes, de forma que um discurso, decorrente de uma dada formação discursiva, é constituído a partir de "regras de aparecimento e também

---

[5] O termo regularidade não se define em oposição à irregularidade. Um conjunto de regularidades enunciativas é aquilo que delimita uma formação discursiva; são as condições construídas por um conjunto de regras imanentes a uma prática e que asseguram a existência dos discursos (FOUCAULT, 1969).

suas condições de apropriação e utilização [funcionando como] um bem que coloca, por conseguinte, desde a sua existência [...], a questão do poder" (*ibidem*, p. 139).

Desse modo, compreendemos a "interpelação" do sujeito como uma relação de poder que, por ser disciplinador, abrange toda a sociedade e se fixa em todo e qualquer lugar, funcionando como um sistema de relações circulares. Conseqüentemente, somos controlados e normatizados – não totalmente – por múltiplos processos de poder, o que "pode ser compreendido como "a multiplicidade de correlações de forças imanentes ao domínio onde se exercem e constitutivas de sua organização; o jogo que, através de lutas e afrontamentos incessantes as transforma, reforça, inverte [...]" (*idem*, 1988, p. 88-89). O poder, então, provém de todas as partes, em cada relação entre um ponto e outro. Essas relações são dinâmicas, móveis, mantêm ou destroem grandes esquemas de dominação, e também se relacionam sempre com inúmeros pontos de resistência.

Ao mesmo tempo em que há resistências ao poder, o poder é aceito pelos sujeitos, como num embate de forças contrárias, produzindo modificações, deslocamentos, transformações. O poder não envolve um "estado de dominação", mas uma determinação social, desejo que conserva as relações de poder e proporciona brechas para as resistências: os sujeitos são livres – dentro de um campo de possibilidades – para resistirem ou não, liberando seus desejos e abrindo "um campo para novas relações de poder, que devem ser controladas por práticas de liberdade" (*idem*, 1984, p. 267). Assim, as relações entre sujeito e discurso são constante e inevitavelmente de poder (CORACINI, 2001), que implica saber e que, contrariamente, acarreta efeitos de poder. Ambos, poder e saber, estão constantemente imbricados, se implicam mutuamente, e são responsáveis pelos efeitos de verdade produzidos no interior dos discursos (FOUCAULT, 1979).

A tentativa de controlar e homogeneizar a identidade do sujeito (aluno) na instituição escola (e também na sociedade), a partir da instituição de verdades, é constante e envolve relações de poder ao determinar discursos institucionalizados – em nosso caso: a importância da leitura, as exigências das "novas tecnologias", do processo de globalização e da pós-modernidade – que passam a ser reproduzidos e desejados por todos. Dentro desse contexto, como as relações de poder são inerentes às relações humanas, o sujeito é levado a ocupar o lugar social e historicamente legitimado, lugar que é desejado e ordenado ao mesmo tempo, que representa o saber e o poder (*ibidem*), a "verdade" e o julgamento daquilo que é instituído como "correto" e precisa ser cumprido – o saber reconhecido.

Identificação e produção de subjetividades

Uma vez que o foco de nossa pesquisa é abordar a questão da leitura de hipertexto[6] e da influência das novas tecnologias na (trans)formação do sujeito pós-moderno, por meio das imagens que se encontram em funcionamento nos seus discursos, torna-se imprescindível tratar das concepções de identidade e subjetividade, as quais serão utilizadas para ancorar nossas discussões. Falar desses termos significa mencionar algo que não é fixo, acabado, sistematizado, mas que promove descentramento, transformações, deslocamentos com relação à razão e à verdade.

Ao sustentarmos a noção de sujeito cindido, heterogêneo, descentrado, incapaz de se definir como uno e estável, não há como pensar em identidade fechada e descritível, mas em momentos de identificação que estão sempre se movimentando e se modificando (CORACINI, 2003, p. 150-151). O processo de identificação do sujeito, por meio do qual ele projeta suas identidades culturais, tem-se (trans)formado em algo provisório, efêmero e incerto. Esse processo, segundo Hall (2005, p. 12-13), é responsável por produzir o sujeito pós-moderno, aquele que não tem uma identidade fixa, essencial, pois a identidade passa a ser uma "celebração móvel" que se forma e se transforma ininterruptamente, a partir das formas pelas quais somos representados ou interpelados culturalmente.

As identidades são construídas, então, por meio da diferença, ou seja, por meio das relações com o outro, das relações com aquilo que não é ou aquilo que falta, sendo definidas historicamente e funcionando, durante toda a sua história, em forma de pontos de identificação e apego, devido à sua habilidade de exclusão, que possibilita deixar de fora e modificar o diferente em "exterior" (HALL, 2000, p. 110). As identificações são, pois,

> um processo de articulação, uma suturação, uma sobredeterminação, e não uma subsunção. Há sempre "demasiado" ou "muito pouco" – uma sobredeterminação ou uma falta, mas nunca um ajuste completo, uma totalidade. Como todas as práticas de significação, ela está sujeita ao "jogo" da différance. Ela obedece à lógica do mais-que-um. E uma vez que, como num processo, a identificação opera por meio da différance, ela envolve um trabalho discursivo, o fechamento e a marcação de fronteiras simbólicas, a produção de "efeitos de fronteiras". Para consolidar o processo, ela requer aquilo que é deixado de fora – o exterior que a constitui. (*ibidem*, p. 106)

---

[6] Para outra visão sobre hipertexto, cf. o capítulo de Carla Coscarelli, neste livro.

O termo *différance*, tomado pelo autor a partir da definição de Derrida – adiamento – refere-se ao "momento" em que as identificações são construídas, revelando, assim, instabilidade e desestabilização constantes, provocadas por algo que é exterior – a falta que nos constitui e que evidencia um cruzamento de vozes reproduzidas a partir da memória discursiva. Nesse sentido, a identificação é entendida como algo em construção, processo sempre em andamento, nunca completo (*ibidem*), que se constrói na heterogeneidade, no esfacelamento e na dispersão das inúmeras vozes que se imbricam constantemente. Isso faz com que a falta esteja sempre presente e a busca pelo seu preenchimento – continuamente adiado – permaneça incessante, o que promove a costura e/ou sutura dos "fios que se entrelaçam numa trama que explode em momentos de identificação, dos quais não podemos ter controle, pois são incessantemente (re)construídos por meio da diferença" (ECKERT-HOFF, 2003, p. 275).

Os processos de identificação e representação, segundo Villaça (2002, p. 67-68), acontecem "paradoxalmente por meio da transmutação do corpo", pois assistimos constantemente "à multiplicação e à mutação dos corpos em paradoxais metáforas identitárias que ora atuam sobre o próprio corpo por meio de toda sorte de artifícios, ora produzem virtualizações por meio da tecnociência". Assim, o sistema pós-moderno, ou hipermoderno (LIPOVETSKY, 2004), o processo da globalização e as novas tecnologias parecem provocar o deslizamento ou deslocamento do corpo – com relação ao seu lugar e sua posição individual –, que se mecaniza ou "maquiniza", assumindo também o seu papel na produção da subjetividade, que é construída também na relação com o outro e pode ser entendida como um lugar da alteridade em (des)construção.

Inspirados em Deleuze e Guattari, Domènech, Tirado e Gómez (2001, p. 113)[7], ao falar em dobra ou interioridade, apresentam críticas e rejeitam a concepção de sujeito universal, estável, unificado, totalizado e totalizante, interiorizado e individualizado e, em contrapartida, defendem e valorizam a subjetividade distribuída, socialmente construída, dialógica, descentrada, múltipla, nômade, situada, subjetividade inscrita na superfície do corpo, produzida pela linguagem, etc. As mudanças, segundo os autores, tendem a mostrar o abandono do privado e do intransferível, para marcar o "estar-no-mundo" com outras pessoas, e a definir o ser humano, primeiramente, em termos de "ser social" e, depois, "ser psicológico", como ponto de partida da definição da identidade.

---

[7] In: SILVA, 2001, p. 111-136.

Assim, a subjetividade faz parte do tecido relacional, de uma trama social na qual todo indivíduo está continuamente inserido e constitui-se a partir do uso e da elaboração de um "complexo de narrativas, discursos, conversações, atos de fala ou significados que a cultura põe à nossa disposição e que manipulamos nas realidades interacionais que habitamos" (DOMÈNECH *et al.*, 2001, p. 119). O eu passa a ter, então, uma capacidade de narrar-se de diversas formas, como uma construção, a partir das subjetividades – múltiplas, heterogêneas, fluidas (DELEUZE, 1992) – que são continuamente produzidas, fazendo com que o sujeito se configure como espaço de conexão, de montagem, contínua pre-posição, uma dobra exterior, que segundo Rose (1996)[8], incorpora sem totalizar, internaliza sem unificar, junta-se de maneira descontínua, em plissês, formando espaços, fluxos e relações.

Pensar os processos de subjetivação como dobra, segundo esses autores, é despojar o sujeito de toda identidade (essencialista) e de toda interioridade (absoluta) e ainda reconhecer as possíveis transformações e criações, já que a dobra "permite pensar os processos pelos quais o ser humano transborda e vai para além de sua pele, sem recorrer à imagem de um Sujeito autônomo, independente, cerrado, agente [...] a não ser, precisamente, com base em seu caráter aberto, múltiplo, inacabado, cambiante" (DOMÈNECH *et al.*, 2001, p. 129). Dito de outro modo, não há como pensar em identidades fechadas, autênticas e puras, já que a dobra só avança "bifurcando-se" e "metamorfoseando-se", transformando-se e reconstruindo-se.

Essas noções de identidade e subjetividade parecem estar intimamente ligadas às suas relações com a modernidade imediata, leve e líquida – conforme Bauman (2001) – das sociedades em constantes mudanças, das metamorfoses do sujeito, das (trans)formações do tempo e do espaço. Por isso, com base nessas considerações, ressaltamos que as noções assumidas pelos autores são adotadas em nossa pesquisa, pois vão ao encontro da problematização sobre sujeito-leitor e ambiente-virtual na contemporaneidade.

Sujeito-leitor: o imbricamento de dizeres

Adotando o fio teórico esboçado em nosso estudo, tomamos a linguagem como não transparente e contestamos a noção de língua como código – que implica sentidos estáveis, já que consideramos a linguagem como intrinsecamente heterogênea, instável, imprevisível e aberta, o lugar de produção de sentidos relacionado ao processo sócio-histórico-ideológico. Vejamos, pois, o que dizem os sujeitos-leitores ao relatar como realizam a leitura

---

[8] *Apud* DOMÈNECH, TIRADO; GÓMEZ (2001, p. 124).

em sites da Internet, ou seja, quais as repostas dadas à questão "Quando você lê textos em sites da Internet, de que forma você procede? Explique com detalhes." Observemos abaixo:

> S2 – Primeiro eu procuro o nome de algo ou de alguém, depois de achado eu geralmente leio todos, porque sempre tem algo de interessante nestes textos, principalmente de pessoas desconhecidas, que tem a visão diferente uma das outras: algumas fazem uma crítica boa outras fazem uma crítica ruim.

No dizer de S2, a leitura de hipertextos parece suscitar o desejo de saber e de buscar sempre mais informações, de forma intensa ("Primeiro eu procuro o nome de algo ou de alguém, depois de achado eu geralmente leio todos"), como se a Internet fosse o lugar em que se encontra tudo o que se procura (e pode até ser), possibilitando preencher a falta que acomete o sujeito do mundo contemporâneo. As formações imaginárias, que resultam da identificação e das projeções feitas pelo sujeito-leitor, aparecem nesses dizeres, evidenciando o desejo de completude ("leio todos") construído no imaginário como modelo de leitura a ser seguido – numa visão nada utilitarista, o que é questionável diante da impossibilidade de se ler tudo que está à disposição, seja no texto-papel ou texto-virtual.

Essa busca do sujeito pela completude apresenta-se como uma característica da contemporaneidade, em que o bombardeamento do ter e do consumir está cada vez mais intenso. O uso do pronome indefinido todos ao mesmo tempo em que remete à idéia de totalidade, expressa outro significado que o vocábulo traz em si: *qualquer*, cuja designação é "coisa, lugar ou indivíduo indeterminado" (cf. Dicionário Aurélio). Esse desejo do sujeito é criado pela mídia, pela sociedade em que vive, sendo marcado pelo movimento, velocidade e renovação constantes de informações. A assimilação completa de tudo o que é veiculado na Internet é ilusória, mas o sujeito vive sob essa ilusão de completude ("depois de achado eu geralmente leio todos, porque sempre tem algo de interessante nestes textos"), na tentativa de saciar os desejos que o constituem. Tal representação caracteriza a (re)construção do sujeito a partir da genealogia das relações, nas práticas construídas historicamente, as quais, segundo Rose (2001b), vão moldando nosso ser, o que implica uma fabricação de desejos e uma produção das subjetividades e das várias identificações do sujeito pós-moderno.

Nessa perspectiva, o sujeito nunca é totalmente livre, uma vez que ele está sempre inserido numa ordem do discurso – conforme Foucault (1971) – de práticas que o governam de maneira que ele possa ter uma "liberdade apropriada". Percebe-se, no dizer do sujeito-leitor, a presença do saber reproduzido, que aparece como um não-dito[9] e que pode ser notado como pressuposto, algo que está implícito no seu discurso, mas que está ali, significando. Dito de outro modo, nota-se, no trecho "porque sempre tem algo de interessante nestes textos", a necessidade do sujeito de dizer que faz uso desse meio de comunicação (a Internet) para realizar suas leituras, assumindo esse discurso do consumo que funciona como forma de interpelação social, ou até mesmo de normalização, porque tudo que se encontra na Internet pode ou parece ser "interessante", embora tal palavra tenha um sentido vago e impreciso (importante, curioso, etc.).

O emprego do verbo *procurar* no presente do indicativo ("procuro") é também bastante significativo, pois uma das designações trazidas pelo Dicionário Aurélio é "Ser atraído por", isto é, o sujeito sente-se atraído pela leitura na Internet devido à imensidão de informações disponibilizadas ao mesmo tempo e ainda porque é algo diferente, que traz o suposto "novo". Esse fato se confirma, ainda, quando o sujeito diz "sempre tem algo de interessante nestes textos, principalmente de pessoas desconhecidas, que tem a visão diferente uma das outras", o que significa que o atraente é o desconhecido, aquilo que instiga, excita e traz uma sensação insólita. Tais efeitos são provocados pela tecnologia e pelo processo de globalização e acabam por afetar a produção das subjetividades do sujeito, tornando as identidades ainda mais incertas e transitórias (BAUMAN, 2005).

As imagens que o sujeito faz de si como leitor e do processo de leitura parecem funcionar como uma memória ou um resquício daquilo que já faz parte dele, que já o constitui. Assim, a sensação do novo e do diferente talvez esteja no próprio leitor (CORACINI, 2004), já que seus dizeres não correspondem a uma dicotomia leitura-texto-tela (virtual) e leitura-texto-papel (presencial), mas sim ao atravessamento de um no outro. Vejamos outros dizeres abaixo:

> S1 – Primeiramente me atento aos títulos que mais me chamam atenção e obviamente os de meus interesses. Se o texto é muito longo eu o salvo em meus documentos para ler depois com mais calma. No caso de pesquisa vou na página de busca pelo tema desejado e imprimo vários textos, para depois lê-los e produzir meu trabalho.
>
> S5 – Eu procedo assim: procuro o texto que quero ler em várias páginas, lendo tudo que der ao mesmo tempo, assim vou pegando informações de vários sites de um único assunto. A

---

[9] Definido por O. Ducrot (1972) como diferentes formas de não-dizer (implícito): o pressuposto – aquilo que deriva propriamente da instância da linguagem, e o subentendido – aquilo que se dá em contexto (cf. ORLANDI, 2001a).

Internet é surpreendente pois eu consigo ler vários texto (sic) ao mesmo tempo abrindo várias janelas. Assim eu procedo na net, pois não consigo ler como um livro, pois na net é muita informação ao mesmo tempo, acho que é por isso que não dá para ler um texto só e sim vários ao mesmo tempo.

É interessante notar que, embora as respostas acima sejam aparentemente diferentes, há uma certa regularidade entre elas, como, por exemplo, a busca pelos textos para leituras e a seleção do que deve ser lido, traços que se mantêm, ou seja, algo dizível, cristalizado, que produz a variedade do mesmo, uma memória que se preserva nos processos parafrásticos (ORLANDI, 2001a). Desse modo, podemos dizer que a paráfrase pode ser considerada a característica fundamental da constituição do sentido, que se estabelece sempre na possibilidade de poder ser repetido e ressignificado. Nas mesmas respostas é possível perceber a existência de outros discursos, os quais permitem o embate discordante entre dizeres que, ao mesmo tempo, se estabelecem na história por serem diferentes, como, por exemplo, em parte dos dizeres de S1 ("salvo em meus documentos para ler depois com mais calma. [...] imprimo vários textos, para depois lê-los") e também de S5 ("eu consigo ler vários texto (*sic*) ao mesmo tempo abrindo várias janelas. Assim eu procedo na net, pois não consigo ler como um livro, pois na net é muita informação ao mesmo tempo").

Nessas respostas, constata-se a descrição de práticas que, talvez, possamos chamar de "velha" e "nova", ou melhor, uma mistura das duas – S1 procede de forma diferente de S5 ao buscar textos para leituras na Internet: o primeiro precisa salvar os textos ou imprimi-los pra depois fazer a leitura "com mais calma"; já o segundo lê vários textos ao mesmo tempo, na própria tela do computador, "abrindo várias janelas". A memória sobre o procedimento de leitura se faz presente (buscar textos, selecioná-los, lê-los, imprimi-los para ler depois, etc.), e, nessa perspectiva, a "mudança" ou o "novo" pode estar na forma de apresentação dos textos (móvel, que vai se abrindo conforme a vontade do leitor, que lê ou não o texto na tela), no modo de ler (na tela, talvez de forma desconfortável, instantânea e com muitas informações disponíveis ao mesmo tempo), na ressignificação dos referenciais de tempo e de espaço (aqui/lá, local/global), entre outros (GALLI, 2005).

Notamos, ainda, no dizer de S5, uma euforia, uma excitação ao falar das possibilidades oferecidas pela Internet ("A Internet é surpreendente pois eu consigo ler vários texto (*sic*) ao mesmo tempo abrindo várias janelas [...] na net é muita informação ao mesmo tempo, acho que é por isso que não dá para ler um texto só e sim vários ao mesmo tempo."), demonstrando um fascínio diante do que é oferecido pelo mundo pós-moderno ou pela sociedade de consumo. A questão da completude também está presente, de forma bastante intensa, no dizer de S5 ("várias páginas, lendo tudo [...] ao mesmo tempo, [...] vários sites [...] vários texto ao mesmo tempo abrindo várias janelas. [...] muita informação ao mesmo tempo, [...] não dá para ler um texto só e sim vários ao mesmo tempo."), numa visão imaginária e pré-construída de que a Internet substituiu muita coisa e que "tudo" se tornou mais fácil com o seu surgimento, em especial a leitura e as pesquisas, discursos que inescapavelmente se cruzam e se complementam, como é próprio às práticas discursivas constituídas histórica e ideologicamente.

Essas mudanças acabam por ocasionar transformações na constituição da subjetividade e da identidade do sujeito, que vê a era das novas tecnologias de comunicação como aquilo que chegou para revolucionar ("A Internet é surpreendente") e que traz o possível novo que seduz. O uso do verbo *conseguir* no presente do indicativo, em "consigo ler vários texto (*sic*) ao mesmo tempo abrindo várias janelas", remete à idéia de que até então, no texto-papel, não existia a possibilidade de ler vários textos em várias janelas abertas ao mesmo tempo, mas hoje isso acontece. Tal procedimento, visto como novidade pelo sujeito, parece não ter muita diferença em relação ao que sempre foi (e ainda é) utilizado para leituras e/ou pesquisas no texto-papel: selecionar vários livros sobre um assunto, abrir as várias páginas e buscar o que se quer (lendo ali e aqui, como em uma tela e outra).

Há também o fato de que, para fazer parte desta sociedade da informação, o esperado (pelos outros) é que o sujeito diga que lê na Internet, procura os assuntos em várias páginas ao mesmo tempo, busca várias informações, etc. Percebe-se, nos dizeres de S5, que essas buscas (várias, sempre) por textos e informações na Internet se configuram de fato como consumo, evidenciando que o interesse pela leitura tem sido mais intenso (embora nem sempre isso seja verdadeiro) e movido pela realidade "virtual" que se faz presente na vida do sujeito. Se ler é produzir sentidos, envolver-se, identificar-se, mesmo com a chegada das novas tecnologias de comunicação, ou, ainda, com o deslocamento da leitura do texto-papel para o texto-tela, seguido do "encantamento" do sujeito, esse processo se faz presente como uma memória ou um vestígio já lá na constituição do sujeito. Ao olhar para tela, assim como para o texto-papel, o sujeito poderá produzir determinados sentidos, embora esse processo traga em si algumas possíveis mudanças – nas identidades, subjetividades, noções de tempo e espaço, consumo, entre outros.

Considerações finais

A partir de nossa interpretação reconhecemos algumas contradições e a incompletude do sujeito, que deseja constantemente a completude e o preenchimento da falta. Falar em linguagem é, conseqüentemente, falar em incompletude, em sujeitos e sentidos que também não são completos, prontos, constituídos de forma definida, pois eles "constituem-se e funcionam sob o modo do entremeio, da relação, da falta, do movimento. Essa incompletude atesta a abertura do simbólico, pois a falta é também o lugar do possível." (ORLANDI, 2001a, p. 52). Nosso objetivo, neste texto, foi trazer reflexões acerca da leitura de hipertextos, apontando as formações imaginárias, os ditos e os não-ditos, a ideologia, entre outros aspectos que acometem o sujeito do mundo contemporâneo.

Conforme nosso pressuposto, uma "nova" ordem de discurso e novos regimes de verdade parecem, de fato, trazer conseqüências que agem diretamente na constituição da identidade do sujeito. No entanto, as representações sobre a prática da leitura nas páginas da Internet, conforme vimos em alguns dizeres, não correspondem a uma dicotomia "velho/novo", mas sim a um imbricamento das oposições, transitando num inter-espaço "texto-papel/texto-tela" e (re)configurando as subjetividades. Assim, o sujeito parece encontrar-se – há um tempo e, ainda, por um longo tempo – dividido no sem limites do limiar, no (entre) lugar onde passado e presente se misturam e se mesclam, momento em que o controle se esbarra nas (in)certezas (DERRIDA, 2004) e aponta as fronteiras movediças das identidades.

Referências

BAUMAN, Z. *Identidade*. Tradução de Carlos Alberto Medeiros. Rio de Janeiro: Jorge Zahar, 2005.

BAUMAN, Z. *Modernidade líquida*. Tradução de Plínio Dentzien. Rio de Janeiro: Jorge Zahar, 2001.

CORACINI, M. J. R. F. Autonomia, poder e identidade na sala de aula. In: OLIVEIRA, M. S.; PASSEGI, L. (Orgs.). *Lingüística e educação: gramática, discurso e ensino*. São Paulo: Terceira Margem, 2000.

CORACINI, M. J. R. F.; PEREIRA, A. E. (Orgs.). *Discurso e sociedade: práticas em análise do discurso*. Pelotas: EDUCAT, 2001.

CORACINI, M. J. R. F. (Org.). *Identidade & discurso: (des)construindo subjetividades*. Campinas: Editora da Unicamp, 2003.

CORACINI, M. J. R. F. *A constituição identitária do leitor de hipertexto*. (Comunicação oral, VII CBLA 2004).

DELEUZE, G. *Conversações*. Rio de Janeiro: Editora 34, 1992.

DERRIDA, J. (1985). *Torres de Babel*. Tradução de Junia Barreto. Belo Horizonte: Editora da UFMG, 2002.

DERRIDA, J. *Papel-máquina*. Tradução de Evandro Nascimento. São Paulo: Estação Liberdade, 2004.

DOEL, M. Corpos sem órgãos: esquizoanálise e desconstrução. In: SILVA, T. T. (Org. e Trad.). *Nunca fomos humanos: nos rastros do sujeito*. Belo Horizonte: Autêntica, 2001, p. 77-110.

DOMÈNECH, M.; TIRADO, F.; GÓMEZ, L. A dobra: psicologia e subjetivação. In: SILVA, T. T. (Org. e Trad.). *Nunca fomos humanos: nos rastros do sujeito*. Belo Horizonte: Autêntica, 2001, p. 111-136.

ECKERT-HOFF, B. Processos de identificação do sujeito-professor de língua materna: a costura e a sutura dos fios. In: CORACINI, M. J. (Org.). *Identidade & Discurso: (des)construindo subjetividades*. Campinas: Editora da Unicamp, 2003, p. 269-283.

FOUCAULT, M. (1969). *A arqueologia do saber*. Tradução de Luiz F. B. Neves. 6. ed. Rio de Janeiro: Forense Universitária, 2002.

FOUCAULT, M. (1971). *A ordem do discurso*. Tradução de Laura Fraga Almeida Sampaio. 9. ed. São Paulo: Edições Loyola, 2003.

FOUCAULT, M. (1979). *Microfísica do poder*. Tradução de Roberto Machado. 20. ed. Rio de Janeiro: Edições Graal, 2004.

FOUCAULT, M. (1984). *Ética, sexualidade, política. Ditos e escritos V*. Organização de Manoel B. da Motta; Tradução de Elisa Monteiro e Inês A. D. Barbosa. Rio de Janeiro: Forense Universitária, 2004.

FOUCAULT, M. (1988). *História da sexualidade I – A vontade de saber*. Tradução de Maria T. C. Albuquerque e J. A. Guilhon Albuquerque. Rio de Janeiro: Edições Graal, 2005.

GALLI, F. C. S. O sujeito-leitor e o atual cenário tecnológico e globalizado. *Revista Letra Magna – Revista Eletrônica de Divulgação Científica em Língua Portuguesa, Lingüística e Literatura*, <www.letramagna.com>, ano 02, n. 03, 2º semestre de 2005, 12 p.

HALL, S. Quem precisa de identidade? In: SILVA, T. T. (Org.). *Identidade e diferença: a perspectiva dos estudos culturais*. Petrópolis: Vozes, 2000, p. 103-133.

HALL, S. *A identidade cultural na pós-modernidade*. 10. ed. Rio de Janeiro: DP&A Editora, 2005.

LIPOVETSKY, G. *Os tempos hipermodernos*. Tradução de Mário Vilela. São Paulo: Editora Barcarolla, 2004.

ORLANDI, E. P. *Análise de discurso: princípios e procedimentos*. Campinas: Pontes, 2001a.

ORLANDI, E. P. *Discurso e texto: formação e circulação dos sentidos*. Campinas: Pontes, 2001b.

REVEL, J. *Michel Foucault: conceitos essenciais.* São Carlos: Claraluz, 2005.

ROSE, N. Inventando nossos eus. In: SILVA, T. T. (Org. e Trad.). *Nunca fomos humanos: nos rastros do sujeito.* Belo Horizonte: Autêntica, 2001a, p. 137-204.

ROSE, N. Como se deve fazer a história do eu? In: *Revista Educação e Realidade.* Tradução de Tomaz T. da Silva. Belo Horizonte: Autêntica, jan./jul. 2001b, p. 33-57.

VILLAÇA, N. *Impresso ou eletrônico? Um trajeto de leitura.* Rio de Janeiro: Mauad, 2002.

A leitura de hipertextos: charge[1]

Carla Viana Coscarelli

A informática e os mecanismos de comunicação envolvidos nela têm sido alvos de pesquisas. Preocupar-nos-emos neste trabalho com o hipertexto. Acreditamos que a hipertextualidade não seja algo recente, uma vez que sua existência não se restringe à informática, pois pode ser encontrada também em textos impressos, como na primeira página de um jornal, em um índice, em pé de páginas e até mesmo em textos tradicionalmente considerados lineares. Assim, não temos por que considerar que a leitura de um texto e de um hipertexto guarda muitas diferenças. Acreditamos que todo texto pode ser considerado um hipertexto, já que a idéia de linearidade, que teoricamente distinguiria esses dois formatos textuais, não se aplica, na verdade, a nenhum texto, uma vez que nem o texto entendido como produto nem o texto visto como processo podem ser considerados linearmente (COSCARELLI, 2003).

É possível, no entanto, que diferentes formatos de apresentação de textos possam provocar diferenças na sua compreensão. Para verificar até que ponto o formato de apresentação interfere na compreensão, fizemos experimentos com vários gêneros textuais: charge, notícia, propaganda, gráfico, crônica e texto instrucional. Neste capítulo será apresentado o experimento feito com uma charge e seus resultados.

Para esse experimento, foi escolhida uma charge de Spacca, que apresenta uma crítica às atitudes do governo em relação ao desemprego em massa, decorrente do aumento da automatização nas indústrias automobilísticas. Essa charge era parte de uma reportagem da revista *Veja*, que tratava do desemprego em massa que vinha agravando-se no País em decorrência das novas tecnologias implantadas em grandes indústrias automobilísticas, como a Mercedes Benz, a Fiat, a Volkswagen e tantas outras, de menor porte e de outros ramos de atividade.

---

[1] Agradeço à Capes – Processo: BEX 0418/04-8. Esse experimento contou com a colaboração da equipe do Projeto Redigir: Rosiane dos Santos Ferreira, Delaine Cafiero, Marcelo Cafiero, Maria Aparecida Araújo e Viviane Martins.

Na reportagem, foram expostos alguns fatores responsáveis pela demissão em massa, a postura do governo frente a esse problema e alguns números importantes sobre ele. Entretanto, apresentamos a charge, aos informantes, separadamente da reportagem em que foi publicada, mas usamos as informações da reportagem para construir *links* que partiam de partes da charge.

Figura 1 – Charge –

Fonte: *Veja*, 04 de outubro de 1995

Embora a charge normalmente seja um gênero textual preso a seu tempo, por lidar com algum fato específico ocorrido na época em que foi produzida, o problema evidenciado no material escolhido para esse experimento é ainda muito atual. A charge foi escolhida também por ser um gênero com o qual os alunos têm uma certa familiaridade, uma vez que é encontrado com freqüência em jornais, revistas e em materiais didáticos. Além de ser um gênero que favorece a criação de *links*, por ter muitas lacunas e possibilidades interpretativas, a charge traz em si uma característica interessante: mesclar ficção e realidade de uma forma muito particular. Sabemos que a charge traz uma situação fictícia, mas que faz referência a elementos e fatos da realidade, obrigando-nos a, na sua leitura, lidar inevitavelmente com a articulação desses dois espaços mentais[2]. De acordo com Fauconnier e Turner (2002), a articulação de espaços mentais costuma gerar um terceiro a que eles chamam de espaço mescla, em que elementos dos outros dois se integram, possibilitando a construção de novos sentidos. Além disso, a charge, como muitos outros textos humorísticos, a exemplo das piadas, pode ter a seguinte estrutura lógica:

> Normalmente você encaminha o ouvinte numa certa rota de expectativas, construindo lentamente tensão. Bem ao final, você introduz uma virada que desencadeia uma reinterpretação completa de todos os dados anteriores, e, além disso, é fundamental que a nova interpretação, embora totalmente inesperada, faça tanto "sentido" do conjunto de fatos quanto a interpretação primeiramente "esperada". (RAMACHANDRAN; BLAKESLEE, 1998, p. 204)

Nessa charge, um palestrante discute em dois momentos a questão do desemprego. No primeiro, as falas e o gesto do personagem podem causar no leitor a impressão de que o palestrante fala com seriedade sobre o desemprego. No segundo momento, podemos perceber uma ironia na proposta do palestrante, tanto em suas palavras quanto na tela que ele apresenta, por ser esta, uma solução descabida para o problema do desemprego. Quando o palestrante fala que o estadista moderno deve enfrentar o desemprego com "soluções criativas", o leitor pode achar que uma medida séria será proposta. Entretanto, tal expectativa é quebrada quando vemos a ilustração do desempregódromo: um lugar em que os desempregados ficariam sem uma solução efetiva para seu problema.

Na interpretação desse texto, os leitores precisam perceber a relação entre estruturas causais que terão de construir para compreender o texto, para assim, perceber também a crítica que ele apresenta. O leitor precisa reconhecer quem são as personagens da charge e relacioná-las com pessoas do mundo real. O homem que fala parece ser um membro do governo dirigindo-se a outros estadistas que são ou pretendem ser modernos. Essas personagens devem ser relacionadas com os políticos do nosso País, responsáveis por encontrar e implementar soluções para grandes problemas sociais como, no caso dessa charge, o desemprego, a fim de melhorar as condições de vida da população.

Na compreensão dessa charge o leitor deve ativar, no mínimo, dois espaços mentais; um da ficção e um da realidade. No espaço da ficção estão as personagens da charge, seus problemas (desemprego), suas causas (novas tecnologias) e soluções criativas (desempregódromo). No espaço da realidade, essas personagens se transformam nos políticos que governam nossas cidades, estados e o País; o problema parece o mesmo (o desemprego), apesar

---

[2] Espaços mentais são pequenos conjuntos de memória de trabalho que construímos enquanto pensamos e falamos.

de sabermos que as novas tecnologias não podem ser apontadas como a única causa desse problema; a solução, ou seja, a construção do desempregódromo, no entanto, nos parece completamente descabida. Na realidade, a construção do desempregódromo, geraria mais problemas e, se é que pode ser entendida como solução, seria uma solução passageira, superficial, e é daí que geramos uma estrutura emergente[3] fundamental para a compreensão da charge: relacionar a criação do desempregódromo com as atitudes tomadas pelo governo que, muitas vezes, nos soam como brincadeiras, por serem superficiais, inconseqüentes, dispendiosas e não atacarem a raiz do problema, gerando, muitas vezes, problemas piores do que os anteriores, criando assim uma bola de neve.

A expressão "solução criativa" nos leva a pensar que a personagem vai apresentar alguma solução difícil de prever por ser criativa. De fato, a solução que ele apresenta é inusitada e pode ser considerada criativa, mas não é o que costumamos chamar de solução, principalmente em se tratando de uma atitude a ser tomada pelo governo, de quem esperamos competência para resolver problemas sociais tão graves. Essa expressão é muito importante nesse texto, pois nos faz gerar expectativas e fazer previsões sobre o que vai acontecer nas próximas partes do texto, e o humor do texto é construído a partir dela, sendo, também aqui, gerado na quebra das expectativas (POSSENTI, 1998; COULSON, 2001). Quando falamos em solução para o desemprego, pensamos em geração de empregos, capacitação e treinamento de pessoal, mas a criação do desempregódromo é uma solução muito longe do que poderíamos prever e, portanto, rompe com nossas expectativas. Essa palavra nos faz lembrar da palavra "autódromo" e, com ela, da expressão "grande circo da Fórmula 1" muito usada pelos narradores e comentaristas de corridas de Fórmula 1. Lembra-nos também a palavra "sambódromo", lugar criado para os desfiles de carnaval, a que associamos as idéias de fantasia, brincadeira e, sobretudo, distanciamento temporário da realidade, entre outros. Assim, acabamos por associar à palavra "desempregódromo", sentidos advindos desses outros dois "ódromos" que enriquecem o sentido dessa palavra, reforçando a falta de seriedade dessa proposta.

Na época da publicação dessa charge, o governo propôs aos fabricantes de automóveis que diminuíssem a jornada de trabalho dos seus funcionários, diminuindo, conseqüentemente, o salário deles, para evitar demissões em massa. Essa solução à moda desempregódromo não resolveria o problema nem a curto nem a longo prazo, uma vez que deixaria todos os funcionários com salários insuficientes para cobrir seus gastos básicos,

---

[3] Estruturas emergentes, para Fauconnier e Turner (2002), são informações adicionais, a que costumamos chamar também de inferências, que não estão presentes nos espaços mentais criados, mas que podem aparecer como resultado da integração deles.

gerando insatisfação geral entre os trabalhadores e inúmeras outras conseqüências que poderiam advir de uma decisão como essas. Além disso, essa solução não resolveria o problema em sua raiz, ou seja, esses empregados continuariam incapazes de lidar com as inovações tecnológicas e não seriam capazes de atuar em outras atividades ou áreas por não terem recebido instrução ou treinamento específico para isso. Essa solução apresentada pelo governo aos fabricantes de automóveis é apenas um exemplo de outras atitudes tomadas ou aventadas pelo governo que são muito criticadas pela mídia e pela população em geral por serem impensadas e inconseqüentes e revelarem a incompetência dos "estadistas modernos".

Como se pode notar, a leitura dessa charge, e provavelmente de charges em geral, requer a criação e a integração de espaços mentais, das quais vão emergir outros significados, que possibilitam ao leitor construir uma compreensão global do texto, perceber ironias e sentidos subentendidos. Esse trabalho complexo, que gastamos algumas horas para fatorar e explicar, (e que pode ser visualizado no gráfico abaixo) é, no entanto, realizado em uma questão de segundos pelos leitores, que acabam por gerar muitos significados possíveis, que em nossas horas de análise da charge ainda não somos capazes de prever. Vários desses sentidos construídos pelos leitores serão revelados nas respostas que deram às questões propostas pelo experimento que realizamos com essa charge.

Figura 2 – Estrutura Emergente Global – Incompetência do governo para solucionar problemas sérios como o desemprego

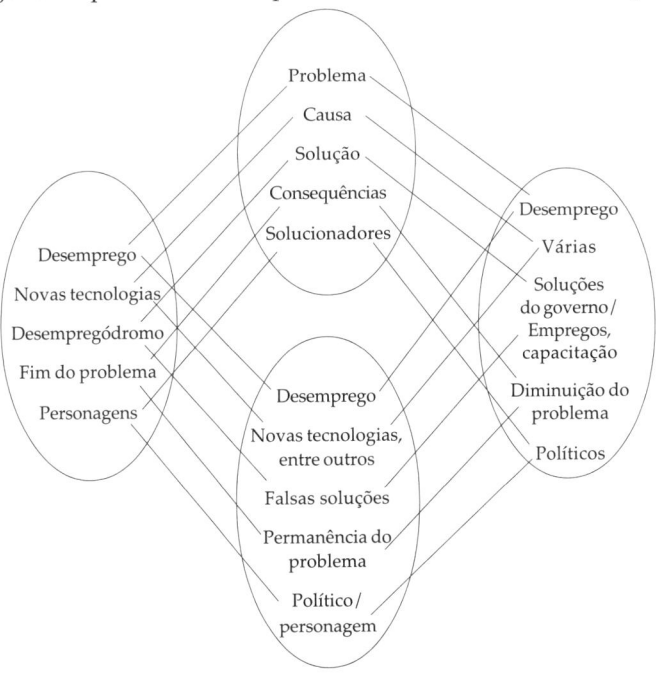

O experimento, bem como os dados que nos forneceu e suas análises serão apresentados a seguir.

O experimento

INFORMANTES

Participaram da pesquisa seis alunos do último ano do Ensino Médio de uma escola particular de Belo Horizonte e sete alunos do primeiro semestre do curso de Comunicação Social da UFMG. Essa escolha foi motivada pelo fato de esses leitores já terem terminado ou estarem ao final do ensino obrigatório, o que nos leva a pressupor que possam ser considerados leitores eficientes ou que já tenham desenvolvido as habilidades necessárias à compreensão do gênero textual em questão. Outro motivo para a escolha desses alunos foi o fato de eles terem familiaridade com o computador.

MATERIAIS

A fim de verificar a influência do formato de apresentação do texto na leitura, foram construídas duas versões da charge: uma em formato de hipertexto e outra em formato contínuo.

A versão hipertextual é composta de um texto base, a charge, gênero escolhido para esse experimento[4] e no qual inserimos vários *links* que partiam da charge e ofereciam explicações de elementos componentes de sua linguagem verbal e não-verbal. Esses *links* foram adicionados à charge a fim de criar uma estrutura hipertextual em que os leitores tinham pequenos textos que explicavam elementos da charge. Eles foram elaborados com base na reportagem da qual a charge fazia parte e em outros textos pesquisados na Internet. Como exemplo, podemos citar o *link* que criamos para a expressão *mal contemporâneo*, no qual apresentamos o fato de as tecnologias de ponta serem tomadas como vilãs das demissões em massa e mostramos, também, o seu importante papel em nossa vida cotidiana. A versão hipertextual foi apresentada a um grupo de informantes e, nesse formato, o leitor poderia escolher a ordem em que exploraria os *links*.

A mesma charge foi lida por outro grupo de informantes, em um formato a que chamamos de contínuo. A charge foi apresentada, neste caso, acompanhada de um texto explicativo. Esse texto era composto pelos textos que

---

[4] Outros experimentos semelhantes a esse foram feitos com outros gêneros textuais, a saber: uma pintura, uma notícia, uma propaganda, uma crônica e um gráfico.

constavam nos *links* do formato hipertextual, aos quais foram acrescentadas pequenas modificações a fim de que formassem parágrafos bem articulados. O trecho abaixo dá um exemplo de como essa articulação foi feita (o trecho grifado não se encontra em nenhum *link* do formato hipertextual, mas foi adicionado ao formato contínuo):

> O desempregódromo aparece, então, na charge como a "solução criativa" que o palestrante sugere para o problema do desemprego em massa no País, pois os numerosos demitidos de tantas empresas ficarão sem trabalho, mas, em contrapartida, terão onde se acomodar.

Outro exemplo de modificações na "textualização" que fizemos dos *links* foi o parágrafo final, que acrescentamos a fim de dar um fechamento ao texto.

> Como se vê, a questão da influência das novas tecnologias na sociedade contemporânea é bastante complexa e, por isso, requer uma análise atenta e cuidadosa.

Os textos dos *links*, bem como as modificações adicionadas a eles, podem ser vistos no texto a seguir, que é o texto da versão contínua que acompanhava a charge.

> Nessa charge, possivelmente, o público que assiste à palestra é formado por governantes ou pessoas ligadas ao governo, que estão em busca de "soluções" para os diversos problemas do país, tomando iniciativas "utilíssimas" para tentar "sanar" tais problemas.
> O problema tratado é, sobretudo, a demissão em massa, que vem ocorrendo em várias indústrias brasileiras desde a década passada. Essa demissão em massa está diretamente ligada à crescente automatização que as indústrias vêm adotando em sua produção. O trabalho exercido pelos robôs e outras máquinas está se aprimorando cada vez mais e já substitui o trabalho assalariado. Embora a automatização dos setores de produção ainda não tenha sido adotada por todas as grandes indústrias, essa tendência é inevitável e deve ser implementada mais cedo ou mais tarde pelas empresas que visam operar com tecnologia de ponta.
> Por lei, as empresas é que deveriam se encarregar de adequar sua mão-de-obra às novas tecnologias de ponta. Como elas não se responsabilizaram, as demissões em massa foram ocorrendo e o estado ficou incumbido de tentar sanar ou, ao menos, amenizar o problema do desemprego em massa no país. O estado, por sua vez, também não costuma se empenhar verdadeiramente na

busca de soluções para o problema do desemprego em massa no país.

O desempregódromo aparece, então, na charge como a "solução criativa" que o palestrante sugere para o problema do desemprego em massa no país, pois os numerosos demitidos de tantas empresas ficarão sem trabalho, mas, em contrapartida, terão onde se acomodar.

Recentemente, o governo tomou uma medida na tentativa de amenizar o problema. Em abril de 2003, a CEF anunciou que faria um investimento de R$ 5,3 bilhões no financiamento de imóveis novos e usados, gerando alguns milhares de empregos e beneficiando algumas famílias que possuem renda mensal de até cinco salários mínimos. Apesar de válida, a medida não passou de um pingo d'água num oceano de favelados e desempregados. Mas, pelo menos desta vez, o governo não se utilizou de demagogia, com medidas estapafúrdias e descabidas.

As novas tecnologias podem ser apontadas como as grandes culpadas pelo desemprego em massa na sociedade contemporânea. Por outro lado, ao mesmo tempo, elas também podem ser vistas como um dos principais fatores que concorrem para o nosso conforto e nossa qualidade de vida. Foram elas, por exemplo, que possibilitaram uma série de avanços no campo da medicina, aumentando nossa expectativa de vida, no campo da informática, tornando mais dinâmica a circulação de informações, e no campo da astronomia, aperfeiçoando e ampliando nossa visão do universo.

Como se vê, a questão da influência das novas tecnologias na sociedade contemporânea é bastante complexa e, por isso, requer uma análise atenta e cuidadosa.

O texto contínuo é, portanto, uma colagem dos *links*, com algumas adições que visavam a produção de um texto bem-articulado. Além da imagem e do texto, ou dos *links*, foram usados no experimento uma ficha com dados pessoais de cada informante e um questionário com perguntas sobre o texto lido.

A ficha com perguntas pessoais foi elaborada para que pudéssemos obter informações sobre os informantes e conhecer seus hábitos de leitura, sobretudo no computador, na Internet.

O questionário com perguntas sobre o texto tinha como objetivo verificar a compreensão do texto nos dois formatos – hipertextual e contínuo. Cada uma das perguntas visava verificar, além da opinião do leitor, uma habilidade de leitura, entre as quais podemos citar: compreensão global, depreensão do tema, localização de informação explícita, inferência causal e inferência relacional (relação entre partes do texto).

As perguntas usadas para verificar cada uma dessas habilidades nessa charge são apresentadas abaixo acompanhadas da resposta esperada.

Pergunta	Objetivo	Possibilidade de resposta
1. Como você explicaria essa charge a um amigo que não conseguiu compreendê-la?	Compreensão Global	A charge trata do desemprego em massa, decorrente do aumento da automatização que substitui funcionários de grandes fábricas. Para isso, o governo deveria apresentar soluções efetivas para resolver esse problema. Entretanto não o faz. A charge, então, é uma denúncia, crítica ao desinteresse dos governantes com relação à solução desse problema.
2. Qual é o tema da charge?	Tema	Crítica ao desinteresse dos governantes em solucionar, de fato, o problema do desemprego em massa.
3. Quem são, possivelmente, as pessoas sentadas?	Localização de Informação	O homem que apresenta o projeto diz que o estadista moderno deve estar preparado para criar soluções para o desemprego, portanto o palestrante parece se dirigir a governantes.
4. O que os gestos e as palavras do palestrante na primeira figura sugerem a respeito de seu comprometimento com o problema do desemprego?	Inferência Relacional	Parecem sugerir envolvimento com o problema e tentativa de encontrar uma solução para ele.
5. Por que os bancos do desempregódromo parecem ser intermináveis?	Inferência Causal	Porque o desempregódromo precisa acolher um contingente grande de desempregados que realizavam a mão de obra, hoje feita por máquinas e robôs.
6. Palestrante e desempregados teriam a mesma visão do desempregódromo como "solução criativa"? Justifique.	Inferêcia Relacional	Eles parecem ter visões diferentes: os governantes apresentam uma solução para o problema, mostrando comprometimento com a situação, mas os desempregados não teriam o problema do desemprego resolvido, ou seja, o desempregódromo seria ótimo para os governantes, e inútil para os desempregados.
7. Qual o papel das novas tecnologias na sociedade contemporânea?	Opinião	Opinião pessoal: o leitor pode tanto colocar as tecnologias como algo vantajoso (e apontar exemplos em que elas trazem benefícios) quanto colocá-las como algo ruim que, por exemplo, traz desemprego em massa.

Tarefas

Os experimentos foram realizados em laboratórios que comportavam todo o grupo de alunos de cada turma. Sendo assim, cada informante realizou o experimento junto com sua turma, cada um, no entanto, realizando suas tarefas em um computador individualmente. Assim, cada informante determinou o seu tempo de leitura e a sua navegação no texto.

Cada informante leu dois textos de dois diferentes gêneros na tela do computador: um texto na versão hipertextual e outro na versão contínua. Abordaremos aqui, no entanto, apenas o texto relacionado à charge.

Depois da leitura do texto, os informantes deveriam responder às perguntas propostas. Os informantes liam as questões e digitavam suas respostas, salvando os arquivos ao final da produção da resposta.

Dados

Uma vez coletados os dados, foi feita uma análise quantitativa em que as respostas de cada informante foram classificadas em três categorias: "adequada", "não-adequada" e "sem resposta", essa classificação era, quando necessário, seguida de uma observação acerca da resposta do sujeito.

A fim de possibilitar uma análise global do desempenho dos sujeitos nas habilidades verificadas, esses dados foram sintetizados em uma tabela que reunia sob o mesmo rótulo as habilidades semelhantes, ou seja, a compreensão global e o tema foram reunidos, uma vez que dizem respeito à habilidade dos sujeitos de compreender o texto globalmente, percebendo sua idéia central. As questões inferenciais foram também reunidas, a fim de que fosse possível verificar de modo geral a influência do formato do texto no desempenho dos sujeitos nas questões que envolviam essa habilidade. A questão de localização de informação, bem como a questão opinativa, foram consideradas individualmente, uma vez que apenas uma pergunta verificava cada uma dessas habilidade. A questão opinativa foi incluída no experimento para que pudéssemos ter mais informações sobre a compreensão do texto e conseqüentemente sobre a influência do formato de apresentação na leitura.

	Compreensão global	Localização	Inferencial	Opinião
Contínuo	93	86	95	100
Hipertexto	100	100	94	100

Esses dados nos mostram uma diferença muito pequena entre os dois formatos. A fim de buscar explicações para esses resultados, fizemos uma análise qualitativa das respostas, procurando compreender melhor a leitura que cada informante fez do texto. Essa análise será apresentada na próxima seção.

ANÁLISE

Considerados de forma global, os dados encontrados nesse experimento nos mostram que praticamente não houve diferença entre o número de respostas corretas nos dois formatos de apresentação do texto, uma vez que o número de respostas satisfatórias no hipertexto foi de 99%, e no formato contínuo, de 93%[5]. Esse alto número de respostas adequadas revela que os sujeitos não tiveram problemas para compreender o texto em nenhum dos dois formatos.

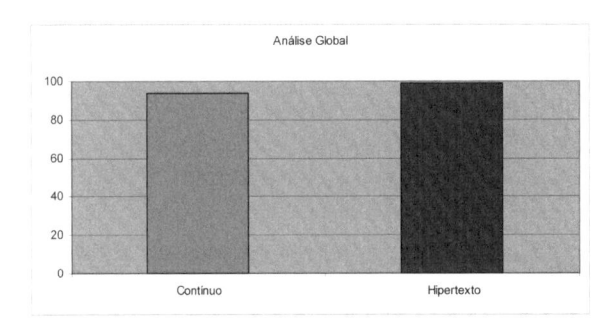

Considerando as respostas por habilidades, percebemos que os dados reforçam algumas de nossas expectativas e frustram outras.

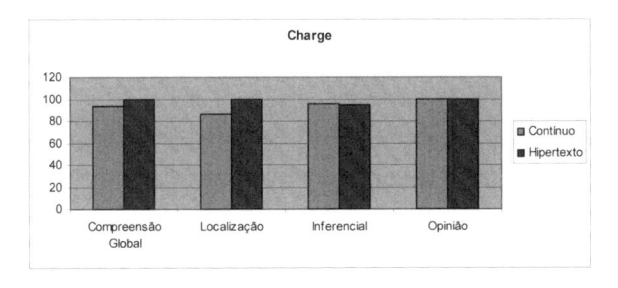

Houve uma pequena diferença no desempenho dos sujeitos no que concerne à compreensão global e à localização de informações explícitas: o

---

[5] Sabemos que o número de informantes que participaram desse experimento é pequeno. Acreditamos que os resultados globais dessa pesquisa, que envolve outros gêneros textuais e um número mais representativo de alunos, nos permitirão tirar conclusões mais sólidas em relação a esses dados.

formato hipertextual apresentou resultados ligeiramente melhores que a versão contínua. Na produção de inferências, a diferença entre os dois formatos foi insignificante, ao passo que na emissão de opinião não houve diferença.

Esperava-se que a localização de informações explícitas tivesse melhores resultados no formato hipertextual, uma vez que esse formato facilita o acesso a determinadas informações do texto. Quanto à compreensão global, no entanto, era de se supor que os resultados fossem melhores no formato contínuo, uma vez que nesse caso os dados não são apresentados de forma "fragmentada" como se supõe que aconteça no hipertexto. Em relação à emissão de opinião sobre um determinado elemento do texto ou idéia apresentada nele, não há, teoricamente, motivos que justificassem diferentes resultados provocados pelo formato de apresentação do texto.

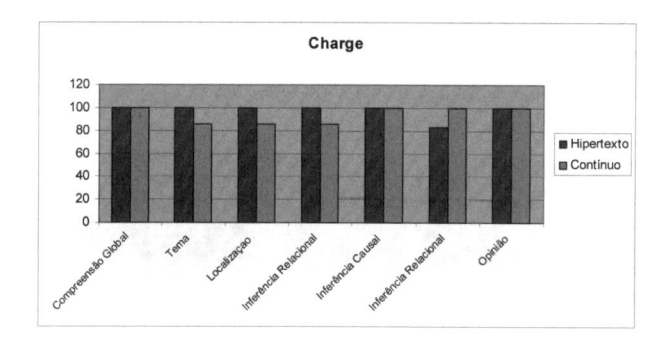

Charge

	Hipertexto	Contínuo
Compreensão Global	100	100
Tema	100	85
Localização	100	85
Inferência Relacional	100	85
Inferência Causal	100	100
Inferência Relacional	85	100
Opinião	100	100

A compreensão global do texto, verificada pela questão 1, foi muito satisfatória nos dois formatos, o que mostra que o formato hipertexto, mesmo não apresentando os dados em um texto único e com articulações explícitas entre as suas partes, não gerou dificuldades para a construção de uma compreensão global da charge.

Isso é de certa forma previsto pela teoria dos espaços mentais (FAUCONNIER; TURNER, 2002) e corresponde ao que Cavalcanti (2003) chamou de "sigmatização" que postula que os sujeitos procuram a todo tempo construir uma compreensão global do texto reunindo e integrando as informações que processam. A charge, como muitos outros textos, entre os quais se incluem as propagandas e as piadas, exige uma leitura rápida, ou seja, o leitor deve perceber a crítica e a graça logo. Se isso não acontece, é provável que o leitor não tenha sido capaz de compreender o texto, provavelmente por falta de informação prévia sobre o assunto em questão.

Nossos leitores não apresentaram dificuldade em compreender a crítica feita na charge, como se pode perceber nas respostas a seguir:

S40H[6] – A charge ironiza as medidas descabidas que os governantes tomam em relação ao desemprego. Eles tratam este problema com hipocrisia fingindo que estão o resolvendo.

S11H – Explicaria inicialmente a questão do desemprego no país, a relação com o aperfeiçoamento das maquinas etc. Em seguida, explicaria a forma como a charge faz referencia a este problema, o humor que esta proporciona.

S12C – Em vez de o palestrante dar uma solução realmente criativa, que impedisse a demissão dos funcionários e possibilitasse sua adequação 'as novas tecnologias, ele apresenta o desempregadomero, um banco gigante para que os desempregados possam se sentar e acomodar.

É interessante notar, no entanto, que apesar de os sujeitos, de modo geral, demonstrarem ter construído uma compreensão global do texto satisfatória, aqueles que leram a versão hipertextual verbalizaram explicitamente que se tratava de uma ironia (S9H: "A charge ridiculariza esse contexto [...]", S40H: "A charge ironiza as medidas [...]", S11H: "[...] o humor que esta proporciona [...]"), o que não aconteceu com os leitores do formato contínuo.

Os sujeitos em sua maioria demonstraram, em suas respostas, terem ativado diferentes espaços mentais, ou seja, o espaço da charge e o espaço da realidade, que, integrados, nos permitem perceber que a charge se refere a problemas sócio-econômicos brasileiros e às atitudes do governo diante deles. As seguintes respostas são exemplos dessa mescla entre esses dois diferentes espaços. A integração desses dois espaços é tão necessária e inevitável, que os sujeitos nem sequer mencionam a separação deles, como se os dois fossem realmente um só, como acontece, de acordo com a teoria dos espaços mentais, no espaço mescla. (Uma pergunta que podemos nos fazer é até que ponto os leitores têm consciência de que estão lidando com dois domínios diferentes, e se essa consciência poderia gerar uma leitura mais rica do texto. É uma pergunta instigante, mas que não coube ao escopo desta pesquisa).

S39H – A charge fala que o desemprego cresceu muito ultimamente devido às novas tecnologias que substituem os funcionários. Para isso, o governo deve está preparado e ter soluções para resolver esse problema.[...]

S 27C – O Brasil está em crise, o estado está caótico, o desemprego tomou conta do país. Uma solução tem que ser tomada

---

[6] A identificação dos sujeitos sempre termina com H ou C, indicando o formato em que eles leram o texto, se hipertextual (H) ou contínuo (C).

pelos governantes para amenizar esse caos social. Entretanto, o número de desempregados está crescendo em proporções estrondosas e para que o problema seja resolvido é necessária uma solução criativa e que na charge é dada como o desempregódromo.

A questão 2 (*Qual é o tema da charge?*), que também é considerada uma questão que verifica a compreensão global do texto, gerou resultados diferentes da primeira. Esses resultados não parecem revelar falta de compreensão global, mas problemas com a concepção do que seja tema de um texto.

Os leitores, em sua maioria, perceberam o tema como sendo o desemprego ou a busca de soluções para ele. Foi considerada inadequada a resposta que tratou como tema apenas "solução criativa" (S27C). É interessante notar que esse sujeito tomou um elemento importante para a elaboração de um sentido global para o texto, mas não se referiu ao tema; daí acreditarmos que não houve falta de habilidade de compreensão global do texto e sim uma falta de domínio da noção "tema". Sendo assim, os dados dessas duas questões que revelam compreensão global da charge mostram que parece não haver influência do formato de apresentação do texto na compreensão.

A questão 3 (*Quem são, possivelmente, as pessoas sentadas?*), que verifica a habilidade dos sujeitos de localizar uma informação explícita no texto, apresentou melhores resultados na versão hipertextual (100% de acertos, contra 86% de acertos na versão contínua). Esse resultado corrobora as conclusões de outros experimentos, como os feitos por Dee-Lucas (1996, p. 73), em que ela investiga a influência da forma de organização do conteúdo do hipertexto (*design*) na aprendizagem de hipertextos instrucionais. Segundo ela, o hipertexto pode ajudar o leitor a fazer uma busca mais rápida nas tarefas específicas de localização de informação. Essa talvez seja uma das grandes contribuições que o formato hipertextual tem a dar às situações de ensino-aprendizagem.

Esperava-se que os sujeitos encontrassem a resposta para essa pergunta no texto, que oferecia informações adicionais sobre a charge ao leitor. Essa informação poderia ser encontrada num *link*, no caso da versão hipertextual, ou num trecho do texto que acompanhava a charge, no caso da versão contínua ("[...] possivelmente, o público que assiste à palestra é formado por governantes ou pessoas ligadas ao governo, que estão em busca de 'soluções' para os diversos problemas do país, tomando iniciativas 'utilíssimas' para tentar 'sanar' tais problemas.")

Como essa era a primeira informação apresentada no texto contínuo, sua busca foi fácil. A maioria dos sujeitos se prendeu a informações do texto, gerando respostas semelhantes à apresentada nele, assim como aconteceu no formato hipertextual. A semelhança das respostas com o texto é um indício de que os sujeitos consultaram o *link* ou o texto antes de responder a essa questão.

> S40H – Governantes e pessoas ligadas ao governo.
>
> S39H – São pessoas ligadas ao governo e que estão assistindo essa palestra em busca de possíveis soluções para os problemas.
>
> S26C – Supostamente governantes ou pessoas ligadas ao governo, que buscam uma solução para o problema do desemprego no Brasil.
>
> S24C – Nessa charge, possivelmente, o público que assiste à palestra é formado por governantes ou pessoas ligadas ao governo, que estão em busca de "soluções" para os diversos problemas do país, tomando iniciativas "utilíssimas" para tentar "sanar" tais problemas.

Na versão contínua, no entanto, alguns sujeitos parecem não ter voltado ao texto na busca de uma resposta para a questão apresentada. Esses informantes contaram com sua interpretação e memória do texto. É interessante notar que o hipertexto digital estimula a volta ao texto por ser essa uma operação muito fácil de ser feita nesse formato. As respostas dadas a essa questão mostram que o formato hipertextual favoreceu a consulta ao texto, o que acabou por gerar um número maior de respostas adequadas por parte das pessoas que leram o texto nesse formato do que das que leram na versão contínua.

A questão 4 (*O que os gestos e as palavras do palestrante na primeira figura sugerem a respeito de seu comprometimento com o problema do desemprego?*), procura verificar a habilidade dos sujeitos de relacionar informações advindas de diferentes linguagens usadas no texto (verbal e não-verbal), bem como de inferir uma relação entre elas e o posicionamento da personagem com relação ao problema do desemprego. Esperava-se que os leitores percebessem que, no primeiro quadrinho da charge, tanto a postura física da personagem quanto suas palavras sugerem uma preocupação justificada com o problema do desemprego e um verdadeiro envolvimento na busca de soluções para esse problema. Esperava-se também que eles percebessem um tom de ironia nas palavras e nos gestos do palestrante.

Como se pode ver, essa é uma questão que envolve diversos passos para ser cumprida. Primeiramente o leitor tem de relacionar a imagem às palavras do primeiro quadrinho e precisa, daí, inferir o posicionamento da personagem, bem como a ironia dos quadrinhos. Alguns alunos mostraram ter percebido uma cena nesse primeiro quadrinho que se chocaria com a solução apresentada no segundo, ou seja, perceberam uma personagem bem intencionada e preocupada em resolver o problema do desemprego. Entre eles podemos citar:

> S12C – O palestrante mostra que o desemprego é um problema serio que deve ser resolvido com urgência e criatividade, de modo que possa ser reduzido ou eliminado.
>
> S11H – Sugerem preocupação e responsabilidade na resolução do problema.

É interessante notar que, em algumas das respostas, os sujeitos usam expressões que parecem apontar para o fato de que o que eles apresentam aqui é uma visão provisória, entre elas podemos citar: "como se", "remete a", "sugere", "parece que" e "dá a impressão de que". São expressões que parecem indicar que não é isso que acontece na realidade e que existe uma outra leitura a ser feita, mostrando que os leitores perceberam, já nesse primeiro quadrinho, elementos que constroem a ironia.

Outras leituras foram feitas pelos alunos, mostrando a pluralidade de interpretações que essa charge possibilita. Entre elas encontramos aqueles que perceberam, nas atitudes e palavras da personagem, fingimento ou indiferença em relação ao problema apresentado:

> S9H – O palestrante parece levar o problema à sério, porém a tranqüilidade com que fala revela que o problema que está discutindo lhe é alheio.
>
> S39H – Os gestos e as palavras do palestrante sugerem que ele não tem nada a ver com isso, o problema é todo dos governantes.
>
> S27C – Os gestos e as palavras oferecidas na primeira figura pelo palestrante sugere calma e uma tranqüilidade estranha, por procurar uma solução para um problema tão caótico.

Outras respostas revelam a leitura do primeiro quadrinho como apresentando um palestrante bem informado e bem intencionado.

> S7C – Sugerem que o palestrante está informado à respeito da situação do emprego no Brasil e que pretende desenvolver um raciocínio coerente a fim de encontrar respostas e alternativas para a situação.

Nota-se que essas respostas também trazem palavras ou expressões que sinalizam para o fato de que o que é apresentado no primeiro quadrinho é apenas uma situação aparente, que não corresponde à realidade ou ao que virá no quadrinho seguinte, entre essas expressões podemos citar: "sugerem que", "pretende" e "quer se mostrar".

As respostas dadas a essa questão, além de uma boa compreensão da charge, revelam também que os sujeitos conhecem (ou notaram) a estrutura desse gênero textual que, assim como a piada, nos obriga muitas vezes a refazer nossas expectativas e a modificar o *frame* que construímos até certo ponto do texto (COULSON, 2001), ou seja, esses sujeitos perceberam que o primeiro quadrinho nos faz construir um cenário, ativar um *frame*, fazer previsões que não serão confirmadas ou adequadas em algum ponto futuro do texto. Lidar simultaneamente com o espaço construído e esperado no primeiro quadrinho e com o outro novo espaço que o segundo quadrinho nos faz construir, e que em muitos aspectos entra em choque com o primeiro, é que faz o humor do texto. É essa nossa capacidade humana de ativar e articular diferentes espaços que nos permite compreender piadas e texto humorísticos, entre outros, e nos divertir com eles.

Apesar da complexidade da questão, os resultados foram muito satisfatórios. Os sujeitos elaboraram respostas diferentes, mas pertinentes, mostrando que o mesmo estímulo pode gerar interpretações diversas, ou seja, que os sujeitos podem selecionar diferentes elementos dos *frames* ativados para a interpretação do mesmo texto. Essa seleção pode ser diferente daquela feita por outros sujeitos, mas apresenta e mantém a coerência da interpretação feita por aquele sujeito.

A questão 5 (*Por que os bancos do desempregódromo parecem ser intermináveis?*) é uma questão inferencial que exige que os sujeitos encontrem uma justificativa plausível para um elemento do texto, no caso, o tamanho dos bancos. Na busca de uma resposta adequada para essa questão, alunos precisam contar com seus conhecimentos prévios, conjugando-os com elementos do texto. O desempenho dos sujeitos nessa questão foi excelente em ambos os formatos de apresentação: 100% de respostas adequadas. Esse resultado pode-se explicar, entre outras coisas, pelo vasto conhecimento dos brasileiros em relação à questão do desemprego, mas as respostas nos mostram também que os sujeitos perceberam o valor simbólico da imagem.

> S10H – Os bancos parecem ser intermináveis porque os desempregados também são intermináveis.
>
> S12C – Os bancos são intermináveis para abrigar um numero infinito de desempregados, uma vez que, com o tempo, o processo do desemprego só tende a aumentar.

Essas respostas explicitam a mescla feita pelos sujeitos na compreensão do texto e, sobretudo, da imagem do desempregódromo. Para construírem suas justificativas os sujeitos lidam simultaneamente com o espaço mental da charge e com o espaço mental da realidade. É na integração desses dois espaços que a infinitude dos bancos se combina com a infinidade de desempregados que o nosso sistema sócio-econômico tem gerado (e vai continuar gerando, uma vez que, como a charge insinua, o governo não tem competência para solucionar esse problema).

A resposta do S11H nos mostra que esse sujeito foi capaz de ir além da imagem, projetando nela os resultados que prevê, caso a solução proposta pela personagem da charge seja adotada.

> S11H – Indica que esta proposta não irá solucionar o problema do desemprego, que tende assim, a aumentar.

Outros informantes, como o S7C e o S39H, incorporaram em suas justificativas a fala da personagem no primeiro quadrinho, de que "o desemprego é decorrência inevitável das novas tecnologias", mostrando que foram capazes de relacionar essa fala à criação do desempregódromo e de prever que a solução proposta na charge não vai resolver o problema porque não ataca a raiz dele.

> S39H – Porque a cada dia mais as máquinas estão substituindo o homem.

> S7C – Porque existe uma tendência, própria do sistema capitalista moderno, de substituição gradativa da mão-de-obra humana pelo trabalho de máquinas e robôs, e as perspectivas indicam que o número de desempregados tende a crescer cada vez mais.

É muito interessante notar como os sujeitos tratam do mundo real e parecem se esquecer de que a charge é uma ficção. Podemos inclusive nos perguntar até que ponto a charge é mesmo um gênero ficcional. Seria muito interessante analisar esses limites ou fronteiras entre ficção e realidade na leitura de charges e como os leitores transitam entre esses espaços. Em algumas respostas temos a impressão de que o sujeito está lidando apenas com a realidade sem considerar que a origem da discussão, ou o universo em questão, é um domínio fictício ou parcialmente fictício.

Essa discussão chama nossa atenção novamente para a mescla, que é um espaço híbrido, em que ficção e realidade se misturam, se confundem. Esse espaço condensa várias realidades e possibilita o retorno aos espaços *inputs* que o geraram. Talvez não seja o caso de pensar em retorno ou volta aos espaços *inputs*, mas de dizer que a integração entre espaços (espaço mescla) possibilita novas entradas em "velhos" espaços[7].

---

[7] Esse dinamismo dos espaços nos faz lembrar de Heráclito de Éfeso, que defendia que não podemos entrar duas vezes no mesmo rio, porque, ao entrarmos pela segunda vez, não serão as mesmas águas que estarão lá, e nós mesmos já seremos pessoas diferentes.

Essas respostas nos dão uma clara visão da quantidade e complexidade das operações mentais que realizamos na compreensão de um texto e nos deixam impressionados com a rapidez e eficiência com que elas são feitas.

A questão 6 (*Palestrante e desempregados teriam a mesma visão do desempregódromo como "solução criativa"? Justifique.*) é também uma questão que verifica a habilidade dos sujeitos de fazer inferências, a que estamos chamando de relacionais, por exigirem que o leitor estabeleça uma relação entre diferentes partes ou elementos do texto. Aqui os sujeitos precisam inferir a visão do palestrante, bem como a visão dos desempregados, e contrastá-las, a fim de verificar o grau de semelhança ou oposição entre elas. Além disso, deve elaborar uma justificativa para sua resposta. Esperávamos que os sujeitos não encontrassem muita dificuldade na realização dessa questão, apesar de ela exigir muitos passos, porque é uma questão que não contradiz as expectativas e experiências: é muito comum a divergência de opiniões entre governantes e governados, patrões e empregados, entre outros.

Uma resposta interessante foi dada pelo S40C, que toma a perspectiva dos trabalhadores como sendo pessoas simplórias, que têm boa-fé e acreditam inocentemente que o governo está se esforçando para encontrar a melhor solução para eles:

> S40H – Sim, o palestrante finge que irá resolver o problema e os desempregados acreditam.

Nos espaços criados por esse sujeito, os trabalhadores "acreditam" humilde, esperançosa e impotentemente nas propostas do governo, como é comum acontecer na nossa realidade brasileira, enquanto o governo "finge" que está fazendo alguma coisa útil para a população[8].

A maioria dos alunos mostra que o palestrante e os desempregados teriam diferentes opiniões a respeito do desempregódromo: para os governantes seria uma boa solução, uma vez que mostraria empenho do governo para resolver o problema, ao passo, que para os desempregados, essa medida não modificaria o problema do desemprego, pois é um paliativo e não uma verdadeira tentativa de resolver o problema.

> S41C – Não o palestrante estaria apenas apresentando um projeto que queria que fosse aprovado, já para os desempregados

---

[8] Como sabemos, essa situação é muito comum, principalmente em época de eleição. Muitos políticos enganam o eleitorado, fazendo construções, obras e outras empreitadas concretas e visíveis, mostrando, assim, que são atuantes e preocupados com o bem social, para uma população que acaba se deixando iludir.

não seria a solução, pois a maioria quer trabalhar e ganhar seu dinheiro e não ficar acomodada em bancos de praça.

S10H – Não. Enquanto o palestrante ficaria satisfeito, os desempregados continuariam na mesma situação, sem fonte de renda para suas necessidades.

Alguns alunos apresentam justificativas para a atitude do governo de apresentar uma proposta tão infundada, como o descaso com os trabalhadores, a visão limitada dos governantes e a defesa de interesses particulares por parte do governo e do empresariado.

S7C – É claro que não. O palestrante, como legítimo representante dos proprietários dos meios de produção, defende os interesses dos capitalistas preocupados em reduzir os custos da produção e ampliar seus lucros, por isso, pouco importa o destino dos desempregados, desde que eles não atrapalhem os bons rendimentos da empresa. Para os desempregados, o desempregódromo representa uma barreira cada vez mais sólida para separar os ricos e miseráveis.

S9H – Não, pois para o desempregado uma SOLUÇÃO CRIATIVA seria uma medida efetiva, pois desse tipo ainda não houve nenhuma.

Essas respostas mostram mais uma vez como os leitores mesclam os espaços da ficção e da realidade brasileira na elaboração de suas respostas, trazendo para elas suas experiências a respeito das estratégias políticas e capitalistas para lidar com problemas do proletariado. A palavra "ainda", usada pelo S9H, mostra que outras medidas foram tomadas e nenhuma delas solucionou o problema. Não há como afirmar isso usando apenas o espaço da ficção, ou seja, não há informações na charge que nos permitam dizer que outras medidas foram tomadas para resolver o problema do desemprego, mas no *frame* desemprego do espaço da realidade, podem estar ativados nossos conhecimentos de outras medidas ineficientes tomadas ou sugeridas pelo governo e pelo empresariado para resolver esse problema. Sendo assim, mais uma vez percebemos que a compreensão da charge se baseou na integração de diferentes espaços mentais ativados. Da articulação desses espaços emergem inúmeras interpretações possíveis. As questões de 4 a 6 verificam as habilidades inferenciais dos sujeitos na leitura do texto nos dois diferentes formatos de apresentação: hipertextual e contínuo. A análise das respostas produzidas por eles sugere que não houve influência significativa do formato de apresentação do texto na produção de inferências de modo geral.

A análise qualitativa das respostas também reforça esse resultado, uma vez que não foram encontradas diferenças substanciais nas respostas dos sujeitos que leram o texto em diferentes formatos. Pelo contrário, em ambos os formatos o que se pode constatar é que a compreensão da charge estimula a ativação e a integração de pelo menos dois espaços mentais: um da ficção, que usa as informações apresentadas e ativadas pelo texto, e outro da realidade, em que os conhecimentos dos sujeitos a respeito do tema são ativados. A integração ou mescla desses espaços é tão forte, ou seja, esses espaços se encaixam tão perfeitamente, que os sujeitos parecem, em vários momentos, tomar a charge como a realidade, como se a idéia do desempregódromo apresentada pela personagem fosse uma proposta real que causa indignação e revolta.

Esses resultados estão de acordo com nossas expectativas. Considerando que, como defendemos, toda leitura é hipertextual, não haveria motivos para acreditarmos que o formato de apresentação do texto gerasse diferenças significativas no desempenho dos sujeitos em questões inferenciais.

A sétima e última questão *(Qual o papel das novas tecnologias na sociedade contemporânea?)*, teve como objetivo verificar a capacidade dos sujeitos de emitir uma opinião sobre um elemento importante do texto, para que pudéssemos, além de verificar essa habilidade, ter mais dados a respeito da compreensão do texto.

Esperava-se que os sujeitos apresentassem prós e contras da adoção de novas tecnologias e o efeito dela na criação ou retração de empregos, assim como que levantassem ou discutissem outros problemas ou vantagens da criação e adoção de novas tecnologias. Os resultados dos dois formatos de apresentação do texto – hipertextual e contínuo – não apresentaram diferenças, uma vez que todas as respostas foram consideradas adequadas. Diferentes opiniões são apresentadas nas respostas, todas elas, no entanto, trazem reflexões interessantes e pertinentes ao tema das relações entre trabalho e novas tecnologias.

> S24C – As novas tecnologias são boas porque trazem conforto, evolução, agilidade. Mas em contraposição geram desemprego, que gera fome, que gera violência, etc. Não é algo uniforme que pode ser definido como bom ou ruim. Ela possui dois lados muito distintos e concretos.

Os sujeitos apontaram pontos positivos que as novas tecnologias trazem para a sociedade contemporânea, entre eles: o aumento da "qualidade de vida do homem", "comodidade e agilidade para vida de todos", o "conforto", a possibilidade de "novas pesquisas e soluções nos mais variados campos de conhecimento" e a evolução da sociedade. Como aspecto negativo das novas tecnologias, os sujeitos tenderam a focalizar o desemprego, o que pode ser explicado pela influência da leitura da charge. Além do desemprego, outros aspectos foram mencionados, como: "novas formas de hierarquização e exclusão" e acabar "com coisas simples, como uma conversa em família, um jogo com amigos".

O S9H mostra o grande alcance das influências das novas tecnologias na nossa sociedade, apontando reflexões sobre os questionamentos que elas podem provocar em relação à nossa própria identidade e condição humana: "os seres humanos [...] perdem sua identidade; a dúvida sobre como cada homem pode ser útil a uma sociedade mecanizada, retratada na charge".

Houve também quem discordasse da idéia apresentada na charge de que as novas tecnologias causam o desemprego:

> S40H – [...] Ela não é culpada pelo desemprego. Este é causado por incompetência dos governantes e pela ambição dos grandes empresários.

Essas respostas reforçam a constatação, feita na análise das respostas dadas às outras questões, de que os sujeitos compreenderam bem o texto e a crítica feita ao governo e ao empresariado, mas revelam também que a maioria dos sujeitos aceitou, sem muito questionamento, a idéia de as novas tecnologias serem realmente culpadas pelo desemprego.

Considerações finais

A fim de verificarmos a influência do formato de apresentação de um texto em sua compreensão, fizemos um experimento em que estudantes familiarizados com o computador, e que costumam navegar na Internet, leram uma charge e alguns comentários relacionados a ela em um dos dois seguintes formatos: hipertextual ou contínuo. Depois de lido o texto, os estudantes responderam a sete questões sobre ele, que visavam verificar a habilidade deles, nesses dois formatos, de compreender globalmente o texto, de localizar informação explícita no texto, de produzir inferências e de emitir uma opinião sobre alguma questão relacionada ao texto.

A análise qualitativa dos dados nos mostra que, praticamente, não há diferença na compreensão do texto nos dois formatos, apesar de os sujeitos que leram o texto no formato hipertextual terem tido resultados levemente melhores na compreensão global e na localização de informação. Isso pode ser confirmado pelas análises qualitativas das respostas, que nos mostram que os estudantes compreenderam bem o texto e foram capazes de ativar e integrar diferentes espaços mentais, sobretudo os espaços da ficção e da realidade, gerando uma compreensão rica, pessoal e satisfatória do texto.

Os dados nos mostram, no entanto, que o formato hipertextual estimula a volta ao texto, fazendo com que o aluno releia o texto antes de redigir suas respostas. Isso pode ter conseqüências positivas para as situações de ensino-aprendizagem, pois pode criar o hábito da releitura e da consulta ao texto.

Os resultados encontrados nesse pequeno experimento corroboram nossa idéia de que não há motivos para que a leitura em um formato seja significativamente melhor que a leitura em outro, uma vez que nossa compreensão se dá naturalmente pela ativação e articulação de diferentes espaços mentais. Ou seja, leitores proficientes são capazes de lidar eficientemente com informações advindas de diferentes partes do texto, estejam elas em formato contínuo ou hipertexto, porque, na busca de uma compreensão global do texto, constantemente procuram conectar suas partes e os vários espaços mentais que ativaram durante a leitura. Como afirmam Fauconnier e Turner (2000, p. 284),

> desmembrar um evento em um conjunto de elementos menores, cada um deles compreendido consciente e separadamente, pode paradoxalmente nos dar um sentimento de menos compreensão, porque perdemos a noção de que depreendemos o sentido global. É um poder da compreensão humana ser capaz de fazer as duas coisas, e nossa maior certeza vem quando sentimos que podemos fazer as duas coisas no mesmo evento.

Uma pergunta que podemos nos fazer é se os resultados encontrados nesse experimento se repetiriam em leitores ainda não maduros, ou seja, se o formato de apresentação do texto também não teria influência na compreensão de leitores ainda não proficientes. Além dessa, muitas outras perguntas ainda precisam ser investigadas. Será que gêneros essencialmente verbais gerariam os mesmos resultados? Diferentes objetivos de leitura modificariam esses resultados? A influência do formato de apresentação do texto na compreensão vai ser diferente dependendo do grau de proficiência do leitor? A familiaridade do leitor com o computador teria influência na leitura? Os resultados encontrados nesses experimentos se repetiriam se outras habilidades de leitura fossem verificadas? Em que aspectos e como o formato hipertextual pode ser mais eficaz em situações de ensino-aprendizagem? Essas são apenas algumas das inúmeras perguntas que esse pequeno experimento nos fez levantar e que precisam ser estudadas para que possamos saber a influência do formato hipertextual na compreensão de textos de diversos gêneros.

Esse faz parte de um conjunto maior de experimentos semelhantes, nos quais outros gêneros textuais foram testados. Esperamos que uma análise global dos resultados desses experimentos nos possibilite chegar a uma conclusão mais robusta da influência do formato de apresentação do texto na compreensão.

Referências

CAVALCANTI, S. *A metáfora no processo de referenciação*. Dissertação de Mestrado. Belo Horizonte: PUC Minas, 2003.

COSCARELLI, C. V. (Orgs.) *Novas tecnologias, novos textos, novas formas de pensar*. Belo Horizonte: Autêntica, 2003.

COULSON, S. *Semantic Leaps*. Cambridge: Cambridge University Press, 2001.

DEE-LUCAS, D. Effects of overview structure on study strategies and text representations for instructional hypertext. In: ROUET, J. F.; LEVONEN, J.; DILLON, A.; SPIRO, R. *Hypertex and cognition*. USA: Lawrence Erlbaum Associates, 1996, p. 73-107.

FAUCONNIER, G.; TURNER, M. Compression and global insight. In: *Cognitive linguistics*. v. 11-3/4, p. 283-304, 2000.

FAUCONNIER, G.; TURNER, M. *The way we think*. Cambridge: Cambridge University Press, 2002.

POSSENTI, S. *O humor da língua: análises lingüísticas de piadas*. Campinas: Mercado de Letras, 1998.

RAMACHANDRAN, V.S.; BLAKESLEE, S. *Phantoms in the brain*. New York: Morrow, 1998.

A notícia no jornal escolar: o que sabem os alunos acerca dos gêneros que produzem?[1]

Antônia Nágela Costa
Júlio César Araújo

Cada vez mais, tem-se exigido da escola uma educação propiciadora de uma aprendizagem reflexiva aos alunos, que possa fazê-los dominar as práticas discursivas e ter um bom desenvolvimento em qualquer comunicação verbal. Exige-se uma escola que trabalhe a funcionalidade da língua, permitindo-lhes o uso das muitas práticas comunicativas, a partir dos vários tipos de discursos presentes no mundo contemporâneo. Desse modo, a escola passa a direcionar suas atividades, objetivando a construção do conhecimento e das competências do educando para tornar-se um cidadão atuante, frente à nova sociedade vigente.

Nesse contexto, Cavalcante (1999) afirma que o profissional da educação deve ter a sensibilidade para nortear não apenas a aprendizagem do conhecimento, mas, principalmente, indicar para o que ele serve. Seguindo esse raciocínio, a escola não deve ser apenas um lugar onde uma geração passa para outra um acervo de conhecimentos, e, por isso, os professores precisam criar situações que permitam o aprimoramento de valores e atitudes. Além disso, é também papel do educador proporcionar oportunidades concretas para que o indivíduo busque selecionar as informações de que necessita em seu cotidiano[2].

---

[1] Este artigo é um pequeno recorte de uma pesquisa realizada no Programa de Especialização em Ensino de Língua Portuguesa e Literatura Brasileira do Centro de Educação da UECE, sob a orientação do Prof. Dr. Júlio César Araújo (UFC). A presente versão vincula-se ao grupo de pesquisa PROTEXTO (UFC).

[2] Não obstante os desafios que se mostram diante do professor, queremos realçar, baseados em Dieb (2004a, 2004b), que não responsabilizamos unicamente os professores pelo insucesso da prática pedagógica. Como bem discute esse autor, as representações

Conforme defende Costa (2005), o jornal escolar (doravante JE) pode ser uma alternativa produtiva para oportunizar práticas comunicativas autênticas dentro da escola. Com base nessas proposições, temos por objetivo, neste capítulo, discutir o conhecimento dos alunos acerca dos gêneros que produzem para serem publicados em um determinado JE. Defendemos a suposição de que, embora não façam parte de uma comunidade discursiva de jornalistas profissionais[3], os estudantes trabalham com os gêneros jornalísticos à luz de um conhecimento intuitivo. Essa suposição está fundamentada em Bakhtin ([1953] 2000), quando diz que é de acordo com o nosso domínio dos gêneros, os quais usamos com desembaraço, que descobrimos mais depressa e melhor a nossa individualidade neles. Para o autor, quando isso é possível, somos capazes de refletir com maior agilidade sobre a situação comunicativa na qual estamos envolvidos e, com o máximo de perfeição, concebemos livremente o intuito discursivo do gênero que estamos usando.

Para melhor aprofundarmos essas questões, na seqüência, discutiremos sobre os gêneros do discurso e o JE para, em seguida, apresentarmos as nossas opções metodológicas, seguidas de uma breve discussão sobre o gênero notícia. Finalmente, apresentaremos a análise dos dados e nossas considerações finais acerca do estudo em tela.

Os gêneros do discurso e o JE

É impossível, nos dias atuais, não considerarmos a influência dos gêneros orais, impressos e digitais em nossas vidas[4], pois percebemos uma

---

sociais que o professor da Educação Infantil tem da formação que recebe invocam um "tom" de desvalorização. Segundo a análise feita por Dieb, as condições de trabalho do professor dessa fase tão importante da Educação Básica não têm sido muito boas. De nossa parte, entendemos que não seria inoportuno estender as reflexões deste autor às lamentáveis condições de trabalho dos professores de toda a Educação Básica que funciona nas escolas públicas. Talvez esse seja um fator que contribua para que o ensino da língua materna, por exemplo, avance de modo tão lento em busca de alternativas para oportunizar aos alunos o desenvolvimento de competências e habilidades que lhes são necessárias para fazerem uso pleno de sua condição de cidadão. Sobre isso, o leitor pode encontrar excelentes reflexões no capítulo de Souza e Dieb, nesta coletânea.

[3] Evidentemente o conhecimento dos sujeitos de nossa pesquisa não pode ser equiparado àquele demonstrado por produtores profissionais dos gêneros jornalísticos pesquisados por Bonini (2002).

[4] Por meio da publicidade (cf. TÁVORA, neste livro); dos jornais, seja profissionais (BONINI, 2002), seja escolares (FARIA, 1996, 1997; COSTA, 2005; BALTAR, 2005); da TV (FECHINE, 2001); da Internet (ARAÚJO, 2005, 2006; MARCUSCHI; XAVIER, 2004; FREITAS; COSTA, 2005; ARAÚJO; BIASI-RODRIGUES, 2005).

gama de gêneros circulando a todo o momento e de forma veloz, chegando em todos os locais do planeta. Para acompanharmos essa velocidade que rege as práticas discursivas contemporâneas e nos inserirmos no ambiente onde elas ocorrem, faz-se necessário estarmos atentos às possibilidades de interação existentes na sociedade, percebendo suas variedades e, principalmente, compreendendo a sua funcionalidade.

É de Bakhtin ([1953] 2000) a premissa de que a comunicação se dá atrelada aos eventos sociodiscursivos que organizam a interação entre os sujeitos. Esses eventos, que conferem materialidade ao ato comunicativo, são chamados de gêneros discursivos, pois eles possibilitam a prática da ação verbal. A utilização da linguagem se dá vinculada às atividades comunicativas, sendo a comunicação organizada pelos gêneros do discurso. Por isso, entendemos que, quanto mais atividades sociais existirem, mais gêneros serão utilizados para tornar possível a comunicação humana.

Em nossa pesquisa, a noção de gêneros é relevante para uma compreensão acerca das suas implicações pedagógicas no JE, pois para investigar a produção de textos realizada por alunos, é fundamental entendermos quais são os conhecimentos que eles possuem acerca dos gêneros que produzem, para que seja compreendida a relação de produtividade entre os autores e os textos que escrevem. Isso se justifica porque, como observa Biasi-Rodrigues (2002), durante muito tempo, a expressão "gênero textual" foi muito empregada nas escolas sob o sentido de redação, fazendo referência apenas à "tríade" descrição, narração e dissertação. Como esclarece a pesquisadora, essa concepção revela-se incoerente, na medida em que ignora o reconhecimento das possibilidades da linguagem nos mais variados contextos sociocomunicativos e históricos, limitando-se apenas aos aspectos formais de um texto.

Naquilo que concerne ao ensino de Língua Portuguesa, faz-se necessário superar as ultrapassadas formas de aprender e ensinar, frente a um "mundo novo", caracterizado por uma pluralidade de gêneros. Quanto maior for a vivência do aluno e do professor em relação às inúmeras situações reais de linguagem, maior tende a ser a possibilidade desse conhecimento se incorporar ao domínio ativo da língua do falante/escritor. Nessa perspectiva, o JE se mostra como uma das muitas estratégias metodológicas que podem despertar a construção colaborativa do conhecimento, provocando o que Antunes (2003) chama de (inter)ação. Assim, o jornal é uma genuína oportunidade de estímulo à aprendizagem da língua escrita, além de ser uma ponte entre os conteúdos do ensino de Língua Portuguesa e a realidade na qual se insere o aluno.

Em relação ao uso do JE, a figura abaixo, elaborada a partir de nossa leitura de Faria (1996), ilustra sua utilidade para professores e alunos.

Tabela 1 – A Implicação Pedagógica do JE

Para os Professores	Para os Alunos
O JE é um excelente material pedagógico (podendo ser usado de forma interdisciplinar, abrangendo todas as áreas do currículo), sempre atualizado, desafiando-os a buscar o melhor caminho didático para seu uso em sala de aula.	Serve de ponte entre a escola e a realidade
	Ajuda a relacionar seus conhecimentos prévios e suas experiências de vida com as notícias
	Favorece a formação de novos conceitos e aquisição de novos conhecimentos a partir de sua leitura
	Desenvolve o pensamento crítico a partir do que lê
	Proporciona outros objetivos de leitura.

Fonte: Faria (1996, p.12 [com adaptações])

Essa figura apresenta o JE como uma alternativa produtiva para alcançar os ambiciosos objetivos propostos por documentos oficiais, como os Parâmetros Curriculares Nacionais de Língua Portuguesa (BRASIL, 1998). Esses documentos, ao fazerem ecoar os postulados de Vygotsky (2000), defendem a necessidade de que toda a comunidade escolar perceba a aprendizagem como um processo de construção sócio-interacionista do conhecimento. Nessa instância, concordamos com Antunes (2003) que é imperativo trazer para a escola oportunidades de trabalhos com uma linguagem real, pois o contrário disso pode suscitar uma prática pedagógica artificial. Desse modo, defendemos que, ao participar de um JE, os alunos não usam artificialmente a linguagem, pois sabem que há um público real que os aguarda. Além disso, se a participação dos alunos no jornal for bem orientada, ela pode representar, para eles, uma possibilidade de ampliação do domínio ativo do discurso nas mais variadas situações comunicativas, o que favorecerá a sua inserção efetiva no mundo da leitura e da escrita, otimizando a participação social dentro e fora da escola.

As opções metodológicas

Para ambientarmos a pesquisa, escolhemos a Escola de Ensino Fundamental e Médio Custódio da Silva Lemos, situada no distrito de Guanacés, em Cascavel[5], um dos seis municípios que integram o CREDE 09[6]. A referida escola participa, desde 1997, de um programa denominado Clube do JE. Trata-se de uma iniciativa da ONG Comunicação e Cultura[7] que desenvolve um relevante trabalho nas escolas públicas com a finalidade de utilizar o jornal como uma ferramenta que propicia a participação dos alunos nas atividades linguajeiras dentro e fora da escola. Diante disso, a escolha dessa escola se justifica porque, além de ela estar inscrita no referido programa, consegue manter há 8 anos um jornal que circula trimestralmente com o sugestivo nome de *Jornal Voz Ativa* (doravante JVA)[8].

Na versão original deste trabalho (COSTA, 2005), foi utilizada a técnica da observação, pois nos inserimos, com a permissão dos professores, no ambiente escolar e assistimos a algumas aulas de produção textual para sabermos se elas estariam direcionadas aos gêneros que circulam no jornal. Além da observação, selecionamos exemplares do JVA que foram publicados em todo o ano de 2003 e no primeiro semestre de 2004, os quais foram submetidos a uma triagem quantitativa para levantarmos os gêneros mais recorrentes[9]. Segundo a triagem, os gêneros mais recorrentes no JVA são, por ordem de importância dada pelos próprios produtores, a notícia, o editorial e o artigo de opinião. Em função dos objetivos a que nos propomos aqui, relataremos apenas os achados acerca do gênero notícia, privilegiando o ponto de vista de seus autênticos produtores.

Com base nos resultados da triagem realizada, propusemos aos alunos uma atividade de reconhecimento dos gêneros mais recorrentes no JVA, solicitando-lhes que dessem nomes aos textos que eles mesmos produziram. Uma preocupação nossa foi saber o nível de dificuldade com que eles reconheceriam os textos. Por essa razão, pedimos aos sujeitos uma explicação por escrito de como identificaram as marcas mencionadas. Assim, para o presente capítulo, iremos considerar como dados apenas as respostas que

---

[5] Município do litoral leste do Ceará, localizado a 60 km de Fortaleza.

[6] Centro Regional de Desenvolvimento de Educação 09, sediado no município de Horizonte, a 55 Km de Fortaleza.

[7] Para outros detalhes, conferir o *site* <http://www.comcultura.org.br>.

[8] O nome do jornal se mostra bastante significativo para a função a que se destina e para o contexto em que é produzido. As palavras "voz" e "ativa" se coadunam para representar a participação dos alunos, por meio da linguagem. Sugerem, desse modo, educandos participativos, fazendo uso da "voz", portanto da língua, para fins reais de comunicação.

[9] Esse procedimento, também usado por Costa-Val ([1991] 1999, p. 53) teve "apenas a função de possibilitar uma visão panorâmica do que foi apurado no exame do corpus e, assim, marcar um ponto de partida para a análise qualitativa".

os alunos deram à atividade de reconhecimento da notícia, já que esse foi o gênero mais incidente no JVA.

Esses dados foram construídos a partir de entrevistas feitas a 12 sujeitos da escola, matriculados nas séries do ensino fundamental II[10] e ensino médio. O critério para essa seleção foi comprovar a participação deles na produção do JVA. A partir da seleção dos sujeitos, foram formados dois grupos obedecendo aos seguintes critérios:

- 9 (nove) alunos do ensino fundamental (AEF) que tiveram suas produções publicadas no período supracitado. Esses sujeitos serão aludidos durante a análise pelos códigos <AEF1>, <AEF2>, <AEF3>, etc. Vale salientar que esses alunos apenas produzem os textos do jornal, não participando de sua editoração.
- 3 (três) alunos do ensino médio que compõem o grupo de editores do jornal (AGEJ), os quais serão identificados pelos seguintes códigos: <AGEJ1>, <AGEJ2> e <AGEJ3>. Diferentemente dos alunos do grupo anterior, esses sujeitos, além de produzirem os textos para a publicação, também acumulam a função de realizar a editoração do JVA.

O conjunto dos sujeitos forma um grupo de "alunos jornalistas", que editam e publicam o jornal numa periodicidade trimestral. Durante esse período, eles elaboram, produzem e selecionam as matérias que abordam assuntos variados aspectos como: projetos que a escola está vivenciando, recursos da escola, decisões do conselho escolar, cobertura de eventos, atividades do grêmio estudantil e entrevistas com pessoas da escola e/ou da comunidade. O grupo de editores é responsável pela propagação do programa Clube do Jornal nas salas de aula, pela geração de material informativo, pela confecção e distribuição do jornal na escola e na comunidade.

O gênero notícia na perspectiva dos pesquisadores

Ao classificarem a notícia, Kaufman e Rodriguez (1995, p. 38) definem-na como um gênero que "transmite uma nova informação sobre acontecimentos, objetos ou pessoas e apresenta-se como unidades informativas completas, que contêm todos os dados necessários para que o leitor compreenda a informação". Do ponto de vista destas autoras, a notícia é um texto informativo, que tem como propósito comunicativo passar ao leitor uma informação

---

[10] Foram entrevistados nove alunos da 6ª à 8ª série, três de cada, sendo excluída a 5ª série porque na escola não existe essa classe. Esses alunos participam apenas com suas produções, as quais são publicadas esporadicamente.

sobre algum acontecimento. Por isso, o produtor desse gênero deve ser claro e conciso para que sua audiência compreenda a informação sem precisar se reportar a textos anteriores ou ligá-los a outros contidos na mesma publicação ou em publicações similares.

Sob um ponto de vista mais lingüístico, a notícia se caracteriza pelo uso da terceira pessoa. Essa estratégia não é inocente, uma vez que, com ela, os autores do texto noticioso buscam marcar uma suposta neutralidade do jornalista. Desse modo, o uso da terceira pessoa parece estar associado à crença de que o redator se mantém à margem do que narra, razão pela qual não é permitido o emprego da primeira pessoa. Segundo Kaufman e Rodriguez (*ibidem*), a notícia tem o objetivo de informar os leitores sobre os mais variados assuntos da atualidade, trazendo informações completas e inovadoras, de modo que se dispensem as marcas do envolvimento do jornalista na superfície textual.

Com a palavra: os produtores do gênero

O fato de a notícia ser o gênero dominante entre as produções do JVA, permite-nos inferir que a função de informar os acontecimentos ocupa um lugar primordial nesse jornal. Uma das causas desse dado parece ser o fato de que o seu principal objetivo é o de tornar a comunidade conhecedora dos acontecimentos escolares. Se é verdade, segundo Faria (1996), que o JE se transforma em uma ponte entre a escola e a comunidade, então fica fácil compreender por que a notícia foi tão recorrente nos exemplares dos jornais analisados.

Abaixo, disponibilizamos um exemplo de publicação desse gênero que consta do *corpus* analisado.

Figura 2 – Notícia Publicada no JVA

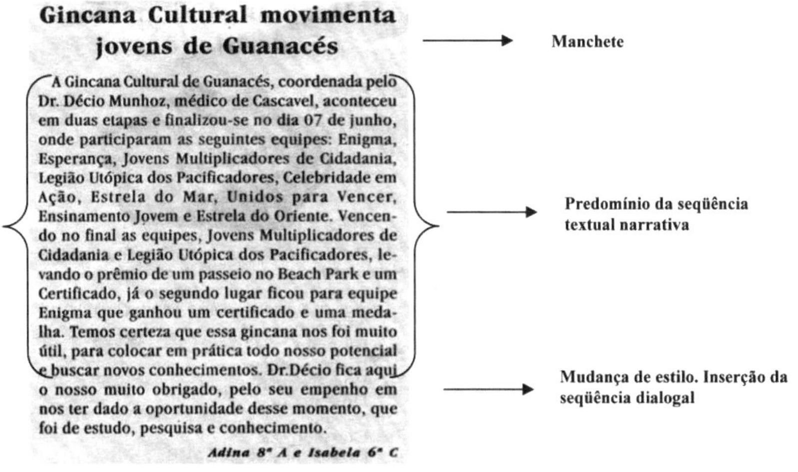

Gincana Cultural movimenta jovens de Guanacés

A Gincana Cultural de Guanacés, coordenada pelo Dr. Décio Munhoz, médico de Cascavel, aconteceu em duas etapas e finalizou-se no dia 07 de junho, onde participaram as seguintes equipes: Enigma, Esperança, Jovens Multiplicadores de Cidadania, Legião Utópica dos Pacificadores, Celebridade em Ação, Estrela do Mar, Unidos para Vencer, Ensinamento Jovem e Estrela do Oriente. Vencendo no final as equipes, Jovens Multiplicadores de Cidadania e Legião Utópica dos Pacificadores, levando o prêmio de um passeio no Beach Park e um Certificado, já o segundo lugar ficou para equipe Enigma que ganhou um certificado e uma medalha. Temos certeza que essa gincana nos foi muito útil, para colocar em prática todo nosso potencial e buscar novos conhecimentos. Dr. Décio fica aqui o nosso muito obrigado, pelo seu empenho em nos ter dado a oportunidade desse momento, que foi de estudo, pesquisa e conhecimento.

Adina 8ª A e Isabela 6ª C

→ Manchete

→ Predomínio da seqüência textual narrativa

→ Mudança de estilo. Inserção da seqüência dialogal

Na figura anterior, podemos constatar que o uso da manchete já revela algum tipo de conhecimento dos alunos acerca do gênero notícia, visto que ela apresenta a síntese da idéia central e atrai a atenção do leitor para a informação que se segue. Além disso, o texto noticioso mostra a presença de um médico da comunidade apoiando atividades culturais dentro da escola, o que reforça o envolvimento que o JE provoca entre a escola e a comunidade, como mostra Faria (*ibidem*). Além disso, o exemplo realça uma importante aproximação desse exemplar com o propósito comunicativo de notícias produzidas por profissionais do jornalismo, que é o fato de manter o leitor atualizado em relação aos acontecimentos.

Sob um ponto de vista mais lingüístico, percebemos que as autoras do texto acima conservam a seqüência textual narrativa em sua notícia. Para nós, esse é um dado muito relevante, pois revela que as alunas têm, sim, um certo conhecimento sobre os gêneros que usam. No entanto, elas se distanciam um pouco do estilo da notícia ao trazer para a composição a seqüência dialogal, o que talvez possa ser explicado à luz de nossas observações no campo da pesquisa. Ao acompanhar algumas aulas de produção textual, percebemos que no ensino ainda persiste o ranço da escolarização dos gêneros (cf. BIASI-RODRIGUES, 2002, 2003).

Esse dado nos faz relembrar as palavras de Schneuwly e Dolz (2004, p. 30), ao aconselharem que "deve-se levar os alunos, primeiramente, a dominar o gênero, para melhor conhecê-lo e apreciá-lo, para melhor compreendê-lo e para melhor produzi-lo na escola e fora dela". Portanto, defendemos com esses autores que um maior conhecimento sobre os gêneros e a sua funcionalidade, além de uma maior aproximação e uso com os eventos sociais, resultará no domínio pelos alunos em seu cotidiano. Seja como for, é inegável o fato de que os dados mostram que os alunos têm conhecimento sobre as características e a funcionalidade da notícia, já que demonstram muitas afinidades com esse gênero, o que facilita muito a sua compreensão. Essa nossa constatação ficou mais evidente quando os sujeitos, ao serem entrevistados, afirmaram que o texto noticioso é o gênero mais prazeroso de se produzir, pois, em suas palavras, os instiga a "criar uma manchete sugestiva com a intenção de atrair o interesse do leitor" <AGEJ3>. Além disso, como eles mesmos afirmaram, "gostam de ser os portadores das novidades ofertadas pela escola" <AGEJ1>.

Como nossas visitas à escola nos permitiram observar algumas aulas de língua materna, compreendemos que um dos motivos dessa afinidade talvez esteja na forma como ela é discutida em sala de aula. Nas observações feitas nas turmas de ensino fundamental, por exemplo, percebemos que no início de cada aula a professora pedia aos alunos que contassem oralmente uma notícia e depois falassem do seu ponto de vista sobre a mesma. Em seguida, essas notícias eram escritas e anexadas na parede para futuras apreciações, sendo que, no final da semana, eles iriam escolher as que mais lhes agradassem para, a partir delas, produzir outros textos.

Constatamos também o domínio dos alunos em relação ao gênero notícia na hora de justificar a sua escolha. Ilustramos essa afirmação com as palavras dos sujeitos, quando eles nos asseguram que:

> A notícia é [uma espécie de] *porta voz dos alunos*, pois é uma forma de comunicação, também é o modo de *informar toda a comunidade* os acontecimentos escolares, favorecendo assim, o crescimento cultural e a sabedoria. <AGEJ1> [grifos nossos]
>
> *A notícia é o que faz o jornal*, qualquer acontecimento é uma notícia, pois são situações que requerem muitas curiosidades, críticas e aprendizagens. <AGEJ2> [grifos nossos]

Longe da neutralidade que muitos manuais de jornalismo, e alguns autores, defendem, a notícia, na concepção dos alunos, é uma maneira de eles se sentirem representados, já que esse gênero passa a ser "porta voz dos alunos" dentro da comunidade escolar. Os produtores reconhecem que ao usar esse gênero, eles estão ocupando um lugar de fala que os permite fazer denúncias e informar toda a comunidade sobre tudo o que for relevante. Afinal, nas palavras de <AGEJ1> "qualquer acontecimento é uma notícia". Para esse mesmo produtor, tamanha é a importância do referido gênero que ele chega a afirmar que "a notícia é o que faz o jornal". Desse modo, podemos perceber que os alunos reconhecem a notícia como o gênero que é capaz de caracterizar qualquer jornal.

Em relação às possíveis dificuldades de reconhecimento desse gênero, alguns alunos foram diretos em suas respostas. Ao perguntarmos se tinham dificuldades em reconhecer uma notícia, eles responderam:

> *Não. São matérias, que trazem em seu contexto sua característica.* Por ser um jornalista fica mais fácil identificar os gêneros. Participo do JVA desde 1998, e tenho uma experiência bem específica do que é ser jornalista. <AGEJ2>
>
> Não. Pois *conheço e trabalho com cada gênero* desse no clube do jornal, do qual faço parte. <AGEJ3>

As respostas demonstram a segurança dos alunos em relação aos gêneros, já que se apresentam convictos em suas afirmações, estando aptos a escrevê-las sem a menor dificuldade. O sentimento de pertença desses alunos à "comunidade discursiva dos jornalistas escolares" parece fortalecer suas crenças quanto ao reconhecimento dos gêneros. Isso é importante porque confirma nossa suposição de que os alunos, assim como qualquer outra pessoa que convive em uma sociedade letrada como a nossa, possuem um conhecimento empírico-intuitivo acerca dos gêneros que usam.

Considerações Finais

Considerando as discussões acima, podemos dizer que as transformações presentes no mundo contemporâneo exigem da escola atual uma educação que venha propiciar aos seus alunos uma aprendizagem crítica e reflexiva e que atue decisivamente na construção de sua cidadania. Para isso, a escola deve assumir como sua a função de estimular o aluno a pensar, ensinando-lhe as formas de apropriação do conhecimento, seja de caráter científico ou não. Assim, fica em desuso a escola baseada na memorização, e entra em cena outra, na qual o aluno constrói o seu conhecimento e a sua aprendizagem, desenvolvendo competências que façam emergir um homem atuante e perspicaz frente às novas exigências sociais.

Conforme pudemos constatar, o JE pode contribuir tanto para a aprendizagem do aluno quanto para a aproximação da escola com a comunidade. A notícia parece ser o gênero que cumpre esta função e com o qual os alunos possuem uma maior aproximação, tanto por ser a atividade de produção textual mais comum quanto a mais prazerosa para eles. Não obstante a sua utilidade para o desenvolvimento dos alunos, acreditamos que o JE também permite ao professor descobrir outros caminhos que mostrem aos educandos a importância das práticas discursivas para a formação dos indivíduos na sociedade, podendo, quiçá, investir nessa profissão e ser futuros escritores profissionais. Nessa esteira, o trabalho do professor e de seus alunos passa a ser pautado por situações que se distanciam do artificialismo denunciado por Antunes (2003), uma vez que o JE permite aos alunos o uso da linguagem jornalística para abordar conteúdos da cultura local e a viabilização da produção e recepção de vários gêneros próprios desse suporte.

Referências

ANTUNES, I. *Aula de português: encontro & interação*. São Paulo: Parábola, 2003.

ARAÚJO, J. C. O que o meu aluno faz nesse tal de Orkut? *Vida & Educação*. Fortaleza: Brasil Tropical, 2006, p. 29-32.

ARAÚJO, J. C. *Chat* educacional: o discurso pedagógico na *Internet*. In: COSTA, N. B. (Org.) *Práticas discursivas: exercícios analíticos*. Campinas: Pontes, 2005, p. 97-111.

ARAÚJO, J. C.; BIASI-RODRIGUES, B.(Orgs.). *Interação na Internet: novas formas de usar a linguagem*. Rio de Janeiro: Lucerna, 2005.

BALTAR, M. *Competência discursiva e gêneros textuais*. Caxias do Sul: EDUCS, 2004.

BIASI-RODRIGUES, B. A diversidade de gêneros textuais na escola: um novo modismo? In: *Revista Perspectiva*. Florianópolis: Editora da UFSC, v. 20, n. 1, p. 49-46, jan./jun. 2002.

BIASI-RODRIGUES, B. Tratamento dos gêneros textuais na escola. In: *Fascículo 8*. Série Fascículos Didáticos da Universidade Aberta do Nordeste. Fundação Demócrito Rocha, 2003, p. 114-128.

BONINI, A.*Gêneros textuais e cognição: um estudo sobre a organização cognitiva da identidade dos textos*. Florianópolis: Insular, 2002.

BRASIL. Secretaria de Educação Fundamental. *Parâmetros curriculares nacionais: língua portuguesa*. Brasília: MEC, 1997.

COSTA, A. N. *Os gêneros e a escola: a produção textual no jornal escolar*. Monografia (Especialização em Língua Portuguesa & Literatura Brasileira). Fortaleza: Centro de Educação da Universidade Estadual do Ceará (UECE), 2005.

DIEB, M. *Educação infantil e formação docente: um estudo em representações sociais*. Dissertação (Mestrado). Fortaleza: Programa de Pós-Graduação em Educação Brasileira. Universidade Federal do Ceará, 2004a.

DIEB, M. A formação docente na educação infantil e as representações sociais do professor sobre a sua profissão. In: CRUZ, S. H.; PETRALANDA, M. (Orgs.) *Linguagem e educação da criança*. Fortaleza: Editora da UFC, 2004b, p. 84-104.

FARIA, M. A. *O jornal na sala de aula*. São Paulo: Contexto, 1996.

FARIA, M. A. *Como usar o jornal na sala de aula*. São Paulo: Contexto, 1997.

FECHINE, Y. Gêneros televisuais: a dinâmica dos formatos. In: *Revista Symposium*. ano 5, n. 1, p. 14-26, jan./jun. de 2001.

FREITAS, M. T. A.; COSTA, S. R. (Orgs.). *Leitura e escrita de adolescentes na Internet e na escola*. Belo Horizonte: Autêntica, 2005.

KRAMER, S. *Por entre as pedras: arma e sonho na escola*. São Paulo: Ática, 1993.

KAUFMAN, A.M.; RODRIGUEZ, M. E. *Escola, leitura e produção de textos*. Porto Alegre: Artes Médicas, 1995.

MARCUSCHI, L. A.; XAVIER, A. C. (Orgs.). *Hipertexto e gêneros digitais: novas formas de construção de sentido*. Rio de Janeiro: Lucerna, 2004.

SCNEUWLY, B.; DOLZ, J. *et al*. *Gêneros orais e escritos na escola*. Tradução e organização de Roxane Rojo e Glaís Cordeiro. Campinas: Mercado de Letras, 2004.

O conceito de pergunta nas teorias e abordagens lingüísticas: uma visão panorâmica[1]

Silvano Pereira de Araújo

A pergunta tem despertado a atenção dos estudiosos da linguagem desde a Antigüidade Grega. Em sua maiêutica, por exemplo, Sócrates usava a pergunta como um meio para desenvolver em seus discípulos a capacidade de raciocinar e construir soluções para as questões levantadas. Ao longo do século passado, pesquisadores de diversas áreas do conhecimento, como Educação, Sociologia (cf. LONG; SATO, 1983), Filosofia da Linguagem (SEARLE, 1969; ORECCHIONI, 1991), Lingüística Aplicada (LONG; SATO, 1985), entre outras, têm reiterado a importância desse fenômeno. Uma das razões do interesse dos lingüistas pela pergunta é que, segundo Orecchioni (1991, p. 5), ela constitui um dos três principais tipos de enunciados que, por sua vez, correspondem às três principais funções pragmáticas do discurso: a) aqueles que descrevem o mundo – asserções; b) os que interrogam o mundo – perguntas e c) aqueles que procuram mudar o mundo – diretivos. Assim, os usuários de uma língua utilizam a pergunta, principalmente, com o objetivo de inquirir, investigar e procurar informação. Essa busca, ressalta a autora, é uma operação primordial para a sobrevivência do ser humano, faz parte de sua relação com o mundo.

Apesar de os referidos estudos ressaltarem a relevância da pergunta, observamos que ainda se sabe pouco sobre esse fenômeno, principalmente no que se refere às diferentes concepções de pergunta nas teorias e abordagens lingüísticas, questão central deste capítulo, que será orientado por duas perguntas de pesquisa:

---

[1] Artigo produzido no grupo de pesquisa PRADILE do Departamento de Letras da UERN (Campus de Assu). Agradeço ao prof. Luiz Antonio Marcuschi (UFPE/CNPq) pela leitura deste trabalho.

a) Qual o conceito de pergunta na lingüística formalista, análise da conversão, teoria dos atos de fala, etnografia da comunicação e teoria da enunciação?

b) Em que sentido essas propostas contribuíram para o avanço dos estudos lingüísticos?

Antes de explicitarmos as diferentes concepções de pergunta propostas pelas principais teorias e abordagens lingüísticas, faz-se necessário explicitarmos os paradigmas de linguagem nos quais os referidos estudos se inserem.

Paradigmas de linguagem

De acordo com Schiffrin (1994), existem pelo menos dois paradigmas de linguagem que orientam os estudos lingüísticos: o formalista e o funcionalista. Cada um deles propõe critérios diferentes para a definição e análise dos fenômenos lingüísticos. O paradigma formalista analisa os fatos lingüísticos com base em uma visão estruturalista de linguagem. Hymes (1994, p. 79) caracteriza os critérios formais nos seguintes termos:

a) a estrutura da linguagem (código) equivale à gramática;

b) a análise do código tem prioridade sobre a análise do uso;

c) os elementos e estruturas lingüísticas são analiticamente arbitrários ou universais;

d) todas as línguas são essencialmente iguais;

e) o código e a comunidade de fala são homogêneos;

f) conceitos fundamentais, tais como comunidade de fala, atos de fala, falante fluente, funções da fala e da linguagem são arbitrariamente postulados.

Com base nos princípios acima, podemos afirmar que esse paradigma de linguagem centraliza a análise nos aspectos formais e abstratos da língua, que é definida como um sistema estrutural fechado e cujos elementos se relacionam entre si. Nesse sentido, seu uso e natureza variacional são deixados de lado. Isso implica a exclusão do contexto sociocultural no qual a língua se insere.

Enquanto o paradigma formalista propõe critérios gramaticais para a definição da linguagem, o funcionalista enfatiza exatamente o oposto: o uso e as funções comunicativas da linguagem. Ainda de acordo com Hymes (*ibidem*, p. 79), entre os critérios funcionais destacam-se:

a) a análise do uso tem prioridade sobre a análise do código;

b) a forma e o uso se relacionam dialeticamente;

c) a fala é analisada em relação ao seu contexto de realização (situação de fala, evento de fala);

d) o uso de uma estrutura deve ser apropriado a cada contexto específico;

e) as línguas variam, assim como as suas funções.

Pelo exposto, em um paradigma funcionalista, a análise de um fenômeno lingüístico leva sempre em consideração seu contexto de realização e suas funções, as quais variam de acordo com cada situação específica. Nesse sentido, a língua não é um fenômeno homogêneo e arbitrário, como propõe o formalista.

Depois de analisar as duas propostas de critérios de análise lingüística acima, entendemos que um fenômeno lingüístico – incluindo a pergunta – poderá ser mais bem interpretado quando partir de uma síntese dialética entre seus aspectos funcionais e formais, e não como dois pólos opostos que se excluem.

Teorias e abordagens lingüísticas

Abordagem formalista

Como o próprio nome sugere, essa teoria lingüística se fundamenta no paradigma formalista. Um dos maiores representantes dessa visão de linguagem é Ferdinand de Saussure, para quem o objeto de estudo da lingüística é a língua, mais especificamente a escrita, ou seja, os fenômenos que se manifestam nos textos escritos: "É necessário colocar-se primeiramente no terreno da língua e tomá-la como norma de todas as outras manifestações da linguagem" (Saussure, 1970, p. 16-17). Nessa perspectiva, a tarefa do lingüista limita-se a "procurar as forças que estão em jogo, de modo permanente e universal em todas as línguas e deduzir as leis gerais às quais se possam referir todos os fenômenos peculiares da história" (ibidem, p. 13). A tal abordagem sincrônica não interessam os processos de construção da linguagem, mas seus aspectos permanentes, universais: concebe-se a língua tão-somente como um sistema lingüístico fechado, cujos elementos se relacionam apenas entre si.

De acordo com Bakhtin (1992, p. 108), essa visão de linguagem não tem condições de dar conta dos fatos lingüísticos, uma vez que:

> a língua como sistema de formas que remetem a uma norma, não passa de uma abstração, que só pode ser demonstrada no

plano teórico e prático do ponto de vista do deciframento de uma língua morta e do seu ensino. Este sistema não pode servir de base para a compreensão e explicação dos fatos lingüísticos enquanto fatos vivos e em evolução. Ao contrário, ele nos distancia da realidade evolutiva e viva da língua e de suas funções sociais.

Infere-se daí que, a partir da perspectiva saussuriana, a pergunta passa a ser analisada com base em critérios formais; em outras palavras, consideram-se apenas seus aspectos gramaticais, como, por exemplo, a sintaxe, a entonação, o léxico e a semântica.

Vejamos, a seguir, os critérios para a definição de pergunta propostos por alguns autores formalistas. De acordo com Quirk *et al.* (1985, p. 386), uma pergunta é uma sentença marcada por um ou mais dos três critérios abaixo:

> a) o operador vem antes do sujeito: "Will John speak to the boss today?"
>
> b) as palavras interrogativas ou elementos "wh" vêm na posição inicial: "Who will you speak to?"
>
> c) entonação ascendente: "You will speak to the BÓSS?".

Comungando com Quirk *et al.* (*ibidem*), Churchill (1978) acrescenta mais alguns critérios formais para defini-la. Para o último autor, uma pergunta é um enunciado que satisfaz a um ou mais dos seguintes critérios:

> a) tem uma distribuição interrogativa – o fato de que ocorreu uma resposta, seguindo um enunciado, pode freqüentemente ser usado para se inferir que uma pergunta a eliciou;
>
> b) apresenta uma sintaxe interrogativa [corresponde ao item "b" na proposta anterior];
>
> c) tem uma entonação ascendente [corresponde ao item "c" acima];
>
> d) é acompanhada por gestos interrogativos – os gestos que seguem um enunciado, indicando que ocorreu uma pergunta. (ibidem, p. 29)

Em síntese, tais concepções restringem a análise a seus aspectos estruturais. Nesse sentido, a pergunta passa a ser representada como um fenômeno lingüístico autônomo e a-histórico.

ANÁLISE DA CONVERSAÇÃO

Enquanto a lingüística formalista trata os enunciados, as perguntas no nível da frase, como unidades do sistema gramatical, a análise da conversação os vê como estruturas que compõem a arquitetura de um tipo específico de discurso: conversação. Privilegia a estrutura do texto em que os enunciados se realizam. O foco da análise muda para os fatores organizacionais da conversação. Sob essa ótica, a participação de um usuário da língua em uma conversação requer uma competência conversacional, ou seja, ele tem que saber como e quando iniciá-la, dar continuidade e encerrá-la. Implica saber como tomar o turno para fazer uma pergunta e quando respondê-la. Assim, a conversação não se realiza de forma aleatória. Todos os seus elementos estão interligados, cumprindo uma função determinada na arquitetura textual.

De acordo com Marcuschi (1986, p. 6), a conversação apresenta cinco características básicas:

    a) interação entre pelo menos dois falantes;
    b) ocorrência de pelo menos uma troca de falantes;
    c) presença de uma seqüência de ações coordenadas;
    d) execução numa identidade temporal;
    e) envolvimento numa interação centrada.

Infere-se daí que uma conversação é sempre situada no tempo e no espaço e exige uma ação conjunta entre os interlocutores. Esse diálogo se dá por intermédio da alternância de turnos, que se manifesta na superfície do texto por meio de seqüências padronizadas tais quais "pares adjacentes". Esse par conversacional, então, é uma estrutura constitutiva da conversação que se relaciona com a troca de turnos; representa ações cooperativas caracterizadoras do uso da língua. Entre os "pares adjacentes" Marcuschi (*ibidem*, p. 35) destaca a pergunta-resposta:

    a) pergunta-resposta; b) ordem-execução; c) convite aceitação/recusa; d) cumprimento-cumprimento; e) xingamento-defesa/revide; f) acusação-defesa/justificativa; g) pedido de desculpa/perda.

Na perspectiva da análise da conversação, como muito bem realça Marcuschi (*ibidem*), o estudo da pergunta leva em consideração as diversas formas em que ela se realiza. Assim, a pergunta classificada como interrogativa – direta ou indireta – pode ser do tipo aberta (sobre alguma coisa) ou fechada (sim ou não). Segundo esse mesmo autor, uma das características da pergunta aberta (informativa) é que se realiza com algum marcador interrogativo, como, por exemplo, *quem, qual, como, onde* e *quando*. Já a fechada, pode limitar as alternativas de resposta. Ele ainda propõe outros tipos de pergunta: como a negativa (que pode indicar uma característica de polidez) e a pergunta-constelação (o locutor faz várias perguntas ao mesmo tempo, antes de passar o turno para o seu interlocutor).

Em síntese, o par conversacional pergunta-resposta constitui uma unidade (estrutura) que faz parte da arquitetura da conversação do dia-a-dia; realiza-se em um texto, e não em frases isoladas, mantendo relações com os enunciados que a antecedem e a sucedem e, ao perguntar, o enunciador está solicitando uma informação que não possui.

TEORIA DOS ATOS DE FALA

A teoria dos atos de fala trata da análise lingüística de problemas filosóficos; proposta inicialmente por Austin (1990), parte de uma visão de linguagem como ação e não apenas como representação da realidade. Para os defensores dessa abordagem lingüística, os atos de fala constituem a unidade básica de análise da comunicação. Nessa perspectiva, a ênfase recai sobre as condições que o locutor deve criar para que seus enunciados sejam bem-sucedidos.

> [...] a análise da sentença dá lugar à análise do ato de fala e do uso da linguagem em determinado contexto, com uma determinada finalidade e de acordo com certas normas e convenções. Assim, o que se analisa agora não é mais a estrutura da sentença com seus elementos constitutivos, isto é, o nome e o predicado, ou o sentido e a referência, mas as condições sob as quais o uso de determinadas expressões lingüísticas produz certos efeitos e conseqüências em uma dada situação. (*ibidem*, p. 11-12)

Nessa visão, um enunciado realizado em determinados lugares só se tornará um ato ilocucionário se satisfizer determinadas convenções sociais. Assim, para realizar seus atos de fala de uma forma efetiva, o indivíduo precisa ter uma competência pragmática: o domínio de regras e convenções sociais referentes ao uso da linguagem. Isso quer dizer que o sujeito deve adequar seus atos de fala às normas sociais e aos papéis a ele atribuídos em cada contexto específico.

Dentre as teorias e abordagens lingüísticas discutidas até agora, a que fornece uma proposta mais criteriosa para a definição de pergunta é a teoria dos atos de fala. Para Searle (1982, p. 53), a ordem e a pergunta são membros da mesma família dos diretivos, ou seja, elas são: "uma subcategoria dos diretivos, [...] uma tentativa da parte de *L* de fazer com que *A* responda, ou seja, de fazê-lo realizar um ato de fala". Apesar das semelhanças, Searle deixa claro que as perguntas e os diretivos se diferenciam quanto ao tipo de resposta esperada: enquanto as perguntas solicitam uma ação verbal, os diretivos exigem um fazer não-verbal.

Para os defensores da teoria dos atos de fala, a solicitação de uma resposta verbal não constitui a única característica da pergunta. De acordo com Searle (1969, p. 66), para que um enunciado seja considerado uma pergunta, deve atender às seguintes condições:

> a) conteúdo proposicional – deve ter uma proposição ou função proposicional;
>
> b) regra preparatória – o falante não sabe da resposta nem se a proposição é verdadeira ou, no caso da função proposicional, não sabe da informação necessária para completar a proposição; não fica óbvio nem para o falante, nem tampouco para o ouvinte, se este fornecerá a informação no momento, sem ser perguntado;
>
> c) sinceridade – o emissor precisa e quer a informação;
>
> d) regra essencial – o locutor procura obter a informação que lhe falta, tentando eliciar (através da pergunta) a informação do ouvinte.

Nessa proposta, a pergunta passa a ser vista como um ato de fala, uma proposição do falante e não mais como uma frase abstrata. Ademais, existe uma consideração pelo falante, ou seja, há uma relação direta entre ele e sua pergunta, no sentido de que ele tem que atender a certas exigências para sua pergunta ser considerada como tal. Assim, a pergunta é uma proposição incompleta, pois falta ao locutor determinada informação que ele sinceramente procura, porque precisa dela. E a forma de obtê-la é eliciando uma resposta do interlocutor.

Apesar de reconhecermos avanço em relação às propostas anteriores, consideramos que a concepção de pergunta na teoria dos atos de fala limita a eficácia do ato de perguntar às pressuposições e ações do falante, deixando de fora a sua natureza interacional. Outro questionamento a essa definição é que ela restringe a pergunta a um pedido de informação. Assim, as perguntas em sala de aula e em entrevistas, entre outros tipos, não poderiam ser classificadas como tais.

ETNOGRAFIA DA COMUNICAÇÃO

A etnografia da comunicação é uma abordagem de base funcionalista para a análise do discurso e tem Hymes como seu principal representante. De acordo com Schiffrin (1994, p. 144), o objetivo principal dos pesquisadores dessa área é o de estudar a competência comunicativa dos falantes. Para isso, analisam os padrões (estruturas) e as funções da comunicação que organizam o uso da linguagem em contexto: situações de fala, eventos e atos de fala. Acrescenta a autora que a análise sistemática desse contexto é uma das principais características dessa abordagem.

Para os etnógrafos, não se pode reduzir a língua a um sistema autônomo de regras gramaticais; ela é, também, um sistema de uso cuja natureza essencial é sociocultural: "[...] a linguagem é um sistema de uso cujas regras e normas são uma parte integrante da cultura assim como qualquer outro sistema de conhecimento ou de comportamento" (ibidem, p. 138).

Ao elaborar sua teoria da competência comunicativa, Hymes (1979) tem como contraponto o conceito de competência lingüística proposto por Chomsky (1965). Enquanto na teoria chomskyana o equivalente psicológico de uma língua natural é a competência, vista como a capacidade de produzir, interpretar e julgar frases sem uma consideração pelo contexto social, na etnografia da comunicação, o correlato psicológico de uma língua é a competência comunicativa dos falantes: sua habilidade de exercer interação social por meio da linguagem.

De acordo com Hymes (1979), essa habilidade relaciona-se não apenas com os aspectos cognitivos e lingüísticos, mas também, e essencialmente, com os processos socioculturais. Portanto, a competência diz respeito ao conhecimento do falante no sentido de como adequar seus enunciados às diversas situações e eventos de fala, ou seja, deve saber: "Quando falar e quando não falar, o que falar e com quem falar, onde falar e de que maneira falar" (ibidem, p. 15). Para esse autor, o contexto sociocultural e o evento de fala englobam os seguintes elementos:

> a) cenário – onde se realiza o ato de fala (ambiente físico, espacial e sócio-cultural);
>
> b) participantes – locutor, receptor;
>
> c) propósitos – objetivos do evento de fala;
>
> d) seqüência dos atos – forma da mensagem e conteúdo;
>
> e) gênero – propriedades formais do texto;
>
> f) instrumentos – canal: verbal, não-verbal;
>
> g) normas de interação e de interpretação – propriedades relacionadas a um sistema cultural.

Infere-se daí, que a competência comunicativa não é um fenômeno idealizado como a competência lingüística proposta por Chomsky (1965); pelo contrário, é sempre relativa a uma situação social concreta e específica. A partir dessa visão etnográfica, a pergunta é definida com base em seu contexto sociocultural de realização, ou seja, como um enunciado processado em um evento de fala (uma aula ou uma entrevista, por exemplo) que, por sua vez, ocorre em uma situação de fala específica (aspectos físicos, espaciais: sala de aula, escola, etc.). Ao analisar uma pergunta, os etnógrafos estão interessados em como ela é usada de forma apropriada aos diversos contextos de realização. Assim, a pergunta passa a ser vista como um ato de fala cujas funções vão variar de acordo com o contexto.

Em seu trabalho *Approaches to Discourse*, Schiffrin (1994) procura aplicar as categorias da etnografia da comunicação à análise comparativa do uso da pergunta em dois tipos diferentes de entrevista comuns na sociedade americana: a) entrevistas de referência –feitas por bibliotecários responsáveis por materiais especializados de uso exclusivo na biblioteca (para ter acesso a eles, o usuário precisa consultar o bibliotecário); b) entrevista realizada por pesquisadores na área da sociolingüística.

Os resultados da pesquisa indicam que, nas entrevistas de referência, a bibliotecária e os usuários fazem perguntas com fins específicos diferentes. Por exemplo, as da bibliotecária visam a oferecer ajuda, as do usuário solicitam informação, e as de ambos buscam esclarecimentos. De acordo com a autora, distribuem-se as perguntas entre os participantes de uma forma que revelam, ao mesmo tempo, assimetria e simetria nos seus papéis. Esse fato tem relação com os objetivos da entrevista.

As perguntas usadas em entrevista de pesquisas sociolingüísticas se destacam pelo fato de pesquisador e entrevistado não compartilharem os mesmos objetivos no referido evento de fala. Três subcategorias de pergunta são aqui recorrentes: perguntas de informação, de confirmação e de esclarecimento. As de informação são feitas, principalmente, pelo entrevistador; as outras duas, por ambos os participantes.

A autora enfatiza que os componentes da comunicação (propósitos e participantes) são cruciais na determinação das regras que regem o uso das perguntas nos dois tipos de entrevista. Por exemplo, os objetivos e a identidade dos participantes relacionados à entrevista de referência produziram não apenas diferentes formas e funções de perguntas, mas também uma diferença quanto à relação entre a pergunta e a seqüência dos atos.

Portanto, na etnografia da comunicação, a pergunta não é um enunciado que funciona de forma autônoma; pelo contrário, está inserida em uma situação de comunicação específica, que determina sua forma e funções. Assim, passa a ser interpretada como um ato de fala que funciona em um evento de fala e tem como pano de fundo um contexto sociocultural. A competência comunicativa dos usuários vai possibilitar que suas perguntas se adeqüem aos interlocutores nos mais diversos contextos de uso.

Teoria da enunciação

A teoria da enunciação foi inicialmente elaborada por volta de 1920, pelo Círculo de Bakhtin, que foi buscar inspiração no paradigma sóciohistórico e dialético de linguagem. Sob esse ângulo, a língua se realiza, ao mesmo tempo, em um contexto social imediato (microinteração) e mais amplo (estruturas sociais, ideologia), em que evolui ininterruptamente. Para Bakhtin (1992, p. 123), a língua se realiza por meio de enunciados concretos (orais e escritos), cuja natureza essencial é social:

> A verdadeira substância da língua não é constituída por um sistema abstrato de formas lingüísticas nem pela enunciação monológica isolada, nem pelo ato psicofisiológico de sua produção, mas pelo fenômeno social da interação verbal, realizada através da enunciação ou das enunciações. A interação verbal constitui assim, a realidade fundamental da língua.

Bakhtin acrescenta que uma das formas mais importantes dessa interação verbal é o diálogo, que não se reduz à comunicação face a face (em voz alta), mas implica todo e qualquer tipo de interação. A orientação do enunciado em função do interlocutor é de fundamental relevância para a compreensão do processo de construção do sentido, pois a característica fundamental do enunciado é o fato de ter sempre um interlocutor, de se dirigir a alguém:

> Essa orientação da palavra em função do interlocutor tem uma importância muito grande. Na realidade, toda palavra comporta duas faces. Ela é determinada tanto pelo fato de que procede de alguém, como pelo fato de que se dirige a alguém. Ela constitui justamente o produto da interação do locutor e do ouvinte. (*ibidem*, p. 113)

Tal interação se manifesta no discurso em forma de réplicas: perguntaresposta, asserção-objeção, afirmação-consentimento, oferecimento-aceitação, ordem-execução, etc. (*ibidem*, p. 294). Infere-se daí que, o par perguntaresposta constitui um tipo de relação estabelecido entre as réplicas do diálogo; caracteriza-se, essencialmente, pela ação recíproca. Nessa perspectiva sociointeracional, a função principal da pergunta é dirigir-se a um interlocutor, pois ela só se realiza em contato com a sua resposta. Desde o início, a pergunta "elabora-se em função da eventual reação-resposta, a qual é o objetivo principal de sua elaboração" (*idem*, 2003, p. 320).

Infere-se, daí, que a pergunta constitui uma das estratégias discursivas mobilizadas pelo enunciador para obter a cooperação do enunciatário no processo de construção do sentido. Sendo assim, a pergunta e a resposta não podem ser consideradas como dois pólos opostos. Consideramos que a proposta bakhtiniana parece superar as anteriores – inclusive a etnográfica – à medida que concebe a pergunta e a resposta a partir de um viés sociointeracionista, ou seja, como enunciados que são determinados tanto pelo contexto social imediato como pelo contexto social mais amplo por intermédio do princípio da reciprocidade dialética.

Considerações finais

Neste trabalho, discutimos o conceito de pergunta nas principias teorias e abordagens lingüísticas. O QUADRO 1, abaixo, constitui uma síntese dessas diferentes visões.

Quadro 1 – Semelhanças e diferenças entre as concepções de pergunta

Lingüística Formalista	Análise da conversação	Teoria dos atos de fala	Etnografia da comunicação	Teoria da enunciação
É uma unidade gramatical de natureza sintática, lexical, semântica e fonológica.	É uma estrutura do texto; par adjacente: pergunta-resposta.	É um ato de fala para cuja realização devem ser atendidas as seguintes condições: o locutor sinceramente precisa de uma informação e usa a pergunta como um meio de obtê-la.	É um ato de uso é determinado pela competência comunicativa do usuário, no sentido de adequá-lo à situação sociocultural e ao evento de fala.	É um enunciado de natureza sociodiscursiva: só existe em função da resposta.

Condensando os *insights* das teorias e abordagens lingüísticas sobre a pergunta (síntese dialética), poderíamos afirmar que ela:

1. Tem uma natureza lingüística (sintaxe interrogativa, semântica, aspectos fonéticos – entonação ascendente). Entretanto é preciso ressaltar que essa dimensão não é suficiente para se definir uma pergunta;

2. Não é uma frase que funciona isoladamente; pelo contrário, situa-se em um texto (cotexto) do qual é parte integrante (par conversacional pergunta-resposta). Assim, sua análise deve levar em consideração os demais elementos do texto com os quais se relaciona;

3. É regida por regras e convenções sociais: o locutor não tem uma informação, mas, como sinceramente precisa dela, tenta obtê-la por meio do uso

da pergunta. Vale ressaltar que essa proposta não se adequa a outros contextos de uso da pergunta como, por exemplo, a sala de aula, onde a pergunta didática tem funções diferentes das exercidas na conversação do dia-a-dia;

4. É determinada pela competência comunicativa dos interlocutores, que devem adequá-la a uma situação sociocultural específica e ao próprio evento de fala em si;

5. É um enunciado de natureza sociodiscursiva. A pergunta só se define como tal no processo de interação social (em níveis macro e micro).

Referências

AUSTIN, J. L. *Quando dizer é fazer: palavras e ação*. Porto Alegre: Artes Médicas, 1990.

BAKHTIN, M. *Marxismo e filosofia da linguagem*. São Paulo: Hucitec, 1992.

BAKHTIN, M. *Estética da criação verbal*. São Paulo: Martins Fontes, 2003.

CANALE, M. From communicative competence to communicative language pedagogy. In: RICHARDS, J. C.; SCHIMDT (Ed.). *Language and communication*. London: Longman, 1983, p. 1-25.

CHOMSKY, N. *Aspects of theory of syntax*. Cambridge: M.I.T. Press, 1965.

CHURCHILL,. L. *Questioning strategies in sociolinguistics*. Rowley/Massachussets: Newbury House Publishers, 1978.

HYMES, D. On communicative competence In: BRUMFIT, C. J.; JOHNSON, K. (Eds.) *The communicative approach to language teaching*. Oxford: O.U.P, 1979.

HYMES, D. *Foundations in sociolinguistics: an ethnographic approach*. USA: University of Pennsylvania Press, 1994.

KERBRAT-ORECCHIONI, C. *La question*. Lyon: Presses Universitaires de Lyon, 1991.

LEVINSON, S. C. Activity types and language. In: DREW, P. *et al.* (Eds.). *Talk at work: interaction in institutional settings*. Cambridge: C.U.P., 1992.

MARCUSCHI, L. A. *Análise da conversação*. São Paulo: Ática, 1986.

NEVES, M. H. M. *A Gramática funcional*. São Paulo: Martins Fontes, 1997.

QUIRK, R. *et al. A grammar of contemporary English*. London : Longman, 1985.

SAUSSURE, F. *Curso de lingüística geral*. São Paulo: Cultrix, 1970.

SCHIFFRIN, D. *Approaches to discourse*. Oxford: Blackwell, 1994.

SEARLE, J. *Speech acts*. Cambridge: C.U.P., 1969.

SEARLE, J. *Sens et expression*. Paris: Minuit, 1982.

SEGUNDA PARTE

Literatura e ensino

Pirlimpsiquice: jogo de vozes em palco dialógico[1]

Cássia Fátima dos Santos

O presente capítulo toma como objeto de análise o conto "Pirlimpsiquice", de João Guimarães Rosa em seu livro *Primeiras estórias*. Para analisá-lo, utilizamo-nos, dentre outras, das noções de polifonia e dialogismo bakhtinianas. Consideramos que o conceito de polifonia, em especial, desenvolvido por Bakhtin ([1929] 1981), com base em seu estudo das obras do escritor russo Dostoievski, exprime e explica, em boa dose, "o movimento em turbilhão" das personagens do conto rosiano." Pirlimpsiquice" é o sétimo conto de *Primeiras estórias* e é narrado em primeira pessoa, como uma recordação da infância, para contar a estória de uma peça de teatro encenada pelas crianças na época do colégio interno.

Em nossa dissertação de mestrado, o capítulo que trata desse assunto foi intitulado "Pirlimpsiquice: da absurdez ao encantamento" porque pretendeu mostrar o percurso das personagens durante a narrativa, visando realçar o olhar infantil em contraposição ao ponto de vista adulto. Aqui, fizemos uma adaptação do texto, e ele passou a se chamar "Pirlimpsiquice: jogo de vozes em palco dialógico". Essa adaptação se deve a um recorte feito para atender ao nosso objetivo de explorar um pouco mais o jogo de vozes presente na narrativa, o que nos levou a suprimir alguns pontos que tiveram, no texto original, um outro enfoque teórico. Esses pontos podem ser encontrados em Santos (2002), onde defendemos a tese de que a esperança,

---

[1] Este artigo é um recorte de nossa dissertação de mestrado, intitulada: *As margens da alegria – a esperança nas personagens infantis de Guimarães Rosa*, defendida no Ppgel, na área de concentração em Literatura Comparada, do Departamento de Letras da UFRN (cf. SANTOS, 2002).

mesmo em meio a contextos adversos e situações de desencanto vivenciadas pelas personagens, é sempre restabelecida no desfecho das narrativas.

Para efeito de organização das informações, dividimos o capítulo em quatro seções. Na primeira delas, apresentamos, resumidamente, o enredo do conto. Na seção seguinte, discutimos a estilização rosiana na perspectiva lingüística de Bakhtin. Logo após, procuramos demonstrar como a *desautomatização* da linguagem provoca o *estranhamento* no leitor. Por fim, analisamos de forma mais detalhada uma personagem do conto, para evidenciar o caráter polifônico da linguagem rosiana e demonstrar nossas conclusões acerca da narrativa.

Resumo do enredo

O narrador das estórias, agora adulto, relembra alguns colegas do seu grupo de infância e os acontecimentos inexplicáveis que se sucederam naqueles dias. A peça a ser representada chamava-se *Os Filhos do Doutor Famoso* e deveria ser encenada em cinco atos. Doze meninos eram os participantes. Os alunos mal-comportados foram excluídos do espetáculo. Feita a reunião com os dirigentes, os atores se comprometem a fazer tudo certo até o dia da festa, como não fumar escondido, não conversar nas filas, dar atenção às aulas, participar das orações, sendo dispensados dos estudos da noite para ensaiar a peça. Entendida a estória a ser representada e destinados os papéis, o grupo resolve fazer o acordo de que ninguém deveria ficar sabendo do conteúdo verdadeiro da estória, esta devendo ser surpresa para todos. Combinam, então, de inventarem uma estória paralela para o caso de serem forçados pela turma mais feroz a contarem sobre o teatrinho, pois havia aqueles "mal comportados incorrigíveis" como o Tãozão e o Mão-nalata, que metiam medo por serem internos maiores.

Tomadas as devidas precauções, um só dos componentes preocupava o grupo: Zé Boné. Este, por ser tolo, uma espécie de pateta do colégio, exageradamente ingênuo e ao mesmo tempo atabalhoado, é visto com desconfiança pelos colegas, principalmente pelos que desempenham os papéis principais, que são Ataualpa – o Doutor Famoso, e Darcy – o filho do Capitão. Mesmo assim, são obrigados pelo Padre Prefeito, "que os repreendeu a soberba", a aceitarem o colega basbaque. De qualquer forma, o papel que toca a Zé Boné é simplório e quase insignificante; sofreu muitas transformações no decorrer dos ensaios e, no final, ficou reduzido ao papel de um mudo. A estória paralela, por sua vez, vai correndo livre e frouxa, criando pernas próprias, cada vez surgindo novos episódios, a ponto de os meninos preferirem a estória tramada por eles à "estória verdadeira". A turma da oposição, por seu turno, faz uma intriga e diz que já sabe de toda a estória a ser encenada. Na verdade, era uma outra versão, inventada por Gamboa, um colega rival que só queria humilhar e troçar dos garotos do teatro. Essa versão passa a ser, insistentemente, combatida pelos atores, na mesma proporção em que repetem aquela que eles haviam inventado para confundir os que estavam de fora.

Feito o último ensaio e tendo "todos na ponta da língua seus papéis", Dr. Perdigão, o Padre Diretor, que assistira ao quinto ato, considerou que todos estavam muito certos, porém, certos demais, o que significava dizer que eles estavam representando sem entusiasmo, sem vida. Dr. Perdigão comandava o ensaio e era sisudo, imparcial em sua avaliação. Para completar a consternação causada pela opinião do Padre Diretor, o inesperado acontece. Ataualpa, o ator principal, precisa viajar, pois seu pai estava à morte no Rio de Janeiro. Em vista disso, sobrou para o nosso narrador a atuação principal, pois ele sabia de cor todos os papéis. Na hora da apresentação, porém, o menino, frente à grande platéia, fica teso, parado, e nada sai de sua boca. De todas as formas lhe tocavam, mas nem ele nem ninguém se lembrava de que o Ataualpa tinha que recitar uns versos que falavam da Virgem Padroeira e da Pátria. E tais versos, ele não sabia. Diante disso, fica estático no palco, enquanto os colegas e a multidão na platéia riem dele. O Padre Prefeito pede para baixarem o pano. O menino tem uma idéia e grita: "Viva a Virgem e viva a Pátria" e recebe aplausos. Passado esse primeiro momento, era necessário que permanecessem no palco só os participantes da primeira cena do drama. É então que o Padre Prefeito solicita, mais uma vez, para baixarem o pano. Contudo, a cortina não baixa, e o caos se instala no palco, pois os que deveriam sair de cena não saem, e ficam todos "apalermados". Nesse momento, a vaia estronda, e junto com toda a quantidade diversa de zunidos vindos da platéia, vinham também os gritos: "Zé Boné! Zé Boné!...".

Então, o surpreendente acontece. Zé Boné começa a dar pulos, representando fortemente, não a "estória verdadeira" – *Os Filhos do Doutor Famoso* – nem a que eles mesmos haviam inventado, mas parte da "estória do Gamboa". Após o inusitado fato, soam as palmas. A partir daí, o menino narrador e os demais criam coragem e começam a representar, a um só tempo, "a inventada estória", e tudo vai saltando, sem comando, na voz da criançada, como que por outras ordens, todos participam, e em especial Zé Boné – o melhor de todos –, sendo fortemente aplaudidos. Porém, no meio daquele jorrar sem fim de palavras, não havia como parar. Dá-se, então, o momento em que o nosso narrador, possuidor do mais importante papel do drama, encontra uma saída: dá um passo adiante do palco para cair em meio à platéia, despertando, assim, do encantamento de contar.

Palco dialógico

A brincadeira de contar e o inusitado dos acontecimentos compõem a tônica que percorre o conto "Pirlimpsiquice". O drama implica representação, e a representação nesse caso emerge como palco para a expressão da linguagem. O diálogo entre as três versões do drama – "a estória verdadeira", "a estória inventada" e "a estória do Gamboa" – leva-nos a associar todo esse jogo de vozes ao "movimento em turbilhão", ao dinamismo da poética de Dostoievski (BAKHTIN, 1981, p. 75-176). Segundo Bakhtin, podemos traduzir esse movimento em turbilhão na genialidade que o grande escritor russo tinha de auscultar o diálogo de sua época, auscultar as vozes de sua época e entendê-las como um grande diálogo, colocando-as em relação e interação dialógicas. Ele tinha a capacidade não só de colocar em relação as vozes isoladas, mas de expor em tensão as vozes dominantes, as mais fracas, aquelas ainda meio escondidas, sufocadas, latentes e ainda não ditas, fazendo-as vibrar em diálogo, no qual cada palavra se impõe como voz autêntica.

Palco dialógico: assim podemos metaforizar o teatrinho de "Pirlimpsiquice". Em princípio, o disse-me-disse nos corredores do colégio soa como um mundo de vozes discordantes e dissonantes. Por um lado tentando convencer, por outro, tentando sobrepor e ainda por outro, estabelecer campos definidos de poder, de domínio, de divisão dos meninos em grupos, nos quais cada um empunha e empenha o seu discurso. Em um segundo momento, o palco surge como o espaço propício para o estabelecimento do jogo de vozes por meio do qual cada um conta sua estória. Não há mais a estória oficial – Os Filhos do Doutor Famoso – mas as duas outras inventadas entrando em confronto, sem nele permanecerem, ocupando, entrementes, lugar, impondo-se, soando magistralmente. "Ele recitava com muita existência. De repente, se viu: em parte, o que ele representava, era da *estória do Gamboa*. [...] Começávamos, todos, de uma vez, a representar a nossa inventada estória" (ROSA, 1988, p. 45). A imagem do palco, com toda a expressão verbal dos atores principais, secundários, figurantes, diretor, regente, auxiliares e ainda a platéia – aqueles que assistem e aplaudem, aqueles que vaiam, aqueles que sugerem e incentivam, outros que gritam só por gritar –, enfim, tudo isso compõe o espaço adequado que podemos relacionar analogamente com o dialogismo e o jogo de vozes próprio da polifonia.

Observando a multiplicidade de vozes presentes no conto, levada ao paroxismo pela estilística de Guimarães Rosa, deduzimos, conforme Bakhtin (1981, p. 176), que

> a estilística deve basear-se não apenas e nem tanto na lingüística quanto na metalingüística (aqui tem o sentido de translingüística,

que vê todo o movimento da linguagem) que estuda a palavra não no sistema da língua e nem num "texto" tirado da comunicação dialógica, mas precisamente no campo propriamente dito da comunicação dialógica, ou seja, no campo da vida autêntica da palavra. A palavra não é um objeto, mas um meio constantemente ativo, constantemente mutável de comunicação dialógica. Ela nunca basta a uma consciência, a uma voz. Sua vida está na passagem de boca em boca, de um contexto para outro, de um grupo social para outro, de uma geração para outra.

É nesse "campo da vida autêntica da palavra" que se faz a prosa rosiana. Em "Pirlimpsiquice", a brincadeira do teatrinho é o meio eficaz de traduzir a linguagem em vida. Não a do texto a ser encenado, mas as diferentes versões criadas pelas crianças. É na efervescência, no bulício do diálogo que a palavra respira e cria vida e imagens novas. A palavra em Rosa, por ser esse "meio constantemente ativo", vai estabelecendo novos sentidos e criando diferentes pontos de vista que ultrapassam o senso comum até atingir o "supra-senso" (Rosa, 1979, p. 4).

"Supra-senso" é o que se desencadeia no momento da representação teatral em "Pirlimpsiquice". A linguagem vai surgindo num jacto só, todos falando disparates, mas aos poucos os desatinos vão-se tornando bonitos, vão formando um texto nunca visto antes e nem depois daquele momento:

> A princípio, um disparate – as desatinadas pataratas, que nem jogo de adivinhas. Dr. Perdigão se soprava alto, em bafo, suas réplicas e deixas, destemperadas. Delas, só a pouca parte se aproveitava. O mais eram ligeirias – e solertes seriedades. Palavras de outro ar. Eu mesmo não sabia o que ia dizer, dizendo, e dito – tudo tão bem – sem sair do tom. Sei, de, mais tarde, me dizerem: que tudo tinha e tomava o forte, o belo sentido, esse drama do agora, desconhecido, estúrdio, de todos o mais bonito, que nunca houve, ninguém escreveu, não se podendo representar outra vez e nunca mais. (Rosa, 1988, p. 45)

É importante notar que a criação rosiana, nesse conto, entra em diálogo com outra forma de representação artística – o teatro. Nele, o entrecruzamento de três estórias resulta no inesperado. O trabalho estilístico em Guimarães Rosa ocasiona uma transformação no nível semântico. O surpreendente acontece a partir da conjugação das estórias; não na sua harmonização, mas no seu rebuliço, no jogo de vozes em ebulição. É exatamente porque percebe a linguagem como vida que Guimarães Rosa realiza todo o rico processo de estilização que já conhecemos. Para Bakhtin, "toda estilização verdadeira é a representação literária do estilo lingüístico de outrem" (BAKHTIN, 1998, p. 159). Nesse processo, há duas consciências lingüísticas que dialogam: a do estilista e aquela a ser estilizada.

A primeira envolve o conhecimento lingüístico e a intencionalidade do autor; já a segunda, traz o seu sentido original que é transformado a partir da intervenção estética da primeira. Portanto, a estilização é diferente da linguagem objetiva e direta por ter passado pela consciência lingüística do autor. É, dessa forma, recriada e passa a ter importância e significação novas.

Desse modo, no que concerne ao palco dialógico, estamos convencidas de que o texto rosiano é teia propícia às teses de Bakhtin quando se refere à polifonia. Com isso, comungamos da idéia do filósofo russo, quando afirma que "o autor de uma obra literária cria um produto verbal com enunciados heterogêneos, com enunciados do outro" (idem, 2000, p. 343).

A liberação da vida

Todo o trabalho estilístico de Guimarães Rosa é, na verdade, uma transformação, uma alquimia entre o sentido próprio das palavras e suas possibilidades semânticas e estéticas. Na busca da raiz das palavras, captando seus significados originais e apresentando-as em novas situações estéticas, podemos dizer que ele cria uma realidade nova para a língua. Adotando esse caminho, Rosa elabora textos dinâmicos, plenos de vida, porque expressa a plurissignificação da linguagem, provocando, por meio do efeito estético, o *estranhamento*. A composição ficcional é ampla, encontrando suportes em vários pilares que constituem a rica e profunda dimensão de sua obra, tal dimensão pode ser visualizada sob os mais diferentes aspectos que se queira abordar.

Se olharmos do ponto de vista das diferentes vozes que ressoam na obra do escritor mineiro, enumeraremos um sem fim delas – os pobres, os loucos, os jagunços, as mulheres, as falas do universo rural, as crianças. Ao utilizar-se do "estilo lingüístico" das crianças, Rosa capta-o no que há de similar com sua própria percepção de autor, com sua própria estilização. É, portanto, por meio dos paradoxos, das situações ilógicas e dos absurdos próprios das crianças que Rosa adere à espontaneidade delas, criando uma linguagem solta, livre. Em "Pirlimpsiquice" percebe-se o extraordinário, a absurdez da situação como uma libertação, como uma imensa alegria que resulta do rompimento com aquilo que estava previamente estabelecido e deveria ser cumprido à risca: "A coisa que aconteceu no meio da hora. Foi no ímpeto da glória – foi sem combinação. [...] Eu via – que a gente era outros

– cada um de nós, transformado. O Dr. Perdigão devia de estar soterrado, desmaiado em sua correta caixa-do-ponto" (Rosa, 1988, p. 46).

Romper com o estabelecido é, sobretudo, uma busca de liberdade, para Rosa, conquistada por meio da linguagem. Guimarães Rosa, em um debate com Günter Lorenz, agradece a este por ter afirmado que ao escrever *Grande sertão: Veredas*, ele "havia liberado a vida, o homem". E acrescenta: "É exatamente isso que eu queria conseguir. Queria libertar o homem desse peso, devolver-lhe a vida em sua forma original" (Coutinho, 1983, p. 84). Essa obstinação por libertar o homem do peso de uma linguagem carregada de convenções sedimentadas pelo tempo, cuja expressividade perdera a leveza e o encanto, fez com que Rosa utilizasse os mais diversos conhecimentos para lapidar seu processo criativo.

Esse processo criativo contém, logicamente, o trabalho de *desautomatização* ao qual se refere Chklovski (1978). De acordo com esse autor, se as nossas percepções se tornam automáticas, repetitivas, tornamo-nos inconscientes delas e passamos a perceber o que vemos apenas por um lado, ou por um aspecto do todo, o que enfraquece a percepção daquilo que vemos ou sentimos. Em "Pirlimpsiquice", podemos relacionar algumas passagens que ilustram essa *desautomatização*. Ao usar, por exemplo, o ditado popular de forma invertida: "a orelha com a pulga atrás?" (Rosa, 1988, p. 43); "Era a hora na hora" (*ibidem*, p. 44) ao invés do conhecido "estava em cima da hora"; "eu reconhecia na platéia, tão *enchida*" (*ibidem*, p. 44 [grifo nosso]). Ainda nesta expressão seguinte, o autor surpreende-nos quando usa: "Joaquincas comungava a diário"(*ibidem*, p. 41), já que é comum ouvirmos "diariamente". Dessa forma é possível demonstrar que os artifícios sintáticos, léxicos, semânticos ou estilísticos criados por Guimarães Rosa provocam o *estranhamento* no leitor.

Diante da dificuldade que a forma estranha traz, é necessário o enfrentamento com a situação de linguagem posta de forma diferente. Se tomarmos, por exemplo, o fato de que é preciso muitas vezes retornar a leitura ao ponto inicial para reter a informação e desenhar a imagem em nosso entendimento, podemos estar convictos de que tal enfrentamento faz com que o leitor prolongue sua percepção e obtenha daí uma nova visão, ou uma visão mais profunda acerca daquilo que é observado.

Sobre essas proposições, podemos dizer com Bakhtin ([1979] 2000, p. 333), que "o texto não é um objeto, sendo por esta razão impossível eliminar ou neutralizar nele a segunda consciência, a consciência de quem toma conhecimento dele". Nessa perspectiva, o teatrinho da criação rosiana está repleto de segundas consciências que dialogam com as estórias com as quais tomam consciência. As crianças participantes do drama, ao criarem novas estórias para tentarem escapar à perseguição dos colegas, não conseguem neutralizar a ação daqueles nem tampouco impedir que estes a transfigurem ou a transformem conforme o que as suas consciências indicam.

Isso se explica porque, em um primeiro momento, "a estória inventada" surge para desviar a atenção dos curiosos e parecer verdadeira; em seguida, os destinatários da primeira inventam outra; num terceiro momento, as consciências, por intermédio das estórias, na situação da representação no palco, entram em contato dialogando e se entrecruzando num jogo de múltiplas vozes. Por meio das vozes individuais em diálogo, podemos dizer que a criação rosiana se faz palco do movimento polifônico, próprio da linguagem viva apontado pelo estudioso russo.

Assim sendo, acerca da Liberação da vida, podemos destacar que o processo de *desautomatização* da linguagem utilizado por Rosa enriquece o "movimento em turbilhão" próprio de uma linguagem que busca trazer à tona a multiplicidade das vozes presentes na narrativa.

No jogo de cena: a voz do mudo

É importante notarmos que a consciência estilística de Guimarães Rosa traz para o leitor um contexto rico em idéias inovadoras e que subvertem o pensamento corrente. O nosso foco agora se volta para a personagem Zé Boné, o bobo e desajeitado para quem, ao final, sobrara o papel de mudo. A atenção que dispensamos a essa personagem se deve ao fato de que, o foco narrativo, ao incidir sobre ela, busca tornar evidente aspectos que a sociedade, por meio de preconceitos e padronizações, escamoteia.

Com base nisso, podemos dizer que a inversão e a criação de novos paradigmas na literatura rosiana funcionam como mais uma forma de surpreender e criar um texto que desestabiliza os padrões pré-estabelecidos e mantenedores da inércia mental. Com isso, se atinge um ponto de vista inteiramente novo porque se suspendem os padrões mentais já construídos, forçando o leitor sensível a revê-los e a reformulá-los.

O conto "Pirlimpsiquice" é exemplar nesse aspecto. Há nele uma inversão no seu todo, mas há também microinversões, levando-nos a concluir que existe uma metamorfose externa e outra interna. A primeira realiza-se ao considerarmos o texto de forma global, no qual o ponto mais abrangente é o enredo, qual seja, o drama a ser representado. E a segunda, a metamorfose interna, é simbolizada pela invertida do padrão da personagem Zé Boné. Este, como vimos, é o personagem basbaque, uma espécie de palhaço e maluco a um só tempo. Por ser tonto, ignorante e tapado,

> Zé Boné, com efeito, regulava de papalvo. Sem fazer conta de companhia ou conversas, varava os recreios reproduzindo fitas de cinema: corria e pulava, à celerada, cá e lá, fingia galopes, tiros disparava, assaltava a mala-posta, intimando e pondo mãos ao alto, e beijava afinal – figurado a um tempo de mocinho, moça, bandidos e xerife. Dele, bem, se ria. O basbaque. (Rosa, 1988, p. 39)

A liberdade de ser do jeito que se é, na sua real idiotice, gera cuidados em relação a ele no grupo. A personagem vai sendo mostrada ao longo do texto, sempre inserida nas situações de forma a ser rejeitada ou relegada a um segundo plano por seus colegas. Por dúvidas de sua capacidade de adequação e de apreender corretamente as coisas, os colegas o discriminam destinando a ele um papel insignificante, conforme podemos constatar na citação abaixo:

> Aí, o Darcy e Ataualpa, arranjada coragem alegaram não caber Zé Boné, com as prestes obrigações. Mas o padre Prefeito repreendeu-nos a soberba, tanto quanto que o papel que a Zé Boné tocava, de um policial, se versava dos mais simples, com escasso falar. Adiantou nada o Araujinho, servindo de o outro policial, fazer a cara margosa: acabou-se a opinião da questão. Não que a Zé Boné à gente não enchesse – de inquietas cautelas. O segredo ia ele poder guardar? (*ibidem*, p. 39)

Como podemos ver, no processo criador de Rosa, podemos pontuar, no caso dessas citações, não apenas a similaridade com o ser infantil, mas com outro estado de espírito que desbanca e desestabiliza muito mais, à força de impacto, o nosso pensar lógico, ocidental, masculino e dominante que é o da loucura. A espontaneidade de Zé Boné, a sua alegria espalhafatosa que, no geral, não agradam aos colegas, pois ficam fora do encaixe, fora de foco, faz-lhe, no entanto, completamente livre. Como bem enfatiza o narrador, "só o Zé Boné não se acanhou de o pior, e promoveu risos, de preenchido beócio, que era" (*ibidem*, p. 38). Assim, a condução da trajetória da personagem no texto faz com que o leitor sinta-se empático a ela. A despeito de sua irregularidade comportamental, a alegria presente nas suas estripulias e a desconfiança por parte dos colegas leva-nos a uma espécie de torcida a favor dela.

A narrativa, em suas entrelinhas, subentende outra espécie de inteligência, algo mais incomum, como, por exemplo, quando o narrador diz que:

> sem razão, se vendo, essas cismas, Zé Boné nada de nada contava. Nem na estória do drama botava sentido, a não ser a alguma facécia ou peripécia, logo e mal encartadas em suas fitas de cinema; pois, enquanto recreios houvesse, continuava ele descrevivendo-as, com aquela valentia e o ágil não-se-cansar, espantantes. (*ibidem*, p. 40)

É interessante notar como o texto é todo pontuado por uma espécie de foco móvel que incide sobre a personagem "idiota". Isso detecta uma tensão, como um indício que o encaminha para um desfecho, seguindo a lógica que confirmaria as indicações feitas ao longo do conto. Essas observações podem ser melhor comprovadas quando percebemos como é caracterizada a personagem no decorrer do texto:

- Quando fazem o teste para participar do drama: "Então, cada um teve de ler do texto alguma passagem, extraindo de si a melhor bonita voz, que pudesse; [...] Só o Zé Boné não se acanhou de o pior [...]" (*ibidem*, p. 38);
- Ao combinarem de não contar nada aos outros sobre o drama: "Careciam-se uns momentos, para a grandiosa alegria se ajustar nos cantos das nossas cabeças. A não ser o Zé Boné, decerto" (p. 39);
- Quando é excluída pelos colegas: "Aí, o Darcy e Ataualpa, arranjada coragem, alegaram não caber Zé Boné com as prestes obrigações" (*ibidem*, p. 39);
- No momento em que o padre os repreende pela soberba de excluírem o colega bronco: "Não que Zé Boné à gente não enchesse – de inquietas cautelas. O segredo ia ele poder guardar?" (*ibidem*, p. 39);
- Ao imaginarem outra estória para aos outros enganarem, a atenção foi redobrada: "E, de Zé Boné, ficasse sempre perto um, tomando conta" (*ibidem*, p. 40);
- Na troca da participação na peça: "Suspirávamos pelo perfeito, o estricto jogo de cena a atormentar-nos. Menos ao Zé Boné, decerto. Esse entrava marchando, fazia continências, mas não havendo maneira de emendar palavra e meia palavra" (*ibidem*, p. 41);
- Quando da preocupação para o desfecho, com todos sabendo das partes do drama: "Para ver se Zé Boné enfiava juízo, valia não o deixar dar mais seu cinema?" (*ibidem*, p. 42);
- E, finalmente, quando o Dr. Perdigão – o responsável pelo drama e pelos ensaios, desiste de Zé Boné, intimando-o "a representar de mudo, apenas, proibido de abrir a boca em palco" (*ibidem*, p. 42).

A trajetória de Zé Boné prossegue nesse tom até o momento do palco. Ali, a personagem inverte a posição e passa a representar o papel principal. Estimulado pelos gritos dos colegas da platéia: "Zé Boné! Zé Boné!, [ele] pulou para diante, Zé Boné pulou de lado. Mas não era de faroeste, nem em estouvamento de estripulias. Zé Boné começou a representar" (*ibidem*, p. 45). Sua representação faz pararem as vaias, pois representava "– de rijo e bem, certo, a fio, atilado – para toda admiração. Ele desempenhava um importante papel, o qual a gente não sabia qual. Mas não se podia romper em riso. Em verdade. Ele recitava com muita existência" (*ibidem,* p. 45).

Por esse ângulo, podemos verificar um rompimento com aquilo a que todos estavam condicionados. Guimarães Rosa esfacela o velho paradigma segregador aparentemente imutável, apresentando um desfecho surpreendente. Aquele que iria representar o papel principal (Ataualpa) e que sugeriu a saída da personagem basbaque é quem sai de cena por causa da morte do pai. O tolo, de quem todos riam e suspeitavam, assume o papel de destaque, levando de roldão todo o grupo, como um líder, e dele não mais podiam rir. Bem ao contrário, soaram fortes palmas. Dessa forma, Guimarães Rosa, ao inverter o paradigma, realça o que está desconsiderado, o que está colocado como desqualificado, fazendo ecoar em seu texto as vozes suprimidas, indicando-nos o reverso das coisas.

A excepcionalidade da loucura aponta um raiar de alegria, cuja compreensão exige o desarmar do espírito e um tornar-se criança para criar uma situação antes inimaginada. Portanto, ao dar voz ao mudo, Guimarães Rosa estabelece uma quebra na visão já cristalizada como verdade, qual seja, o sentimento de preconceito em relação à personagem basbaque, compartilhado no conto pelos demais personagens. Ao promover tal rompimento, provoca um desequilíbrio no desenrolar da narrativa, possibilitando ao leitor um novo olhar, humano e includente, em torno da loucura e daquilo que é diferente.

Considerações finais

Não é novo dizer que Guimarães Rosa, com sua consciência estilística aguçada, realizou um profundo trabalho de renovação da língua "brasileira", como imaginavam, de certa forma, os modernistas. Isso é provável já que Rosa demonstra em seus textos a incorporação de idéias discutidas pelo Movimento Modernista, como, por exemplo, o direito de pesquisar constantemente essa língua e apresentá-la em novas formas estéticas. Consoante ficou demonstrado, a polifonia e o dialogismo se apresentam no texto de Guimarães Rosa de forma bastante clara porque o sentido se constrói na relação de confronto das vozes distribuídas e representadas no teatrinho rosiano. Logo, o jogo de vozes criado pelo autor mineiro nos enseja a utilização do pensamento bakhtiniano a fim de reafirmar a dinâmica própria do gênero literário tão bem discutido pelo filósofo russo.

Por outro lado, não é demais afirmar que muitas "segundas consciências" continuam criando novos textos, a partir do "dizer indireto" do inigualável autor de *Grande Sertão: Veredas*, já que muitos escritores pósgeração de 1945 apresentam em seus escritos muito da renovação encampada por Rosa, bem como é vasta a fortuna crítica de sua obra, acrescida constantemente. Assim, pois, fizemos nós ao nos determos um pouco mais sobre a riqueza de sentidos presente no conto "Pirlimpsiquice", acrescentando uma voz a mais a dialogar com a literatura de Guimarães Rosa.

Ao construir sua narrativa a partir do diálogo e confronto das diversas vozes representadas no interior do conto, o autor faz emergir as vozes até então caladas. A literatura torna-se o palco onde o jogo de vozes encenado torna-se reflexão para o leitor por meio do processo de invertida promovido pela criação rosiana, já refletido ao longo do capítulo. Assim sendo, estudar o texto literário, no nosso caso específico, a literatura brasileira, à luz da visão bakhtiniana de linguagem, é fazer desse texto um elemento de análise, a fim de entendermos um pouco sua situação de produção, a intencionalidade do autor Guimarães Rosa, o seu trabalho com a linguagem e os desdobramentos semânticos que a sua poética provoca. Com base nisso, acreditamos que a literatura, como manifestação estética da língua, pode favorecer não somente ao estudioso da linguagem, mas também aos professores da educação básica, inúmeras formas de pensar e investigar o homem, seja em sua multiplicidade, seja em sua especificidade.

Referências

ANDRADE, M. *Aspectos da literatura brasileira*. 4. ed. São Paulo: Martins editora; Brasília: INL, 1972.

BAKHTIN. M. *Estética da criação verbal*. Tradução feita a partir do francês por Maria Ermantina Galvão. 3. ed. São Paulo: Martins Fontes, 2000.

BAKHTIN. M. *Problemas da poética de Dostoievski*. Tradução de Paulo Bezerra. Rio de Janeiro: Forense Universitária,1981.

BAKHTIN. M. *Questões de literatura e de estética: a teoria do romance*. Tradução de Aurora Fornoni Bernadini e outros. 4. ed. São Paulo: UNESP, 1998.

CHKLOVSKI. V. Arte como procedimento. Tradução de Ana Mariza Ribeiro Filipouski *et al*. In: *Teoria da literatura: os formalistas russos*. Porto Alegre: Globo, 1978.

COUTINHO, E. (Org.) *Guimarães Rosa*. Rio de Janeiro: Civilização brasileira: INL, 1983.(Fortuna crítica).

ROSA. J. G. *Primeiras estórias*. Rio de Janeiro: Nova fronteira, 1988.

ROSA. J. G. *Tutaméia, terceiras estórias*. 5. ed. São Paulo: José Olympio, 1979.

SANTOS, C. F. M. *As margens da alegria: a esperança nas personagens infantis de Guimarães Rosa*. Dissertação (Mestrado em Estudos da Linguagem – Letras). Natal: PPGEL-UFRN, 2002.

O perfume da Fulô do Mato assuense: o romantismo na obra de Renato Caldas[1]

Terezinha de Fátima Ferreira

A cidade de Assú, no estado do Rio Grande do Norte, configura-se como um celeiro de talentos artísticos em diversas áreas. Contudo, é, especialmente, na literatura que essa cidade se destaca e ganha a denominação, em todo o estado, de "a terra dos poetas". Não foi difícil à referida cidade receber esse título, porque acolheu, em seu seio de terra-mãe, muitos artistas que se destacaram na arte de poetizar a vida e a alma do povo assuense, o qual se orgulha de ter como conterrâneas as famosas figuras de Celso da Silveira, Carolina Wanderley e Renato Caldas. Este, inclusive, teve seus poemas traduzidos para o inglês e divulgados em alguns países com culturas e modos de vida bem diferentes dos nossos. E é exatamente por esse motivo que nos interessamos em estudar seus trabalhos literários, já que é impossível não reconhecer a importância que o poeta Renato Caldas teve, e ainda hoje tem, para a literatura potiguar e, por que não dizer, brasileira. Uma geração de seguidores do estilo regionalista desse artista, que nasceu praticamente com o século XX, formou-se no Rio Grande do Norte, mas nenhum chegou a ser tão reconhecido quanto ele. Nesse sentido, poucos conseguiram a maestria de Caldas em versejar, por meio de uma linguagem simples e regionalista, as belezas e os encantos das mulheres, os traços marcantes

---

[1] Este artigo é um pequeno recorte de uma pesquisa maior (FERREIRA, 1992), realizada no curso de Especialização em Metodologia do Ensino Superior e da Pesquisa Científica da UERN sob a orientação do Prof. Ms. Severino Rocha. A atual versão, no entanto, está vinculada aos estudos de Literatura realizados no grupo de pesquisa PRADILE do Departamento de Letras da UERN (Campus de Assú). Agradeço ao Prof. Messias Dieb (UERN) pela leitura atenta deste trabalho, bem como pela orientação que recebi para transformar minha monografia neste pequeno artigo. Os erros que possam ter permanecido são de minha responsabilidade.

da região semi-árida em que nasceu e morreu e os louvores à sua Pátria, impulsionados pelo sentimento nacionalista que o acompanhava. Em consonância com essas peculiaridades, inferimos que o poeta Renato Caldas tenha sido influenciado pelas características da estética romântica que nasceu na Europa, entre os meados e o final do século XVIII, e se expandiu no Brasil a partir de 1830.

Portanto, o objetivo deste capítulo é encontrar as marcas do romantismo que se manifestam, às vezes sutilmente, às vezes claramente, na obra do poeta potiguar. Com vistas ao alcance deste objetivo, apresentaremos, de início, algumas informações acerca da vida do poeta, a fim de que tenhamos uma melhor noção da história e da personalidade do maior poeta assuense. Em seguida, abordaremos algumas das mais conhecidas características do movimento e da estética do romantismo para, finalmente, demonstrá-las em trechos selecionados dos poemas que foram publicados nas várias edições da obra "Fulô do Mato" do poeta Renato Caldas (1940, 1953, 1954, 1980a, 1984).

Renato Caldas: a fulô do mato assuense

De acordo com os relatos que colhemos das pessoas que conviveram com Renato Caldas, bem como das memórias do próprio poeta, o qual tivemos o imenso prazer em entrevistar antes de sua morte, ele nasceu em Assú, no dia oito de outubro de 1902, e era filho de Enéias da Silva Caldas e dona Neófita de Oliveira Caldas. Tinha três irmãs: dona Ernestina, dona Maria Olindina e dona Ninor. Estudou as suas primeiras letras na Escola Luiza de França em 1908, sendo sua professora a senhora dona França. Bem mais tarde, em 1920, conseguiu o seu primeiro emprego como tipógrafo na tipografia de José Severo de Oliveira, na própria cidade onde nasceu. Nesse trabalho, colaborou com pequenos jornais locais[2], tais como *O Libertador, A Tribuna, A Mutuca e O Paládio*. No entanto, esse não foi o seu único emprego, pois prestou serviços ao Instituto do Sal, durante a Guerra, no campo de Parnamirim, além de trabalhar no DNOCS e no DER.

Em 1939, casou-se com Fausta da Fonseca Nobre, depois de um noivado de 12 anos. Com ela teve dois filhos, Antonio e Roxana Caldas, os quais vieram a falecer ainda nas fraldas e a quem Renato dedicou o soneto "Resignado". Por conta própria, resolveu excursionar pelas cidades do interior de Pernambuco, de Alagoas, de Sergipe e da Bahia, sempre recitando seus poemas e tocando o seu violão. Foi com seus versos que Renato Caldas, um nordestino anônimo, chegou até o Rio de Janeiro. Nesse período, o senhor

---

[2] Para outras informações sobre esses jornais remetemos o leitor a Amorim (1965).

Carlos Lacerda, então governador carioca, o conheceu de forma singular, no momento em que lançava a campanha "Ajuda teu irmão". O poeta potiguar escreveu um bilhete para o governador, dizendo: "Doutor Carlos Lacerda, que inventou esta merda de ajuda teu irmão, ajuda o pobre Renato a publicar 'Fulô do Mato', poeta lá do sertão". Com esses versos contidos no bilhete, Renato Caldas aguçou a sensibilidade de Carlos Lacerda, e este patrocinou a publicação da primeira edição de Fulô do Mato em 1940. Nesse momento, iniciou-se a sua luta contínua pela divulgação dos livros. Ainda no Rio de Janeiro, Caldas trabalhou também na tipografia de Alexandre Ribeiro, na Rua do Ouvidor, e como viajante da firma Dantas Martins & Cia, percorrendo, por causa disso, vários outros estados do Sudeste, como o de Minas Gerais.

No ano da primeira publicação de Fulô do Mato (CALDAS, 1940), o poeta saía com o livro debaixo do braço, vendendo o exemplar a cinco mil réis. Em uma ocasião, foi vendê-lo a um importante político da época, e este o despachou sem mais conversa com um "vá trabalhar, vagabundo!". Não obstante essas dificuldades de divulgação e os descasos com a cultura, por quem pudessem expandir a sua vocação literária, Renato não se deixou intimidar e se impôs pelo talento, divulgando até a 6ª edição a sua contribuição para a poesia norte-riograndense. Em suas excursões pelo Brasil, assistiu ao presidente João Pessoa ser agredido e assassinado, quando tomava cerveja no Bar Vitória. Ele observou que a polícia atirou muito para cima, a fim de dar cobertura ao criminoso. Devido ao fato de ter comentado o que viu, terminou na detenção como preso político. O presidente Juvenal Lamartine, ao saber da prisão de Renato Caldas, telegrafou ao governador de Pernambuco, exigindo seu regresso a Natal. O poeta então foi solto e homenageado pelos amigos com um jantar, no qual também o exaltou o orador Dr. Renato Dantas.

Tempos depois, voltando a Assú, Renato colaborou com os jornais O beija-flor e O gato. Neles, publicou várias crônicas, editoriais e muitas poesias. Em uma de nossas conversas com o poeta, ele informou que não saiu mais da cidade de Assú porque se considerava como uma de suas carnaubeiras, ou seja, gostava do chão onde nasceu. Contou também que, ainda jovem, entregou-se às musas e à boemia, escrevendo e se aperfeiçoando no que sabia fazer de melhor, seus versos e suas glosas. Por intermédio de suas palavras, percebemos que, com esse afeiçoamento pela poesia, tinha o poder de contagiar a todos que o liam. No seu estilo de matuticidade, fez-se renomado, porque a sua poesia já não representava, unicamente, o regional, mas o nacional.

Original na sua forma de versejar, sabendo dizer ao seu modo coisas bonitas que deleitam e que agradam, Renato Caldas, no estilo que adotou, poderia ser considerado um mestre na literatura. O valor poético desse assuense se constata também nas páginas de seus outros livros: *Poesias* (*idem*, 1970), *Meu Rio Grande do Norte* (*idem*, 1980a) e *Pé de Escada* (*idem*, 1986). Além destas obras, Renato foi igualmente um grande trovador, repentista e compositor. Tinha um espírito farrista e seresteiro de bares. Cantava nas ruas e reuniões sociais, nas quais tudo o que dizia era motivo para que o aplaudissem. Era mais um improvisador do que aquele tipo de poeta artesão e, por isso, a glosa era sua predileção. O tema de seus versos variava de acordo com a ocorrência, a oportunidade e o tempo, abrangendo, entre muitos outros, aspectos de cunho amoroso, pilhérico, satírico e histórico.

A sua trajetória de poeta, seresteiro e cantor excêntrico o liberava de tudo o quanto fazia e dizia. Nesse sentido, Renato Caldas poderia ser visto sob várias perspectivas. Suas palavras impressas e faladas, em prosa e em versos, não refletiam nem de longe o que ele era na realidade. Ao invés de cometer as perversidades que proseava, Renato era um cidadão generoso, amigo e leal, capaz de, só em versos, cometer absurdos que atentassem contra o ser humano. Sua maneira de escrever era única, tanto que o poeta Gerald Standy traduziu para o inglês os seus versos, tentando falar da poesia "Arvorada Matuta" (*idem*, 1980b) para outras culturas, na tentativa de traduzir uma fala, cuja sutileza e beleza, simplesmente não encontra equivalente naquele idioma estrangeiro. Desse modo, a versão inglesa se chamou "Dawn in the backlands" (POETRY, 1991) e se configurou como a inserção de Renato Caldas também no universo internacional.

Seus últimos dias foram vividos numa casa simples entre um sobrado e uma loja; na solidão de suas recordações, sem o conforto dos amigos e padecendo o sofrimento de uma doença e da velhice a que chamava de "doença terrível do homem". Tinha um andar cadenciado e macio, e o pouco prumo de seus passos comprometia a cervejinha com peixe e lingüiça, seu prato predileto quando visitava, costumeiramente, o bar do senhor João Nogueira em Assú. Tinha o cabelo cortado à forma de escovinha, branco como uma "fulô" de capucho de algodão, debaixo de um boné de aba quebrada sobre a testa. Tinha olhos azuis e bem abertos, atrás de lentes grossas que lhe ajudavam a dissipar um pouco a cegueira que lhe roubava a luz do dia.

Em parceria com o seu amigo João Marcolino de Vasconcelos, conhecido como Lô, escreveu ainda vários versos e trovas, além do livro *Pé de Escada* (CALDAS, 1986). Mas a doença e a velhice se agravavam mais e mais, levando-o a falecer em 26 de outubro de 1991. As homenagens póstumas tiveram espaço na Rádio Princesa do Vale para todos aqueles que quisessem dar o último adeus ao "poeta maior de Assú". Na Câmara Federal, o deputado Ney Lopes de Souza registrou o falecimento de Renato Caldas e destacou que ele era, como poeta, o maior talento da poesia popular nordestina deste século, recitando, na ocasião, uma estrofe do poema "Reboliço" (*idem*, 1953).

Com essa pequena biografia, apresentamos um pouco do que representa Renato Caldas para o povo de Assú e, conseqüentemente, para os norte-riograndenses. Antes de passarmos à análise dos trechos dos poemas que selecionamos para identificar as marcas da estética romântica na poesia de Caldas, falaremos um pouco de como esse movimento surgiu na Europa e de como ele chegou ao Brasil.

O romantismo: contexto histórico e características[3]

Consoante nos informa Moisés (1984), o Romantismo, como estilo de uma época, teve seu início propriamente dito na Escócia, na Inglaterra e na Alemanha, que eram os países europeus mais desenvolvidos entre meados e fim do século XVIII. Entretanto, é na França, mais precisamente a partir da Revolução Francesa de 1789, que ele se transforma em um movimento e ganha proporções revolucionárias. Nesse período, conhecido como o século das luzes, houve na verdade um entrelaçamento entre correntes estéticas. O Romantismo correspondeu, então, ao desaparecimento das oligarquias existentes em benefício das monarquias constitucionais ou das repúblicas federadas, as quais estavam substituindo o Absolutismo religioso, filosófico e econômico pelo Liberalismo na moral, na arte e na política da época.

Com base na ética do dinheiro, surge uma nova classe social, a burguesia, que se atrelou ao Romantismo para atingir sua supremacia sobre as demais classes sociais então existentes. O que se verifica, na realidade, é a passagem de uma cultura predominantemente nobre e palaciana para a cultura e o modo de ser da burguesia. Assim é que houve uma comunhão entre o movimento e a sociedade, já que, para o movimento, a burguesia era o meio de ele se impor e se desenvolver, enquanto, para a sociedade burguesa, o romantismo era a estética pela qual ela podia se exprimir, adquirir voz e estatuto intelectual.

Vale ressaltar, entretanto, a diferenciação entre o estilo de época e o espírito romântico. O estilo de época diz respeito a um movimento estético que configura um conjunto de características marcantes da arte ocidental do final do século XVIII e a primeira metade do século XIX. Enquanto isso, o espírito ou estado de alma romântico se refere à postura subjetiva diante do

---

[3] Além das informações contidas em Moisés (1984), sobre o Romantismo visitamos alguns sites na Internet, os quais estão listados após as referências deste capítulo.

mundo e da vida, focalizando a imaginação e a fantasia como um meio para fugir da realidade. Tal postura se desenvolve nas artes de um modo geral e, na segunda década do século XIX, o Romantismo já pode ser identificado como um estilo de pensar e de se expressar em toda a Europa, onde quem apreciava as obras de arte não era mais o público dos salões palacianos, mas uma grande massa até então desconhecida e anônima. Por esse motivo, o que mais se verifica é a presença de um sentimento forte de nacionalidade dessa massa, um gosto apurado pela poesia popular e espontânea, além de uma forte atração e curiosidade pela história e pela literatura da Idade Média.

As obras clássicas, que antes tinham sido tão cultuadas pelos árcades do século XVIII, não correspondiam mais às expectativas desse novo público, o qual prefere uma linguagem mais natural e mais corrente, envolvendo temas mais ligados ao seu mundo e às suas expectativas, tais como a aventura, o mistério, a paixão, o picaresco, a paisagem e o sonho. Dessa maneira, coube ao Romantismo a criação de uma linguagem nova, acompanhada de uma visão de mundo que se identificava com os padrões simples de vida da classe média e da burguesia. Assim sendo, a arte romântica inicia uma nova e importante etapa na literatura, voltada aos assuntos de seu tempo, destacando a efervescência social e política, a esperança e a paixão, a luta e a revolução. Além disso, se torna fiel ao cotidiano do homem burguês do século XIX, retratando uma nova atitude dele perante si mesmo, o qual se volta para a espontaneidade, para o sentimento e a simplicidade em oposição aos ditames da razão iluminista.

A história do Romantismo, no Brasil, segundo Moisés (1984), confunde-se com a própria história política brasileira, pois surge poucos anos depois da saída da Coroa Portuguesa do nosso País e da sua Independência, proclamada em 1822. Nesse sentido, as obras e os artistas que aderiram, inicialmente, à estética romântica se empenharam em descrever um perfil para a cultura brasileira em vários aspectos, tais como a língua, a etnia, as tradições, o passado histórico, as diferenças regionais, a religião, etc. Assim, o Romantismo, além de seu significado primeiro, que é o de ser uma oposição à tradição clássica, assume também em nossa literatura a significação de um movimento anticolonialista e antilusitano, ou seja, de rejeição à literatura que se produzia na época colonial, a qual era totalmente presa aos modelos culturais de Portugal.

Isso se deve à dinamização da vida cultural da colônia, que havia sido elevada à categoria de Reino Unido a Portugal, e à criação de um público mais leitor, mesmo que, inicialmente, dos jornais que circulavam e publicavam os primeiros romances. Com a Independência, a consciência política de intelectuais e de artistas nacionais desperta a necessidade de se criar uma cultura brasileira identificada com suas próprias raízes históricas, lingüísticas e culturais. Assim sendo, podemos dizer que o nacionalismo se configura como o traço mais característico da produção de nossos primeiros escritores românticos, a exemplo de Gonçalves de Magalhães com seus *Suspiros Poéticos e Saudades*, datado de 1836.

Essa obra de Gonçalves de Magalhães marca o início do Romantismo no Brasil e inaugura a primeira das quatro fases por que passou a nossa produção literária. Na primeira fase, o que se privilegia são o misticismo, a religiosidade, o nacionalismo e a natureza. Na segunda fase, que vai de 1840 a 1850, predominam a descrição da natureza, a idealização do índio e o romance dos costumes da época. Na terceira fase, entre 1850 e 1860, intensifica-se o nacionalismo e se acentua o individualismo, a subjetividade e a desilusão. Na quarta e última fase, de 1860 a 1880, começamos a adentrar na época de transição para o realismo e para o parnasianismo e, então, prevalece o caráter social e liberal dos intelectuais ligados à abolição da escravatura. Portanto, no geral, com o romantismo surgem as primeiras produções do regionalismo, que retrata de forma idealizada os nossos tipos culturais e os belos cenários das regiões brasileiras.

De acordo com o que apresentamos, somos impelidos a sintetizar as informações sobre o Romantismo dizendo que ele apresenta como características gerais, dentro do seu contexto histórico, econômico e social, e no Brasil mais particularmente, o nacionalismo, o individualismo, o sentimentalismo, a exaltação da mulher, a idealização do índio, a fuga, o mistério, a fé e o retorno ao passado. Nesse sentido, são essas as marcas que apontaremos nos versos de Renato Caldas. Embora o poeta assuense tenha nascido no limiar da vanguarda Modernista, nossa suposição é a de que Caldas tenha-se apaixonado pelos traços do Romantismo, tornando-se a genuína "Fulô do Mato" assuense, cujo perfume exala tão naturalmente de seus versos.

As características do Romantismo nos versos de Renato Caldas

A fim de demonstrarmos as características do Romantismo, citadas acima, nos versos de Renato Caldas, escolhemos, como exemplificação, dois de seus poemas que estão publicados na 5ª edição do livro *Fulô do Mato* (cf. CALDAS, 1984). Consideramos que estes poemas conseguem reunir todas essas características, no entanto, não queremos dizer com isso que apenas neles tais aspectos possam ser observados. Desse modo, recomendamos ao leitor que consulte as outras obras citadas no decorrer deste capítulo, já que em função do espaço de que dispomos somos impelidos a fazer tal recorte.

O nacionalismo, o retorno ao passado, a fé e a idealização do índio

As quatro primeiras características de que trataremos podem ser verificadas no poema "Acorda Brasí!", abaixo. Em seus versos, observamos os aspectos do nacionalismo, do retorno ao passado, da fé e da idealização do índio como guerreiro e herói, por meio dos quais o autor do poema exalta a nossa Pátria, demonstrando o seu zelo, o seu amor e o seu cuidado para que ela não volte a ser colonizada e/ou escravizada por nações estrangeiras. Para isso, Caldas (1984) exorta o Brasil de que ele é uma nação forte, de homens livres, trabalhadores e corajosos, tais como o índio Poti (Felipe Camarão) que, juntamente com André Vidal de Negreiros e Henrique Dias, lutou contra o domínio holandês durante a Insurreição Pernambucana.

Assim sendo, leiamos o referido poema, atentando, mais especificamente, para os versos por nós deatacados.

Acorda Brasí!

I
Acorda Brasí drumente.
Tás drumindo inconciente
Nessa rêde de argudão!
Coidado cum o estrangeiro,
Esse povo é traçoeiro
E num tem contempração.

II
Confia, desconfiado,
Sempre alerta, marombando
Esperando ocasião...
Te livra duma emboscada
Se hôvé dá u'a chumbada
In riba do coração.

III
Quando o frequez é dereito,
Qui tem o valô nos peito,
Num sofre injuriação...
E vancê Brasí valente
Tem corage premanente
Pra brigá inté cum o cão.

IV
É preciso tê destreza.
Agarra tua riqueza
E defende o teu quinhão.
Te alembra do português?
Brigaro cum os olandês
Quem sarvô foi Camarão.
V
Coidado Brasí, coidado.
Deixa de comprá fiado
Faça outra arrumação:
Acorda, trabái, trabái,
Qui das tuas terra sai,
A tua manutenção.
VI
Te alevanta da rede,
Bebe água, mata a sêde,
Aperta teu cinturão...
E barre mão da peixeira,
Mostra a essa gente estrangeira,
Qui o Brasí é uma Nação.

Tomando os versos em itálico como referência, não podemos também deixar de observar a preocupação do poeta com a dívida externa brasileira e a tranqüilidade com que o País parece encarar essa situação, "drumindo inconciente" em uma "rêde de argudão". Essas palavras nos fazem associar, inclusive, os versos de Caldas aos do Hino Nacional, nos quais o Brasil é descrito como um florão "deitado eternamente em berço esplêndido". Ao contrário do que não parece ser uma característica do brasileiro, Caldas é consciente de sua capacidade de criar um mundo melhor, é idealista, valoriza as raízes. Por isso exalta a figura do índio, como sinônimo do brasileiro autêntico, tão forte quanto o é o homem do sertão. Afinal, ao lado do indianismo, tivemos ainda o regionalismo e o sertanismo como marcas do Romantismo brasileiro.

A exaltação da mulher, o individualismo, o sentimentalismo, o escapismo e o mistério

No poema seguinte, Caldas relata uma desilusão amorosa provocada pela chegada e pela partida de uma bela cabocla. A situação é narrada por meio da metáfora que compara o inverno a um ladrão, o qual lhe rouba a mulher amada, ou seja, como alguém que lhe tira um bem precioso. Assim, as características da estética romântica que ressaltaremos no poema são a exaltação da mulher, o individualismo, o sentimentalismo, o escapismo e o mistério. Do mesmo modo como fizemos no poema anterior, chamaremos a atenção para os versos por nós em itálico.

INXURRADA MARDITA

I
Seu môço, inda me alembro...
me alembro cuma ninguém:
O tempo véio num léva
aquilo qui se quis bem,
nem hai dinheiro qui págue
um amô qui a gente tem.

II
Faz muito tempo seu môço,
nós morava no sertão...
e a sêca véia danasca
veio qui nem um ladrão:
furtando o verde das fôia,
robando as águas do chão.

III
E, a sêca, qui levô tudo,
qui quage acaba o sertão!
Trôve alegria, seu môço
pru meu pobre coração...
e o marvado do inverno
levô sem tê precisão.

IV
Mecê num sabe o qui foi,
eu vô dizê a mecê:
Um dia de tardinzinha,
ante do escurecê,
tava na porta do rancho
pensando nem sei em quê?!

V
Quando aparece na estrada,
lá pras banda dos grotão,

um bando de arritirante...
Seu moço, era um bandão!
E no mei daquela gente
vinha a minha perdição.

VI

Uma cabôca fermôsa...
Tão bonita... cuma o quê?!
Os óio, os cabelo dela,
eram pretos de duê
E o resto daquele anjo,
num tem quem possa dizê.

VII

Apois bem: só pruque ela
veio sê minha alegria,
Deus de inveja, de ciume,
mandô chuvê todo dia...
inrolô um mez chuvendo!
Quage a terra amolecia.

VIII

Ficô logo tudo verde!
Logo, os riacho correu,
A cabôca foi simbora
cum tudo qui era seu
e ainda levô cum ela,
argum pedacinho meu.

IX

Levô foi tudo, seu môço:
a alegria do Sertão,
as notas desta viola,
o batê do coração
desse cabôco sarado
nascido lá no Grotão.

X

È, cuma quem tem, seu môço,
uma vasante aprantada...
Adespois, vem uma enchente,
Leva tudo na inxurrada.

Apôis eu tinha nos peito,
uma avazante aprantada.
XI
Ah! inverno miserave,
inverno véio ladrão!
Truvésse o verde das foia.
Truvésse as águas do chão...
Mas, carregô na inxurrada,
o meu pobe coração.

Considerando os versos em itálico, vemos a criatividade com que Caldas narra a sua desilusão amorosa. Primeiro, a natureza – que é sempre vista pelos românticos como local de alívio para todos os males da alma, de perfeita tranqüilidade – é aqui, de uma hora para outra, a sua maior inimiga, a ladra de sua felicidade. Ao mesmo tempo em que traz alívio para o tórrido sertão, castigado pela seca, a chuva obriga a bela retirante de cabelos negros a voltar para a sua terra, levando com ela o coração do poeta. Vemos nesses versos, também, todo o sentimentalismo de Caldas e a aura de mistério com que ele descreve a bela desconhecida. Além disso, percebemos a exaltação dessa mulher, comparando-a a beleza de um anjo, com tantos outros atributos que, de tão perfeitos, são indescritíveis e a tornam um ser inacessível.

São versos melancólicos e tristes como a partida da mulher amada. O sofrimento do poeta é tão grande quanto a sua fuga da realidade, culpando Deus pela enxurrada e esta por sua triste desilusão. Entendemos que isso retrata o seu desejo de escapar à sina solitária e fugir para os mundos ideais, criados à imagem dos próprios arroubos e anseios. Fruto do espírito de liberdade, o poema romântico, como se mostra o de Caldas, cultiva a imaginação, a liberação da fantasia que leva o seu autor a "ver" o invejável, o oculto, o sobrenatural, o mágico, em tudo, na vida, na natureza, nos seres e nos ambientes.

Considerações finais

Neste capítulo, defendemos a suposição de que o poeta potiguar Renato Caldas tenha sido influenciado pela estética da literatura romântica que quase o viu nascer no início do século passado. Para isso, fomos buscar em sua biografia e em seus versos traços de um legítimo romântico, um boêmio irrecuperável que morreu acreditando na sua capacidade de alcançar a fama e o sucesso por meio de seus poemas. Esse homem que no passado encheu e, ainda nos dias atuais, enche de glória a sua cidade natal, ocupando um lugar de destaque na aclamada "terra dos poetas". Por essa razão, embora o sonho de Caldas não se tenha realizado como ele o idealizou, certamente não morreu no anonimato, o que nos possibilita tecer essas considerações finais.

De acordo com o que pudemos observar em seus versos, Caldas se mostra um poeta que não se distancia do nacionalismo, do retorno ao passado, da fé, da idealização do índio e da mulher, do individualismo, do sentimentalismo, do escapismo e nem do mistério, os quais são aspectos típicos dos literatos românticos. Dessa forma, procuramos, dentro do possível, contribuir, com uma pequena parcela do nosso esforço, para o despertar das novas gerações em relação à capacidade e à inteligência do poeta Renato Caldas em versejar as belezas de sua região.

Não obstante essa contribuição, defendemos que a escola pode, por meio do ensino da Literatura, colaborar muito mais com a memória literária de nossos escritores e, principalmente, com a própria formação do cidadão. Isso se justifica porque, consoante nos ensina Morin (2001), a literatura é para os adolescentes, e diríamos para todos, uma escola de vida e um meio para se adquirir conhecimentos, visto que ela aborda os elementos sociais, familiares, históricos e concretos das relações humanas, além de ter a vantagem de refletir sobre a complexidade do ser humano e sobre a quantidade incrível de seus sonhos com uma força extraordinária. Portanto, esperamos que esta iniciativa possa inspirar os professores e demais atores das políticas educacionais a refletirem sobre a necessidade de tornar presentes nas salas de aula o poema, o romance e tantos outros gêneros literários que elevam e engrandecem a beleza da alma humana.

Referências

AMORIM, F. *História da Imprensa do Assú*. Natal: Departamento Estadual de Imprensa, 1965.

CALDAS, R. *Fulô do Mato*. Rio de Janeiro: Imprensa "Diário da Manhã", 1940.

CALDAS, R. *Fulô do Mato*. 2. ed. Rio de Janeiro: Tribuna da Imprensa, 1953.

CALDAS, R. *Fulô do Mato*. 3. ed. Rio de Janeiro: Tribuna da Imprensa, 1954.

CALDAS, R. *Poesias*. Imprensa Universitária, 1970.

CALDAS, R. *Meu Rio Grande do Norte*. Coleção Mossoroense, v. CXLVIII, 1980a.

CALDAS, R. *Fulô do Mato (e outras poesias)*. 5. ed. Natal: Fundação José Augusto, 1980b.

CALDAS, R. *Fulô do Mato (e outras poesias)*. Natal: Edições Clima, 1984.

CALDAS, R. *Pé de Escada*. Natal: Editora Clima, 1986.

FERREIRA, T. F. *O Romantismo na obra de Renato Caldas*. Monografia (Especialização em Metodologia do Ensino Superior e da Pesquisa Científica). Assú: Faculdade de Letras & Artes da Universidade do Estado do Rio Grande do Norte, 1992.

MOISÉS, M. *História da Literatura Brasileira*. v. II. São Paulo: Editora Cultrix, 1984.

MORIN, E. *Os sete saberes secessários à educação do futuro*. 3. ed. São Paulo: Cortez; Brasília: UNESCO, 2001.

POETRY. *Review internacional*, n. 1, Spring, 1991.

Sites visitados em setembro de 2005

<http://www.avoskelis.hpg.ig.com.br/romantismo.htm>
<http://www.olharliterario.hpg.ig.com.br/romantismo.htm>
<http://www.avanielmarinho.com.br/romantismo.htm>
<http://www.avanielmarinho.com.br/momento_hist.htm>

Os filhos da carochinha:
contando e recontando histórias[1]

Alessandra Cardoso de Freitas
Marly Amarilha

Os *contos da carochinha*, narrativas historicamente nascidas na França do século XVII, continuam, na atualidade, atraindo o interesse do público infantil, demonstrando a influência da literatura no desenvolvimento da criança. Neste capítulo, refletimos sobre a temática *literatura e linguagem na educação infantil*. Conforme se verificou, sobre a temática mencionada versa uma produção teórica consistente, que ressalta a importância da literatura na aquisição da linguagem pela criança (BETTELHEIM; ZELAN, 1992; REGO, 1994, 1995; SMOLKA, 1993). Não obstante, constatações decorrentes de pesquisas revelaram que a prática escolar tem negligenciado esse aspecto, restringindo-se, por vezes, a uma utilização da literatura como simples mecanismo para disciplinar o aluno (AMARILHA, 1991, 1993, 1994). Essa problemática mobilizou nosso interesse em aprofundar reflexões acerca da relação entre literatura e linguagem, o que culminou no desenvolvimento da pesquisa de mestrado intitulada *Os Filhos da Carochinha: a contribuição da literatura na estruturação da linguagem em crianças de educação infantil* (cf. FREITAS, 2002). Nessa pesquisa, investigamos as contribuições da literatura no desenvolvimento da estruturação da linguagem por meio da prática do reconto de histórias, definido como:

> Produção textual, oral ou escrita, na qual o sujeito (re)constrói o sentido de uma história recém-narrada, retomando tanto o seu conteúdo como o modo de organização das informações, fazendo uso de funções como a memória, o pensamento e a linguagem. (*Ibidem*, p. 45)

---

[1] Artigo vinculado aos grupos de pesquisa NUPED (UERN) e O ensino de leitura e literatura (UFRN).

Compreendendo assim o reconto de histórias, exploramos a ação de recontar em três modalidades: oral, escrita coletivamente e escrita individualmente, mediante as quais analisamos os seguintes aspectos: a) a habilidade das crianças da educação infantil em recontar histórias, reconstituindo a estrutura da narrativa; b) as inter-relações entre a linguagem oral, escrita e imagética na construção textual e c) as estratégias textuais mais determinantes na produção de cada modalidade de reconto.

Perspectivas teóricas

Partindo da concepção de linguagem como processo de interação mediado por signos, elegemos como suportes teóricos os estudos de Vygotsky (1994, 1999) e de Bruner (1995), pesquisadores que destacam a relevância da dimensão social na aquisição da linguagem pela criança.

Perspectiva histórico-cultural do desenvolvimento da linguagem

Segundo Vygotsky (1994, 1999), a linguagem é um produto histórico e constitutivo da atividade mental dos indivíduos, mobilizada em função da necessidade de comunicação, conhecimento e resolução de problemas. Para esse autor, o percurso inicial de desenvolvimento da linguagem pela criança compreende quatro estágios: *natural ou primitivo* – caracterizado por uma fase pré-verbal do pensamento e pré-intelectual da fala; *psicologia ingênua* – estágio em que a criança utiliza corretamente formas e estruturas gramaticais, sem compreender ainda as operações lógicas que as representam; *fala egocêntrica* – estágio que se distingue dos demais pelo uso da fala egocêntrica e *crescimento interior* – caracterizado pelo processo de interiorização da linguagem em fala interior, silenciosa (VYGOTSKY, 1994).

Compreendendo o percurso inicial do desenvolvimento da linguagem como a transformação da fala social em fala interior, é que Vygotsky enfatiza o processo de mediação pelo outro, argumentando que "o caminho do objeto [algo concreto ou simbólico, como a palavra] até a criança e desta até o objeto passa através de outra pessoa" (*ibidem*, p. 40). Smolka e Góes (1997) se referem à mediação pelo outro como uma relação do tipo: sujeito-sujeito-objeto. Conforme Vygotsky (1999), quando uma criança faz um apelo verbal para outra pessoa, esse ato constitui uma tentativa para preencher um *hiato* que sua atividade apresentou.

Entendemos que é nesse espaço de *hiato* que se pode manifestar a ação do outro, sendo esse, por excelência, o espaço em que podemos explorar o conceito de *zona de desenvolvimento proximal* (VYGOTSKY, 1994). A mediação pelo outro se constituiu aspecto central à intervenção pedagógica com o reconto de histórias, tendo em vista os avanços das crianças na estruturação da linguagem, entendida como "a progressiva organização de idéias, expressas pelas crianças a partir do ato de recontar histórias, por meio da linguagem oral, escrita ou gráfica e de forma coletiva ou individual" (FREITAS, 2002, p. 33).

PERSPECTIVA DO DESENVOLVIMENTO DA LINGUAGEM POR ANDAIME

A experiência por andaime é proveniente dos estudos de Bruner, Wood e Ross[2] (COSTA, 2000). O pressuposto central dessa abordagem consiste na relevância da atuação estratégica de um adulto ou par mais experiente no desenvolvimento da linguagem pela criança. Tal atuação pressupõe o uso de andaimes, isto é, ajudas necessárias, que são retiradas progressivamente, à medida que o aprendiz conquista autonomia para desenvolver sozinho o que antes só conseguia em colaboração com o outro.

Ambientes educativos fundamentados nessa abordagem têm como características: a integração dos alunos numa tarefa complexa; o fornecimento de andaimes, considerando o nível de desenvolvimento real e proximal dos alunos; a retirada progressiva de andaimes e a atuação conjunta entre professor e aluno.

Na sistematização do ensino de leitura a partir da experiência por andaime, Graves e Graves (1995) definem duas fases: planejamento e implementação, sendo esta dividida em três momentos: pré-leitura (ativação de conhecimentos prévios e construção de inferências); leitura e atividades de pós-leitura (discussão, produção de textos ou atividades artísticas). Em cada etapa da fase de implementação são utilizados andaimes, que permitem uma melhor mediação do professor junto ao aluno.

Na pesquisa em discussão, a abordagem da experiência por andaime se constituiu referencial de base à sistematização do processo de mediação pedagógica necessário à produção dos recontos de histórias, sendo utilizados os seguintes andaimes: pergunta/resposta, ilustração, pedidos de explicitação, instruções e inserção de informações.

---

[2] BRUNER, J. WOOD, D.; ROSS, G. The role of tutoring in problem-solving. In: *Journal of Child Psychology and Psychiatry*. Cambridge: Cambridge University Press, v. 17, p. 89-100, nov. 1976.

Abordagem metodológica

A investigação foi estruturada de acordo com a abordagem da pesquisa qualitativa (BOGDAN; BIKLEN, 1994), do tipo etnográfico, com o uso da estratégia de observação participante (ANDRÉ, 2000), com caráter de intervenção, desenvolvida durante o ano letivo de 2000, numa escola pública localizada na periferia do município de Natal-RN, com 23 alunos de uma turma de alfabetização, na faixa etária de 5 a 6 anos de idade, sendo 13 meninas e 10 meninos.

O trabalho abrangeu duas etapas: *observação exploratória*, etapa inicial em que visamos a uma primeira aproximação com os sujeitos e o contexto educacional em que eles estavam inseridos, e *observação participante*, etapa de implementação da sistemática de intervenção.

A etapa de *observação participante* compreendeu dez aulas, ministradas no período de 18 de outubro a 14 de dezembro de 2000, sendo cada aula sistematizada conforme a seqüência da fase de implementação da experiência de leitura por andaime (GRAVES; GRAVES, 1995). As aulas tiveram duração de 30 a 60 minutos, sendo desenvolvidas no próprio ambiente de sala de aula dos alunos.

Os recontos de histórias foram produzidos com base em textos do gênero conto de fada. A escolha desse gênero textual teve como pressuposto o fascínio que as crianças manifestam ao ouvir essas histórias (COELHO, 1991), assim como a dimensão de prazer que elas propiciam à criança (JESUALDO, 1995). Selecionamos oito contos de fadas, nas versões dos Grimm e de Perrault. Para cada conto elaboramos um plano de aula, considerando a modalidade de reconto a ser trabalhada (oral, escrita coletivamente ou escrita individualmente). Foram produzidos oito recontos, dois oralizados e seis escritos, sendo dois coletivos e quatro individuais.

As etapas de observação exploratória e participante foram gravadas em áudio e vídeo. Das aulas de observação participante resultaram, além das transcrições, os trabalhos de produção de recontos de histórias, que se constituíram objeto de análise documental da pesquisa (LÜDKE; ANDRÉ, 1986).

Análise da produção textual de recontos: de órfãos a Filhos da Carochinha

Na reflexão sobre a prática de recontar histórias, primamos pela análise de processo (VYGOTSKY, 1994), reconstruindo, por meio das transcrições das aulas, a dinâmica de elaboração dos recontos. Vislumbramos, sobretudo, identificar as mudanças ocorridas na produção textual das crianças durante essa prática, principalmente no que diz respeito à estruturação do texto narrativo.

Um dado que chamou nossa atenção no início da intervenção foi o repertório de histórias dos sujeitos. Quando questionados sobre quais histórias conheciam, eles somente lembravam de *Chapeuzinho Vermelho*, um dos contos mais populares no mundo (FERREIRO, 1996). Nesse sentido, constatamos a condição de orfandade dos sujeitos em relação às histórias da carochinha. Essa evidência deu origem ao título da dissertação, pois verificamos que, mediante o trabalho de intervenção pedagógica com a literatura infantil, os sujeitos passaram da condição de órfãos à de "Filhos da Carochinha".

A PRÁTICA ORAL COLETIVA DE RECONTAR HISTÓRIAS

O reconto oral de histórias teve como princípio norteador *a operação de transposição de um texto escrito, oralizado no momento da contação de história, para um texto oral* (HAVELOCK, 1997; KATO, 1999; FÁVERO, 1999; KOCH, 2000). Nessa modalidade de reconto, exploramos, especificamente, as estratégias de construção de sentido do texto falado (KOCH, 2000), sem, contudo, deixar de considerar as relações de semelhança e diferença entre este e o texto escrito. Foram produzidos recontos orais com base nas histórias *As Fadas* (PERRAULT, 1994) e *Os músicos de Bremen* (GRIMM, 1998). Neste capítulo, vale sublinhar que as evidências sobre as contribuições desse tipo de reconto à aprendizagem da linguagem são ilustradas com os dados da produção do reconto oral para a história *As Fadas*, ocorrida em 01/11/00.

Na constituição do reconto de *As Fadas*, percebemos que o tópico discursivo (assunto ou tema do diálogo) permaneceu o mesmo do início ao fim. Compreendemos que essa constância no tópico discursivo resultou da natureza das informações a serem recordadas e do conhecimento prévio da história pelos sujeitos. Inferimos, portanto, que uma das influências da literatura infantil na produção de texto oral é a estruturação dos turnos conforme um mesmo tópico discursivo. É o que denominamos unidade tópica de construção de sentido.

Outro elemento favorecedor da manutenção do tópico discursivo foi a ilustração, o que denota a importância da imagem no livro de literatura infantil (CAMARGO, 1991; AMARILHA, 1997) e na estruturação da linguagem pela criança. Exemplificamos essa evidência com o turno 102, no qual o código "PP" diz respeito à professora-pesquisadora e "+" equivale a pausa:

> (97) PP: O que está acontecendo aqui? (mostro a primeira ilustração)

(98) Mar: Uma velha ... (e a água pra beber água)
(99) Jane: E a filha.
(100) PP : E a filha? Qual? + a mais velha ou a mais nova?
(101) Crianças: NOVA.
(102) Verô: Pegou o jarro + lavou e colocou água. (a aluna faz referência à irmã mais nova)

O turno 102 teve como referente extraverbal a primeira ilustração da história (ver FIGURA 1), que representa o encontro entre a protagonista e a fada, tendo como cenário a fonte, local em que a protagonista apanhava água diariamente. Nessa ilustração, está explícita a ação narrativa segundo a qual a jovem ouve atentamente a fada. Ao retomar a história oralmente, o sujeito Verô expandiu o universo de significação da imagem, uma vez que já conhecia *a priori* a história e, assim, conseguiu estabelecer uma nítida relação entre a história contada e a ilustração observada.

Figura 1 – Ilustração do conto *As Fadas*, produzida por Manuel V. de A. Filho

A estratégia pergunta-resposta (FÁVERO, 1999) foi um recurso determinante à construção de sentido. Agrupando as respostas dos sujeitos às perguntas da pesquisadora, obtivemos a seguinte produção textual oral:

1 – Uma irmã velha e uma irmã nova.
2 – O pai não, porque o pai morreu.

3 – (A viúva era) má com a mais nova.
4 – (E com a mais velha) era boa.
5 – Uma velha e a água pra beber água.
6 – (A filha mais) nova pegou o jarro, lavou e colocou água.
7 – (Depois) ela abriu a boca e co-lo-cou a flor.
8 – (A fada) deu (a ela) um poder.
9 – A fada e a filha mais velha.
10 – (A fada) deu sapo e serpente (para a filha mais velha).
11 – Tava chorando (a filha mais nova).
12 – Aí veio o príncipe.
13 – Levou (ela) pro castelo.
14 – (Eles) se casaram.

Analisando a estrutura narrativa da produção acima, identificamos: da linha 1 a 4, informações sobre a introdução da narrativa; da linha 5 em diante, informações relativas à complicação, cujo desdobramento aponta para da linha 11, em que a filha mais nova da viúva fica chorando na floresta; da linha 11 até a 14, as informações recordadas têm como referência o desfecho da narrativa. Assim, afirmamos que os sujeitos conseguiram, parcialmente, reconstruir a seqüência narrativa do conto.

A par das evidências apresentadas, constatamos a relevância da prática do reconto oral de histórias no trabalho com a oralidade em sala de aula; isso em termos de construção de narrativas orais que apresentam unidade de sentido.

A PRÁTICA DE ESCRITA COLETIVA DE RECONTOS DE HISTÓRIAS

A prática de escrita coletiva de recontos de histórias teve como princípio norteador a *abordagem da escrita colaborativa*, que enfatiza a dimensão social do ato de escrever, sendo a escrita considerada um processo de interação entre pessoas, contextos e textos (MURRAY, 1992). Foram desenvolvidos dois recontos dessa modalidade: o primeiro a partir da história *Rapunzel* (GRIMM, 1998); o segundo, com base no conto *O Gato de Botas* (PERRAULT, 1998). Ilustraremos as contribuições da prática do reconto de história escrito coletivamente à luz do reconto da história *Rapunzel*, desenvolvido na quarta aula de observação participante (07/11/00).

Assim como ocorreu na produção do reconto oral de história, a estratégia pergunta-resposta foi determinante na elaboração do reconto escrito coletivamente, tendo a pergunta assumido a condição de elemento estruturante e provocador de (re)construção de sentido. Estruturante porque, no ato de questionar, a professora-pesquisadora fomentava idéias e coordenava as falas dos sujeitos entre si, de modo a tecer as sentenças que configuraram a produção final do reconto. Como elemento provocador, elegemos a pergunta por ser ela um incentivo ao desenvolvimento das habilidades de ouvir, pensar e dizer, levando à efetiva participação dos sujeitos numa prática de escrita. Os turnos abaixo ilustram esse aspecto. Neles constatamos a dificuldade dos sujeitos em retomarem informações relativas à introdução da história, mas que passam a ser retomadas a partir de perguntas dirigidas pela professora-pesquisadora.

(54) PP: Como vamos começar a história? + toda história começa com...

(55) Bru: Era uma vez.

(56) PP: Era uma vez o quê? (silêncio) + quem lembra do início da história?

(57) Jane: Os cabelos.

(58) PP: A história já começa com os cabelos de Rapunzel? Não + vamos lá + era uma vez...

(59) Kleb.: Uma bruxa.

(60) PP: Será que a bruxa foi o primeiro personagem que apareceu? + quem queria ter uma criança? + para uma criança nascer precisa haver...

(61) Verô: Um pai e uma mãe.

(62) PP: Então, um pai e uma mãe formam um...

(63) Crianças: Casal.

(64) PP: Agora temos era uma vez um casal + O que esse casal queria?

Pesquisa realizada por Kernan (MENESES, 1990), tendo como referência as seções da estrutura narrativa descritas por Labov, revela que crianças entre 7 e 8 anos, na elaboração de narrativas, restringem-se à seção de complicação. No turno 59, percebemos que o sujeito Kleb aponta para essa perspectiva ao fazer referência à bruxa, personagem que propicia todo o conflito vivenciado por *Rapunzel*. No turno 55, Bru verbalizou uma das expressões de abertura mais comuns em narrativas do gênero contos de fadas: o *era uma vez*. A aprendizagem acerca desse índice lingüístico é decorrente da audiência das crianças à contação de histórias e da reconstituição da narrativa, como sugere o episódio do turno analisado.

Por meio de andaimes, como perguntas e também inserção e reformulação de informações, a pesquisadora auxiliou as crianças tanto na retomada do conteúdo da introdução da história como no estabelecimento da seqüência temporal da narrativa. A dependência temporal entre um evento e outro é uma das características definidoras do discurso narrativo, ao lado da causalidade e do uso de verbos de ação no tempo perfeito (PERRONI, 1992).

Na situação de produção do reconto da história *Rapunzel*, características do texto narrativo passaram a ser objeto de reflexão, num processo dinâmico que envolveu as ações de planejar (reflexão oral entre a professora-pesquisadora e os sujeitos sobre o que da história era recordado) e escrever (registro do reconto pela professora-pesquisadora a partir da fala dos sujeitos).

Nesse contexto de produção textual, os sujeitos tiveram a oportunidade de aprender que, no ato da escritura não procedemos do mesmo modo que falamos. Como diz Rocco (1996, p. 119), na situação de ditado do aluno ao professor "trabalha-se com as relações de simetria e dessimetria que presidem a fala e a escrita".

As imagens, do mesmo modo que no reconto oral de histórias, foram estruturantes da construção textual. Na modalidade de reconto em análise, os sujeitos, além de retomarem informações sobre a história contada apoiando-se nas ilustrações, inseriram, por meio desse recurso, o diálogo entre os personagens, fato que podemos verificar nos turnos 112 e 115, quando os sujeitos reconstroem a advertência feita pela feiticeira ao pai de Rapunzel:

> (111) PP: Quem lembra o que a bruxa disse para o pai de Rapunzel?
>
> (112) Jona: Pode pegar (moranga).
>
> (113) PP: Pode pegar os rapunzéis. (escrevo no quadro – o pai pulou o muro da bruxa pra pegar rapunzéis. A bruxa gritou: pode pegar os rapunzéis).
>
> (114) PP: Mas, em troca ela pediu o quê?
>
> (115) Jaqui. Me dê o filho.

Quanto ao registro do texto, os sujeitos demonstraram interesse em acompanhar a escrita das palavras, fazendo considerações sobre a extensão de alguns nomes e sobre semelhanças e diferenças no uso de determinadas letras. Vale salientar que a pesquisadora também chamou a atenção dos sujeitos em relação a essa questão:

> (83) PP: olha como Kleb está nos ajudando + eu coloco do jeito que ele falou? + coloco desse jeito (escrevo no quadro, enquanto isso percebo o movimento dos alunos a observarem a produção do registro de suas falas) + depois, o que aconteceu com a bruxa e a menina? + o que foi que aconteceu?

Nesse processo, obtivemos a produção do seguinte reconto:

> Era uma vez um casal que queria uma filha. A mãe ficou grávida e queria comer rapunzéis. O pai pulou o muro da bruxa pra pegar rapunzéis. A bruxa gritou:
> – Pode pegar os rapunzéis, mas me dê sua filha.
> A bruxa pegou a menina e deu a ela o nome Rapunzel.
> A bruxa levou a menina para morar na torre. A bruxa subia na torre pelas tranças de Rapunzel. O príncipe pediu Rapunzel em casamento.
> A bruxa descobriu que Rapunzel tava escondendo o príncipe e cortou suas tranças.
> A bruxa levou Rapunzel para o deserto. O príncipe furou os olhos ao pular da torre.
> Depois de muito tempo, a lágrima dela caiu nos olhos dele e ele começou a ver de novo.

Na análise desse reconto, evidenciamos a estrutura da história e a mediação da professora-pesquisadora, incidindo ambos aspectos na produção de um texto que apresenta o esquema de uma narrativa completa, isto é, com introdução, complicação, trama, clímax e desfecho (REGO, 1986).

A postura mediadora da pesquisadora, ao lançar perguntas, fazer correções, expandir informações, permitiu o trabalho com as zonas de desenvolvimento proximal dos sujeitos (VYGOTSKY, 1994). Isso nos conduz a uma importante conclusão: uma análise precisa das contribuições da literatura infantil na estruturação da linguagem pela criança deve considerar o movimento interativo subjacente a esse processo, que reflete a relação da criança com o literário mediada pelo outro.

A PRÁTICA DE ESCRITA INDIVIDUAL DE RECONTOS DE HISTÓRIAS

A inter-relação entre o verbal e o visual se constituiu o princípio norteador à prática de escrita individual de recontos de histórias. Tal princípio teve como suportes teóricos estudos acerca dos dois hemisférios cerebrais (EDWARDS, 1984) e da relevância da imagem para o pensamento, a memória (VYGOTSKY, 1994; SMITH, 1991) e a construção textual (CALKINS, 1989).

Nessa modalidade de reconto, foram trabalhadas as seguintes histórias: *Mãe Nevada*; *O Rei Sapo*; *Chapeuzinho Vermelho* e *A Casa da Floresta*, todas na versão dos Grimm (1998). Utilizamos duas estratégias na produção dos recontos dessas histórias:

a) com as histórias *Mãe Nevada* e *A Casa da Floresta*, os sujeitos elaboraram o reconto a partir de uma única contação da história;

b) com as histórias *O Rei Sapo* e *Chapeuzinho Vermelho*, os sujeitos produziram o reconto após ouvirem a história pela segunda vez e em aulas alternadas por outras histórias.

A diferença entre essas estratégias resulta no maior contato dos sujeitos com o texto, decorrente de uma segunda contação da história, que, por sua vez, equivale a uma releitura do conto (Eco, 1999).

Nos recontos escritos individualmente, os sujeitos foram solicitados a desenvolver primeiro desenhos sobre a história recém-ouvida, em seguida, produzir o texto escrito do reconto e, por fim, oralizá-lo à pesquisadora. Na escrita do texto, orientamos os sujeitos para que escrevessem do modo como a compreendiam, o que corresponde a respeitar os seus níveis de psicogênese da escrita (Ferreiro, 1991).

Para destacar as contribuições dessa modalidade de produção textual à estruturação da linguagem, selecionamos as produções de um dos sujeitos da pesquisa, cujo pseudônimo é Verô, uma criança de seis6 anos, que participou ativamente das aulas de observação participante. Nos recontos de Verô, analisamos os seguintes aspectos: a) informações dos textos-modelos retomadas nos recontos da aluna; b) relações entre os desenhos e os textos oralizados à pesquisadora e c) estrutura narrativa dos recontos.

Para efeito de clareza, resumimos as quatro histórias em foco.

> *Mãe Nevada*: conta a história de uma madrasta e de suas duas filhas, sendo uma delas sua enteada. A madrasta tratava a filha enteada como gata borralheira da casa, sendo uma de suas obrigações fiar diariamente à beira de um poço. Certa vez, a jovem perdeu o fuso, que caiu nas águas do poço. Obrigada pela madrasta a recuperá-lo, ela mergulhou nas águas, indo parar na casa de Mãe Nevada, com quem ficou morando. Algum tempo depois, a jovem regressou à casa banhada de ouro, um presente que Mãe Nevada havia lhe ofertado em virtude de sua dedicação e bondade. Ao vê-la banhada de ouro, a madrasta e a irmã a receberam com satisfação. A madrasta desejou o mesmo para sua filha legítima e a obrigou a ir à casa de Mãe Nevada também. Porém, o presente que ela recebeu de Mãe Nevada foi um caldeirão de piche.
>
> *Rei Sapo*: narra a história de uma princesa que, em função da perda de sua bola de ouro, fez um acordo com um sapo, de tornar-se sua amiga e companheira, caso ele recuperasse o seu brinquedo favorito. Entregue a bola, a princesa fugiu do sapo, que aparece no castelo exigindo o cumprimento do acordo. Por

intervenção do rei, a princesa foi obrigada a cumprir a promessa. Na hora de dormir, quando o sapo exigiu deitar-se junto à princesa, esta o atirou contra a parede, desfazendo o feitiço que havia transformado um belo príncipe num sapo.

Chapeuzinho Vermelho: história de uma menina chamada Chapeuzinho Vermelho, que foi à casa da avó, levar bolo e vinho. Antes de sair, a menina prometeu à sua mãe não se desviar do caminho, para correr na mata. Porém, mal entrou na floresta, encontrou o lobo, sendo induzida por ele a desobedecer às ordens da mãe. Com essa artimanha, o lobo chegou primeiro à casa da vovó, engoliu a pobre velhinha, vestiu suas roupas e ficou à espera da menina. Passado algum tempo, Chapeuzinho Vermelho chegou e se dirigiu ao quarto, conversou com o lobo disfarçado, pensando que era sua avó. O animal logo saltou sobre a menina e engoliu-a. Apareceu um caçador e retirou a avó e a menina da barriga do lobo.

A Casa da Floresta: o conto narra a história de uma família, cujo pai era lenhador e, certo dia, pediu para a esposa mandar sua filha mais velha deixar-lhe o seu almoço; ela o encontraria seguindo o caminho de sementes por ele marcado. Porém, em certo ponto do caminho, as sementes desapareceram e a menina se viu perdida na floresta, indo parar numa casa velha, habitada por um senhor de barbas compridas e três animais. A filha mais velha do lenhador pediu abrigo ao senhor que, junto com os animais, acatou a solicitação da jovem. Contudo, por descuidar no tratamento dos animais, ela foi atirada no porão. O mesmo aconteceu com a segunda filha do lenhador. A caçula, no entanto, ao tratar gentilmente o velho e os animais, fez com que, à meia noite, fosse desfeito o encantamento de uma bruxa, que havia transformado um belo príncipe em um velho de longas barbas, seus criados em animais e o palácio real numa casa velha.

Figura 2 – Primeiro reconto: Mãe Nevada

	Texto oral
	"A trabalhadora trabalha para a mãe e a preguiçosa + caiu água de ouro na trabalhadeira e ela trabalhava para a velha + aí os pães disse socorro + me tire do forno".
	(Verô, 18/10/00)

Figura 3 – Segundo reconto: O Rei Sapo

Texto oral

"Ela deixou a bola cair no poço::: + aí o sapo pegou pra ela + aí ela prometeu que ia deixar ele dormir na cama e comer + aí jogou eh + ela jogou ele na parede e botou ele + bem no cantinho + e:::: o pai obrigou ela botar ele na cama".

(Verô, 10/11/00)

Figura 4 – Terceiro reconto: Chapeuzinho Vermelho

Texto oral

"O lobo mau engoliu a vovozinha + vestiu a roupa da vovó + aí + chapeuzinho disse + vovó::: que boca gran:::de + é pra te comer + aí chapeuzinho vermelho + colocou uma pedra na barriga do lobo + e acabou".

(Verô, 12/12/00)

Figura 5 – Quarto reconto: A Casa da Floresta

Texto oral

"O pai mandou a filha deixar o almoço dele + aí ela foi e se perdeu ++ aí + o velho pegou e + puxou aquele negócio (alçapão) e botou naquele negócio (porão)+ as duas meninas + foi a primeira e depois a segunda + aí depois ++ foi a outra deixar o almoço do pai de novo + aí encontrou elas duas + aí a princesa casou com o príncipe + fim".

(Verô, 14/12/00)

Observando o desempenho de Verô na produção continuada de recontos, identificamos a progressiva ampliação do número de informações recordadas em relação às histórias contadas; a expansão do número de sentenças expressas verbalmente (no primeiro reconto, a construção de sentido abrangeu quatro sentenças; no segundo, cinco; no terceiro, sete e no quarto, oito, ou seja: passou a explorar cada vez mais a linguagem verbal, muito embora não tenha demonstrado avanços no aspecto gráfico); e a articulação entre a linguagem visual (os desenhos) e a verbal (o texto oralizado).

Quanto à estruturação da narrativa, constatamos na produção do texto oral: a progressão na reconstituição das partes integrantes desse tipo de texto, muito embora a aluna não tenha apresentado o esquema de uma história completa em seus recontos. Acrescentamos a essa evidência o fato de Verô ter explorado, paulatinamente, os aspectos de temporalidade e causalidade, principalmente nos últimos recontos. Diante dessas evidências, consideramos que na prática de escrita individual de recontos de histórias o trabalho com a memória emerge como uma das contribuições mais significativas em relação ao processo de estruturação da linguagem pela criança a partir do literário.

Considerações finais

A pesquisa "Os Filhos da Carochinha" revelou que o trabalho com a literatura infantil, pela ação de recontar histórias, contribui de forma significativa para o processo de estruturação da linguagem pela criança. Considerando as diferentes modalidades de reconto trabalhadas, destacamos algumas contribuições.

Na produção de recontos orais, verificamos o trabalho de articulação entre a linguagem oral e a escrita, a interação e a negociação de idéias dos alunos entre si e destes com a professora durante a produção oral do texto, processo esse que evidenciou como uma das características determinantes a unidade tópica de construção de sentido.

Na produção de recontos escritos coletivamente, consideramos o exercício da escrita colaborativa, como procedimento eficaz para o aluno explorar o mecanismo de escrita alfabética e o uso da língua em contexto significativo, a atitude mediadora do professor, assim como dos demais alunos, e a possibilidade de explorar uma diversidade de andaimes, a exemplo do recurso da pergunta como elemento provocador de reformulação e inserção de novas informações no texto em construção.

Na produção de recontos escritos individualmente, assinalamos a ampliação do número de informações recordadas em relação às histórias contadas e reconstituídas na produção continuada de recontos, a reflexão sobre o discurso narrativo, em termos de seqüência temporal e causal, a relação entre a linguagem verbal e a visual, o que favorece o exercício com os dois hemisférios cerebrais, e a oportunidade de o aluno estar imerso numa prática de produção textual, que lhe permite abordar fatores básicos da textualidade, a exemplo da coesão, mediante recursos remissivos e seqüenciais.

No que diz respeito à criança da educação infantil e à ação de recontar histórias, salientamos: o encontro da criança com o literário, mediante o recurso milenar da contação de história; o acesso da criança ao livro e à cultura, com base em uma visão de literatura como modo de pensar o mundo e se inscrever nele; o encontro da criança com as tramas narrativas dos contos de fadas, cuja estrutura e conteúdo propiciam uma experiência significativa de texto; e a relevância da mediação pelo outro, que se constitui elemento chave à realização da prática de reconto de histórias.

Referências

AMARILHA, M. *Estão mortas as fadas*. Rio de Janeiro: Vozes, 1997.

AMARILHA, M. *O ensino de literatura infantil da 1ª à 5ª série do 1º grau nas escolas da rede estadual do Rio Grande do Norte: relatório parcial*. Natal: CNPq/UFRN/Departamento de Educação, 1991.

AMARILHA, M. *O ensino de literatura infantil da 1ª à 5ª série do 1º grau nas escolas da rede estadual do Rio Grande do Norte: 2ª etapa: relatório final*. Natal: CNPq/UFRN/Departamento de Educação, 1993.

AMARILHA, M. *O ensino de literatura nas escolas: as respostas do aprendiz. Relatório final*. Natal: CNPq/UFRN/Departamento de Educação, 1994.

ANDRÉ, M. E. D. A. De. *Etnografia da prática escolar*. 4. ed. São Paulo: Papirus, 2000.

BETTELHEIM, B.; ZELAN, K. *Psicanálise da alfabetização: um estudo psicanalítico do ato de ler e de aprender*. Porto alegre: Artes Médicas, 1992.

BOGDAN, R.; BIKLEN, S. *Investigação qualitativa em educação: uma introdução à teoria e aos métodos*. Portugal: Porto, 1994.

BRUNER, J. *El habla del niño: aprendiendo a usar el lenguaje*. Barcelona: Paidós, 1995.

CALKINS, L. M. *A arte de ensinar a escrever: o desenvolvimento do discurso escrito*. Porto Alegre: Artes Médicas, 1989.

CAMARGO, L. Projeto gráfico e ilustração para crianças. In: *Releitura*. Belo Horizonte, p. 18-22, ago./set. 1991.

COELHO, N. N. *O conto de fadas*. 2. ed. São Paulo: Ática, 1991.

COSTA, S. R. *Interação e letramento escolar: uma (re) leitura à luz vygotskiana e bakhtiniana*. Juíz de Fora: Ed. UFJF, 2000.

ECO, U. *Seis passeios pelosz bosques da ficção*. 3. ed. São Paulo: Companhia das Letras, 1999.

EDWARDS, B. *Desenhando com o lado direito do cérebro*. 14. ed. Rio de Janeiro: Ediouro, 1984.

FÁVERO, L. L; ANDRADE, M. L. C. V. O.; AQUINO, Z. G. O. *Oralidade e escrita: perspectivas para o ensino de língua materna*. 2. ed. São Paulo: Cortez, 1999.

FERREIRO, E. et al. *Chapeuzinho vermelho aprende a escrever: estudos psicolingüísticos comparativos em três línguas*. São Paulo: Ática, 1996.

FERREIRO, E.; TEBEROSKY, A. *Psicogênese da língua escrita*. Porto Alegre: Artes Médicas, 1991.

FREITAS, A. C. *Os Filhos da Carochinha: a contribuição da literatura na estruturação da linguagem em crianças de educação infantil*. Dissertação (Mestrado em Educação). Natal: PPGED-UFRN, 2002.

GRAVES, M. F; GRAVES, B. B. The scaffolded reading experience: a flexible framework for helping students get the most out of text. In: *Reading*. v. 29, n. 1, p. 29-34, Apr. 1995.

GRIMM, W.; GRIM. J. *Contos de Grimm*. 7. ed. São Paulo: Ática, 1998.

HAVELOCK, E. A equação oralidade-cultura escrita: uma fórmula para a mente moderna. In: OLSON, D. R.; TORRANCE, N. (Orgs). *Cultura escrita e oralidade*. 2. ed. São Paulo: Ática, 1997, p. 17-33.

JESUALDO. *A literatura infantil*. Buenos Aires: Rosada, 1995.

KATO, M. *No mundo da escrita: uma perspectiva psicolinguística*. 7. ed. São Paulo: Ática, 1999.

KOCH, I. V. *O texto e a construção dos sentidos*. 3. ed. São Paulo: Contexto, 2000.

LÜDKE, M.; ANDRÉ, M. E. *Pesquisa em educação: abordagens qualitativas*. São Paulo: EPU, 1986.

MURRAY, D. E. Collaborative writing as a literacy event: implications for ESL instruction. In: *Collaborative language learning and teaching*. New York: Edited by David Nunan, University Press, 1992, p.100-117.

PERRAULT, C. As fadas. In: PERRAULT, C. *Chapeuzinho Vermelho e outros contos de Perrault*. São Paulo: Círculo do livro, 1994, p. 65-68.

PERRAULT, C. O Gato de Botas. In: *Contos de Perrault*. Tradução de Fernanda Lopes de Almeida. São Paulo: Ática, 1998. Título original: Le chat Botté.

PERRONI, M. C. *Desenvolvimento do discurso narrativo*. São Paulo: Martins Fontes, 1992.

REGO, L. L. B. A escrita de estória por crianças: as implicações pedagógicas do uso de registro lingüístico. In: *Delta*, v. 2, n. 2, p. 165-180, 1986.

REGO, L. L. B. *Alfabetização e construtivismo: teoria e prática*. Recife: UFPE, 1994.

REGO, L. L. B. *Literatura infantil: uma nova perspectiva da alfabetização na pré-escola*. 2. ed. São Paulo: FTD, 1995.

ROCCO, M. T. F. Leitura e escrita na escola: algumas propostas. In: *Em Aberto*. Brasília, ano 16, n. 69, p. 116-123, jan./mar. 1996.

SMITH, F. *Compreendendo a leitura: uma análise psicolingüística da leitura e do aprender a ler*. 3. ed. Porto Alegre: Artes Médicas, 1991.

SMOLKA, A. L. B. *A criança na fase inicial da escrita: a alfabetização como processo discursivo*. São Paulo. Cortez, 1993.

SMOLKA, A. L. B.; GÓES, M. C. R. de. *A linguagem e o outro no espaço escolar: Vygotsky e a construção do conhecimento*. Campinas: Papirus, 1997.

VYGOTSKY, L. S. *A formação social da mente*. 5. ed. São Paulo. Martins Fontes, 1994.

VYGOTSKY, L. S. *Pensamento e linguagem*. 2. ed. São Paulo: Martins Fontes, 1999.

Terceira parte

Práticas pedagógicas e legislação educacional

Ensino de leitura e escrita:
a escola primária potiguar em 1920[1]

Maria da Conceição Silva

Após a instauração do Governo Republicano, alguns estados brasileiros, como São Paulo, por exemplo, deram início ao projeto de modernização da instrução formal. Seguindo tal exemplo, o Rio Grande do Norte, a partir de 1908, promoveu mudanças significativas no seu ensino primário. Essas mudanças faziam parte do ideário do movimento renovador da educação, que procurava identificar a escola com os avanços científicos, econômicos e culturais daquele período. Almejava-se uma escola diferente daquela existente no Império, que era desprovida de edifícios, mobiliário, materiais didáticos e carente em profissionais qualificados. A escola renovada pretendia ser popular e universal, moderna no espaço físico e na organização didático-pedagógica, formadora de homens e de mulheres que seguissem as pegadas dos povos e das nações consideradas civilizadas, tais como França e Estados Unidos da América.

Na década de 1920, entre as preocupações dos potiguares que idealizavam a educação renovada, os programas de estudo e os procedimentos pedagógicos, como os referentes à leitura e à escrita, ocupavam lugar de destaque. O objetivo era viabilizar o ensino desses saberes pautado nos fundamentos da moderna pedagogia, como a concepção intuitiva – ou lições de coisas – que, calcada numa lógica indutiva de aprendizagem, valorizava metodologias concretas e experimentais, baseadas na mobilização dos cinco sentidos do aprendiz.

---

[1] Este artigo é um recorte de nossa dissertação de mestrado, intitulada: *Reconstruindo práticas: significações do trabalho de professoras na década de 1920,* defendida no PPGED da UFRN (cf. SILVA, 2004).

Para alcançar o objetivo acima explicitado, o Departamento de Educação Pública do Rio Grande do Norte buscou formar os professores e normatizar suas ações educativas de acordo com os processos modernos de ensino. Dentre os dispositivos que desempenharam essa função, destacam-se os conteúdos estudados na Escola Normal, as regras da legislação escolar e as orientações expressas nos livros educativos selecionados para serem utilizados na sala de aula.

Partindo dessas considerações, nossa intenção neste capítulo é focalizar de que modo o ensino do ler e do escrever ganhava contornos na escola primária potiguar na década de 1920. Para tanto, analisamos a prática docente de Leonor Barbosa de França, na Escola Rudimentar da Vila de Ponta Negra, Natal-RN, atentando para o saber-fazer da mestra, para os livros que utilizava em sala de aula e para as relações que estabelecia com as orientações didático-pedagógicas consideradas renovadas.

Nesse sentido, organizamos as informações no presente capítulo apresentando ao leitor a professora em destaque e configurando de modo sucinto sua formação educativa e sua inserção no magistério primário. Em seguida, clarificamos os caminhos percorridos para a construção dos dados da pesquisa, citando os arquivos visitados, nos estados do Rio Grande do Norte e do Rio de Janeiro, para dar visibilidade às práticas de ensino da leitura e da escrita desenvolvidas na sala de aula da mestra por meio da análise dos materiais educativos e do método de ensino que fundamentavam suas ações docentes e, por fim, tecemos uma breve conclusão sobre o estudo.

A CONSTRUÇÃO DOS DADOS: POR QUE ESSA PROFESSORA?

Leonor Barbosa de França nasceu em Natal no ano de 1900 e faleceu em 1975. Desconhecendo a sua origem familiar, ela se dizia órfã. Nos primeiros anos da infância, ficou sob os cuidados do pároco de Natal, Dom João Maria Cavalcanti de Brito. Em seguida, passou a residir com as irmãs da Congregação Santa Dorotéia, em uma chácara, no bairro da Cidade Alta, local de residência das religiosas e do Colégio Imaculada Conceição. Esse colégio funcionava com alunas internas e externas e era administrado pela irmã Maria Carolina Beltrão.

Leonor Barbosa de França não estudou com as demais alunas da escola; mas foi nesse espaço que aprendeu a ler e a escrever, algumas prendas domésticas, bordados, costuras e atividades da catequese. Em 1919, após o casamento com o Sr. Sílvio Romero Barbosa, mudou-se para a povoação da Vila de Ponta Negra, distante 14 quilômetros do centro da capital. Seu marido faleceu de tuberculose em 1930, deixando-a com três crianças. Três anos depois, em 1933, contraiu núpcias pela segunda vez com o Sr. Eduardo de França.

A inserção da mestra Leonor no magistério da referida povoação deu-se em 1923, quando assumiu a regência da Escola Municipal Rudimentar, instituição co-educativa que oferecia o curso primário em dois anos. Para a elite intelectual e política do estado, esse tipo de escola auxiliava na diminuição do analfabetismo das camadas populares. Enquanto os grupos escolares e as escolas isoladas exigiam prédios adequados, recursos pedagógicos diferenciados, professores formados nas Escolas Normais e programas de estudo mais longos e complexos, as escolas rudimentares funcionavam em prédios comuns, como salões paroquiais e residências, com tempo de escolarização e programas de ensino reduzidos, assim como também o eram os recursos didáticos.

Em 1932, Leonor Barbosa de França ocupou o cargo de docente na Escola Rudimentar Estadual da Vila de Ponta Negra, posteriormente denominada Escola Isolada Jerônimo de Albuquerque. Após a sua aposentadoria em 1946, dedicou-se às leituras e às aulas particulares. A nossa escolha em investigar as práticas dessa professora se justifica por ela ter atuado na educação primária na década de 1920 e interagido com o ideário da renovação educacional que o poder público da época, embasado nos preceitos da moderna pedagogia, visou implementar no ensino da leitura e da escrita no Rio Grande do Norte. Para a realização do trabalho, percorremos os acervos do Arquivo Público e do Instituto Histórico e Geográfico desse estado, bem como os da Biblioteca Nacional do Rio de Janeiro, acervo em que encontramos parte dos livros didáticos utilizados na sala de aula da mestra, cuja atuação pesquisamos.

Nesses espaços, tanto potiguar quanto carioca, debruçamos-nos sobre documentos do Departamento de Educação, sobre os decretos e mensagens governamentais, as matérias jornalísticas e livros da época. Além dessa análise documental oficial, realizamos entrevistas com ex-alunos e familiares da professora, por intermédio dos quais coletamos outros registros, tanto escritos como fotografados.

O ENSINO DA LEITURA E DA ESCRITA

Na concepção do Departamento de Educação Pública do estado potiguar, conforme anteriormente destacamos, a leitura e a escrita, assim como os demais saberes da escola primária, deveriam respaldar-se nos princípios intuitivos de ensino ou nas lições de coisas, considerados, como lembra Souza (1998, p. 22), "o principal elemento de renovação do ensino na época". Os princípios intuitivos foram tributários do pensamento educativo que circundou a Europa a partir do século XVII, pelo qual se defendia que a criança aprendia por observação do mundo natural. Entre seus principais representantes, podemos destacar Comenius, Rousseau, Pestalozzi e Froebel (cf. CAMBI, 1999).

Em contraposição ao ensino baseado em uma lógica dedutiva, o qual destacava a memória, a abstração e a repetição, a educação intuitiva consistia na valorização da intuição como fundamento de todo o conhecimento, isto é, na concepção de que a aquisição dos conhecimentos decorria dos sentidos e da observação. Esse tipo de pensamento pedagógico propagava que o aprendiz, ao explorar o mundo palpável, poderia compreender os saberes de forma gradual e harmônica e ainda recomendava que os professores respeitassem o "espírito infantil", ou a condição de funcionamento físico e intelectual da criança. As atividades escolares deveriam considerar a idade e os níveis de aprendizagem, partindo sempre do concreto para o abstrato, do particular para o geral, instigando, desse modo, a criança a fazer descobertas e a formar idéias (cf. SILVA, 2004; VALDEMARIN, 2004).

Valdemarin (2004) ressalta que o método intuitivo era destacado pelos seus divulgadores como um instrumento pedagógico capaz de reverter a ineficiência do ensino da leitura e da escrita e outros saberes, assim como também de modificar o caráter abstrato e pouco utilitário da escola mnemônica. Mas, para o desenvolvimento do referido método no âmbito das salas de aulas, fazia-se necessário que os professores tivessem um repertório de conhecimentos referente às diretrizes gerais dessa proposta pedagógica. Nessa ótica, a formação do docente era um elemento de primeira ordem.

Iluminado por essas idéias, o Rio Grande do Norte procurou orientar o ofício dos mestres primários por meio de vários dispositivos. O principal deles era o curso da Escola Normal, que desde sua implantação, em 1908[2], considerou os preceitos intuitivos como a essência do saber-fazer do docente. Outro veículo que objetivou informar e esclarecer as normas intuitivas foi a legislação da educação, como os regimentos escolares, os quais configuravam uma espécie de guia para as ações educativas.

No caso das escolas rudimentares, as diretrizes para o ensino da leitura e da escrita estavam prescritas no seu regimento de modo minucioso. Um dos destaques era o denominado ensino simultâneo, procedimento didático que incidia na organização do tempo e do espaço da sala de aula, viabilizando ao

---

[2] Essa era a quarta tentativa de instituir definitivamente uma escola dessa natureza no estado. Desde os anos de 1873, as que foram criadas funcionavam enfraquecidas, ou não saíam do decreto. Parafraseando as palavras de Cascudo (1999, p. 198), a quarta escola de ensino normal foi a que deu frutos.

professor instruir a todos os componentes da turma ao mesmo tempo. Ensinar simultaneamente a todos os alunos permitia, como lembra Faria Filho (2000), uma melhor otimização do horário escolar e a formação de turmas mais homogêneas e disciplinadas, uma vez que nenhum componente ficava ocioso.

Observamos que a proposta simultânea se contrapunha ao ensino individual, que, durante o século XIX, reinara nas instituições de primeiras letras. Tal procedimento consistia no fato de que o professor, mesmo tendo diversos alunos, terminava por instruir individualmente cada um deles, fator que ocasionava indisciplina, desperdício de tempo e inatividade para o resto da turma.

O regimento das escolas rudimentares apresentava também os programas de estudo, a ordenação ou as seqüências didáticas dos conteúdos e os passos metódicos que as atividades seguiriam. Em relação à linguagem escrita, no primeiro ano de escolarização os professores iniciavam com "cópias de palavras, frases e trechos de leitura. [Posteriormente passavam a] completar sentenças, construir frases com palavras dadas" (RIO GRANDE DO NORTE, 1925a, p. 2). Eram também explicitados os recursos didáticos que poderiam mediar a aprendizagem, como álbuns de figuras, murais de palavras e frases, assim como os livros didáticos que seriam adotados. Para os representantes do Departamento de Educação estadual, as regras e orientações estabelecidas em tais impressos convergiam para a realização de uma prática de ensino eficaz que, certamente, contribuiria para o sucesso da alfabetização das crianças.

A análise das fontes pesquisadas evidenciou que, na Escola Rudimentar da Vila de Ponta Negra, Leonor Barbosa de França ensinava leitura e escrita procurando estabelecer possíveis relações com a proposta pedagógica oficial potiguar. Para tanto, buscava embasamento nos livros didáticos de autoria de Felisberto de Carvalho, que foi regente do curso primário anexo à Escola Normal do Rio de Janeiro e membro do Conselho de Instrução Pública Fluminense. A partir da segunda metade do século XIX, publicou livros de orientação metodológica para o professor, como o *Tratado de Metodologia*, e compêndios didáticos para o ensino da leitura e da escrita, como o *Primeiro livro de leitura*, para os principiantes, além do *Segundo livro de leitura*, do *Terceiro livro de leitura* e do *Quarto livro de leitura* (cf. CABRINI, 1994).

Os livros de Felisberto de Carvalho se fundamentavam nos referenciais dos processos intuitivos e indicavam metodologias para o ensino da leitura e da escrita que partiam de lições cujos conhecimentos abordados vinham acompanhados de gravuras de personagens e de objetos. Na opinião de Razzini (2005, p. 104), a valorização da imagem nos textos destinados à escola primária tornou-se tão importante quanto a escrita, "daí a atenção especial que o desenho ganhou tanto nos currículos das Escolas Normais quanto no currículo dos Grupos Escolares". Às palavras da autora, acrescentamos a atenção conferida também à imagem no âmbito do currículo das escolas rudimentares potiguares e nos procedimentos pedagógicos de Leonor Barbosa de França que, ao tentar materializar na sua prática educativa as recomendações de Felisberto de Carvalho, utilizava como ponto de partida gravuras e músicas para explorar a leitura, como ocorria com a denominada leitura corrente.

A leitura corrente era posterior àquela de que os aprendizes se apropriavam no momento da alfabetização, por isso exigia do aluno a pronúncia correta de todas as palavras, com inflexão de voz e pontuação (RIO GRANDE DO NORTE, 1925a). Nos livros de Felisberto de Carvalho, o ensino da leitura corrente passava a ser viabilizado a partir das lições do *Segundo livro de leitura* (1946b). A título de ilustração, a senhora Guiomar Rodrigues Bezerra, ex-aluna da professora Leonor, teceu o seguinte comentário sobre as lições:

> Dona Leonor desenhava as gravuras, musicava as lições de Felisberto de Carvalho e cantava na sala de aula com as crianças. Vou cantar um pedacinho:
> *Apenas raiou o dia e já Guilherme está no campo, lá, lá, lá ... Semeando para manter sua família, lá, lá, lá ...*[3]

Os trechos cantados por Dona Guiomar pertencem à lição 22 do *Segundo livro de leitura* (CARVALHO, 1946b), que é intitulada "O bom Guilherme", conforme podemos verificar na figura abaixo.

Figura 1 – Lição 22: "O Bom Guilherme", do *Segundo Livro de Leitura*

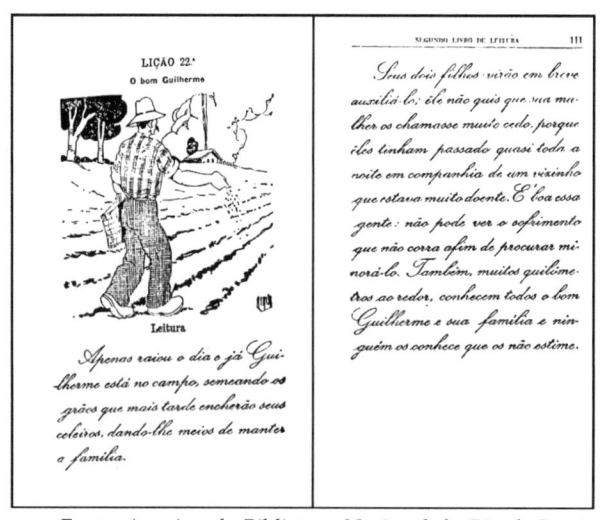

Fonte: Arquivo da Biblioteca Nacional do Rio de Janeiro

---

[3] Entrevista com Guiomar Rodrigues Bezerra, ex-aluna de Leonor Barbosa de Franca. Natal-RN, dez. 2002, mai. 2003.

Nesse texto, são reforçados, por meio das linguagens verbal e não-verbal, valores sobre a família, o trabalho e a pátria, princípios que incorporavam o projeto da sociedade republicana brasileira e a formação de seus cidadãos, o que nos leva a perceber que a escola, por meio dos materiais didáticos, adicionava conteúdos de cunho nacionalista às questões concernentes à aquisição da leitura. Fundamentada nessa mesma linha de raciocínio, Razzini (2005) pontua o papel relevante que os livros assumiram na consolidação da ideologia republicana, já que várias gerações de brasileiros se escolarizaram lendo, escrevendo e recitando textos que combinavam regras de civilidade, progresso e civismo.

Outro ponto que merece realce na prática de Leonor é o ensino da leitura e da escrita elementar, ou os primeiros passos do processo de alfabetização. Observamos que os materiais de referência do seu trabalho eram o *Primeiro livro de leitura*, de Felisberto de Carvalho (1946a), e a tradicional *Carta do ABC*. Isso pode ser exemplificado nas palavras de Gertrudes Bento de Oliveira, outra ex-aluna que, ao recordar os momentos de sua alfabetização e infância, relata o quanto gostava das lições do livro do referido autor. Segundo Dona Gertrudes, "quando era a hora de a toda turma ler em coro ... adorava". Informou também sobre as atividades produzidas pela professora, como, por exemplo, as cópias de letras e as palavras que os alunos utilizavam para leitura. Sobre a sala de aula, a ex-aluna nos disse ainda:

> Quando as crianças soletravam, precisavam estar bem atentas, senão... não decorava e aprendia. (sic)
> Com a *Carta de ABC* e o *Primeiro livro de leitura*, a gente copiava as letras e lia em voz alta.[4]

A partir desses dados, os quais fazem referência ao material didático que Leonor Barbosa de França utilizava em sala de aula, algumas reflexões podem ser feitas, das quais a mais saliente seria a que diz respeito ao método para iniciar a aprendizagem da leitura e da escrita. Sobre ele, Gertrudes Bento de Oliveira informa que, tomando como ponto de partida a *Carta do ABC*, e o *Primeiro livro de leitura* (CARVALHO, 1946a), Leonor desenvolvia técnicas de ensino que privilegiavam a soletração e a memorização de letras e de sílabas. Essas práticas de alfabetização apontam indícios da metodologia de soletração ou silabação, conhecida como método sintético de ensino.

---

[4] Entrevista com Gertrudes Bento de Oliveira, ex-aluna de Leonor Barbosa de França. Natal-RN, jun. 2000, dez. 2002.

Segundo Barbosa (1994, p. 47),

> o chamado método sintético seguia os seguintes procedimentos: o aprendiz deveria dominar o alfabeto, nomeando cada uma das letras, independente de seu valor fonético e de sua grafia. O aprendiz aprendia repetindo em coro, soletrando. Após esse período, era apresentada a grafia das letras do alfabeto e, numa primeira síntese, apresentavam-se as sílabas, sistematicamente em ordem. Em seguida, eram introduzidas as palavras mais simples (monossílabas) e depois, as mais longas, consideradas de pronúncias mais difíceis.

O método utilizado pela professora diferenciava-se, entretanto, do que era proposto por Felisberto de Carvalho. A proposta do autor era denominada de "emissão de sons", ou seja: a palavra era apresentada ao aluno e dividida em sílabas. Os alunos iniciavam o estudo das sílabas pronunciando e identificando os sons, em seguida passavam para a aprendizagem da pronúncia e da escrita da palavra. A idéia do autor era partir do geral para o particular, conforme o ideário intuitivo. Na tentativa de contribuir para o processo de alfabetização, o autor indicava cinco etapas para o ensino inicial da leitura. Na primeira, a partir de palavras e sentenças, os alunos aprenderiam a pronunciar e a apontar as vogais e seus diversos sons. Na segunda etapa, seguia-se com a observação da combinação das vogais com as consoantes, indicando-se as sílabas e posteriormente as palavras. Na terceira etapa, as letras das palavras eram traçadas na lousa, primeiro pelo professor e depois pelo aluno, por meio da cópia. Na quarta etapa, os alunos escreviam as palavras ditadas pelo professor; por fim, copiavam as palavras no papel (CARVALHO, 1946).

Ao analisarmos os materiais de Felisberto de Carvalho, percebemos que ele enfatizava o ensino da leitura integrando-o ao da escrita, da caligrafia e da ortografia, na medida em que os alunos aprendiam a ler. Os livros, além de indicarem um possível modo de alfabetizar, sugeriam atividades ilustradas, com letras e sílabas associadas a figuras ou a palavras e sentenças, como é o caso do *Primeiro livro de leitura* (CARVALHO, 1946a). A utilização de palavras e frases para alfabetizar, destacada na proposta do autor, é conhecida também como *método analítico de alfabetização*. Nessa perspectiva, as palavras e as sentenças são divididas em sílabas e letras, ao contrário do método sintético, como já foi pontuado, que prioriza as letras e depois as sílabas, para formar palavras.

Na década de 1920, o método sintético de ensino era considerado como uma proposta metodológica menos eficiente que a analítica, visto que esta partia de procedimentos e técnicas que valorizavam estruturas mais complexas da língua, trazendo, em vez de letras e sílabas isoladas, elementos lingüísticos mais significativos, como palavras e frases. Entretanto, aprender a ler e a escrever continuava sendo compreendido como um processo de decifração e organização do sistema de representação gráfico.

Questões como a natureza social da escrita e a maneira pela qual os alunos se apropriavam do código lingüístico se mantinham incompreensíveis e, desse modo, as técnicas e os procedimentos de alfabetização decorriam com base na codificação e decodificação dos elementos sonoros. Partiam da idéia de que os aprendizes, ao serem colocados diante do sistema de escrita, não interagiam com ele, não elaboravam concepções sobre a escrita. Eles deveriam, apenas, reproduzir o código escrito, sem imprimir questionamentos sobre o objeto do conhecimento.

Se analisássemos essas questões de acordo com as teorias contemporâneas sobre a escrita, poderíamos afirmar com Ferreiro (2001) que um dos elementos que dificultou a compreensão do aluno como um sujeito que constrói hipóteses e levanta estratégias sobre código lingüístico foi o modo como a cultura escolar formou nos aprendizes da língua escrita "uma atitude de respeito cego diante desse objeto, que não se propõe como um objeto sobre o qual se pode atuar, mas como um objeto para ser contemplado e reproduzido fielmente, sem modificá-lo" (p. 21). Para essa autora, ao longo dos anos, a preocupação com a prática da alfabetização foi gerada sempre em torno dos métodos e da eficiência de um, em detrimento de outro. Mas a relação entre o sujeito da aprendizagem e o objeto do conhecimento não teve o destaque merecido.

Em um trabalho anterior, Ferreiro (1995, p. 29) argumenta ainda que,

> tradicionalmente, as discussões sobre a prática alfabetizadora têm se centrado na polêmica sobre os métodos utilizados: métodos analíticos *versus* métodos sintéticos; fonéticos *versus* global, etc. Nenhuma dessas discussões levou em conta o que agora conhecemos: as concepções das crianças sobre o sistema de escrita.

Tomando por base essas reflexões, podemos dizer que o programa de estudo das escolas rudimentares também instituía o debate em torno do método mais viável. Apontava que o ensino inicial da leitura e da escrita poderia ser conduzido por meio da metodologia sintética, mas era preferível a analítica, caso o professor conhecesse os procedimentos. Assim sendo, de acordo com o Regimento Interno (Rio Grande do Norte, 1925a, p. 2), o professor organizaria as atividades de leitura ensinando o "conhecimento das letras, sílabas, palavras e frases, por si, ou combinadas de acordo com a carta ou cartilha adotada, sendo preferidos os métodos de palavras ou frases, se o professor conhecer e souber aplicá-los, leitura corrente em livro apropriado".

No caso da professora em estudo, percebemos que, apesar de utilizar livros respaldados no método analítico, ela conduzia o ensino do ler e escrever baseada em elementos do método sintético. Talvez desenvolvesse uma espécie de método misto, como ilustramos acima, construído entre os saberes de sua experiência e a orientação expressa no material didático e nos demais instrumentos de informação. O que verificamos é que, nas escolas rudimentares, os professores tinham a autorização da legislação do ensino para se respaldarem no método sintético, caso não tivessem conhecimento do analítico, enquanto os educadores dos grupos escolares eram orientados a desenvolver o ensino inicial da leitura e da escrita considerando apenas os conhecimentos analíticos das sentenças, palavras, sílabas e letras, ou sons vocais (Rio Grande do Norte, 1925b).

Essa condição posta ao profissional dos grupos escolares estava relacionada à formação que possuíam, uma vez que, para lecionar nessas instituições, era preciso dispor do diploma do curso normal. Portanto, na interpretação do Departamento de Educação Pública, os mestres dos grupos escolares eram formados conforme os modos de ensino considerados inovados, enquanto nas escolas rudimentares, parte significativa do professorado não havia freqüentado a Escola Normal, como era o caso de Leonor Barbosa de França, o que dificultava o acesso ao saber das práticas analíticas.

Uma conseqüência desses fatores é que, em janeiro de 1925, foi organizado, pelo Departamento de Educação, um curso de férias para os professores primários das escolas públicas, subvencionadas e particulares. Um dos temas debatidos foi exatamente a relevância da metodologia analítica para o ensino da leitura e da escrita. O professor Oscar Wanderley, da Escola Normal de Natal, proferiu uma palestra sobre o assunto, demonstrando aos professores, durante o curso,

> os passos necessários para o desenvolvimento do método analítico. [...] Se ainda não temos perfeito o ensino da leitura elementar pelo método analítico, em todas as escolas do estado, longe não nos achamos de consegui-lo, desde que vão se preparando na nossa Escola Normal professores capazes para bem aplicar. (Curso de Férias, 1925, p. 1)

Nesse evento, também foram recomendados os materiais didáticos que deveriam ser adotados nas escolas, tais como as cartilhas do professor paulista Mariano de Oliveira. Os materiais desse autor eram apontados como os mais eficazes para a exposição do conhecimento e o aproveitamento dos alunos. Apesar de as discussões pedagógicas, como as realizadas no curso de férias, e os regulamentos da escola primária serem favoráveis ao ensino analítico, um olhar mais atento sobre as publicações de Mariano Oliveira revela que elas estavam orientadas de acordo com os preceitos da proposta analítico-sintética de alfabetização. Tratava-se de orientações que traziam tanto aspectos do método sintético quanto do analítico. Era uma espécie de método misto, que entrecruzava normas de ambas as metodologias.

Figura 2 – Cartilhas de Autoria de Mariano Oliveira

Fonte: Centro de Referência em Educação Mário Covas. São Paulo – SP

A professora Leonor Barbosa de França foi uma das docentes convidadas a tomar parte do curso de férias. Caso tenha realmente participado, ela teve a oportunidade de entrar em contato com a palestra do professor Oscar Wanderley e, possivelmente, com os passos necessários para o desenvolvimento do método analítico, além de ter sido informada sobre o livro didático que era recomendado. Entretanto, "os passos necessários" para conduzir a leitura e a escrita na sua sala de aula nem sempre refletiam as orientações oficiais; as escolhas e as experiências docentes também contavam. É possível que tenha sido nesses critérios que a mestra pesquisada se embasou para trabalhar com os materiais de Felisberto de Carvalho e desenvolver técnicas de ensino que, mesmo se relacionando com o método sintético, apresentavam particularidades próprias do seu fazer docente.

Considerações finais

Ao desejar discutir, neste capítulo, como o ensino do ler e do escrever se configurava na sala de aula da escola primária potiguar na década de 1920, tomamos como foco de análise a prática educativa de Leonor Barbosa de França, na Escola Rudimentar da Vila de Ponta Negra, Natal – RN. A escolha por essa professora leiga se explica por ela ter sido figura de destaque no magistério da citada comunidade e por ter interagido com o ideário da renovação educacional que o poder público e a elite intelectual local visaram implementar no ensino da leitura e da escrita, assim como dos demais saberes escolares, durante a década em estudo.

Para tornar possível a pesquisa, perseguimos pistas do saber-fazer da mestra, dos livros educativos a que ela tinha acesso e das relações que estabelecia com as orientações didático-pedagógicas indicadas pelo Departamento de Educação do estado potiguar. Ao entrecruzarmos as informações coletadas, as ações docentes em sala de aula e o ideário da educação presente no Rio Grande do Norte foram tomando forma, segundo nossa interpretação. Compreendemos que Leonor Barbosa de França tentava sistematizar o ensino da leitura e da escrita de acordo com a proposta pedagógica oficial potiguar, a qual refletia preceitos da pedagogia moderna, como os dos processos intuitivos de ensino. Foi nesse sentido que os livros de leitura de Felisberto de Carvalho, coerentes com tais orientações pedagógicas, tornaram-se instrumentos didáticos de referência para o seu trabalho. Entretanto, percebemos também que a *Carta do ABC*, tradicional livreto de ensino da leitura e escrita, converteu-se em um importante instrumento para a mestra ensinar os alunos a ler e a escrever. Esse tipo de material trazia orientações para se alfabetizar segundo as normas do método sintético de ensino, proposta que divergia das orientações expressas nos livros de Felisberto de Carvalho, uma vez que esse autor enfocava o ensino de acordo com o método analítico.

Verificamos que Leonor ora se fundamentava em preceitos renovados, ora em práticas mais tradicionais, o que desvela o modo como ela se apropriava dos conhecimentos referentes ao ensino da linguagem e os sistematizava na prática educativa. Esse fator pode nos indicar que, apesar de haver dispositivos que estabeleciam parâmetros para as ações dos professores, como materiais didáticos e regimentos escolares, não havia uma uniformidade metodológica na escola primária, levando o Departamento de Educação do estado a reconhecer que as lições deveriam ser "dadas em conformidade com a capacidade pedagógica do professor", já que a maioria destes não era preparada sob os auspícios dos processos modernos (Rio Grande do Norte, 1925a, p. 5).

A nosso ver, a qualificação do professor e os procedimentos de ensino mais eficazes para a leitura e a escrita não foram debates exclusivos da década de 1920. Nos dias atuais, os debates prosseguem, as normalizações oficiais, indicando caminhos viáveis para essas práticas, continuam sendo formuladas e, às vezes, não são apropriadas de modo consistente pelos mestres. Perguntamo-nos quantos professores como Leonor Barbosa de França ainda podemos encontrar, mestres que ao construir seu saber-fazer entremeado por orientações educativas "inovadas" ou "tradicionais" ensinam conhecimentos da língua escrita todos os dias nas escolas.

Referências

BARBOSA, J. *Alfabetização e leitura*. São Paulo: Cortez, 1994.

CABRINI, C. A. *Memória do livro didático: os livros de leitura de Felisberto Rodrigues Pereira de Carvalho*. São Paulo: Universidade de São Paulo. Dissertação (Mestrado em Comunicação e Artes), 1994.

CAMBI, F. *História da Pedagogia*. Tradução de Álvaro Lorencini. São Paulo: UNESP, 1999.

CARVALHO, F. *Primeiro livro de leitura*. 130. ed. Rio de Janeiro: Livraria Francisco Alves & Cia, 1946a.

CARVALHO, F. *Segundo livro de leitura*. 107. ed. Rio de Janeiro: Paulo Azevedo & Cia e Livraria Francisco Alves, 1946b.

CASCUDO, L. C. *História da cidade do Natal*. Natal: IHG-RN, 1999.

CURSO DE FÉRIAS. In: *Jornal A República*. Natal, 14 de jan., 1925.

FARIA FILHO, L. M. de. Instrução elementar no século XIX. In: LOPES, E. M. T. et al. *500 Anos de Educação no Brasil*. Belo Horizonte: Autêntica, 2000, p. 135-150.

FERREIRA, E. *Reflexões sobre alfabetização*. Tradução de Horácio Gonzáles, *et al*. 24. ed. São Paulo: Cortez, 1995.

FERREIRA, E. *Com todas as letras*. Tradução de Maria Zilda da Cunha Lopes. 10. ed. São Paulo: Cortez, 2001

RIO GRANDE DO NORTE. Regimento interno das escolas rudimentares. In: *Jornal A República*, Natal: Tipografia da República, 07 de abr., 1925a.

RIO GRANDE DO NORTE. Regimento interno dos grupos escolares. In. *Jornal A República,* Natal: Tipografia da República, 1925b.

RAZZINI, M. P. G. Livros e leituras na escola brasileira do século XX. In: STEPHANOU, M.; BASTOS, M. H. C. *História e memória da educação brasileira no século XX*. Petrópolis: Vozes, v. 3, 2005.

SOUZA, R. F. *Templos de civilização: a implantação da escola primária graduada no estado de São Paulo (1890-1910)*. São Paulo: UNESP, 1998.

SILVA, M. C. *Reconstruindo práticas: significações do trabalho de professoras na década de 1920*. Dissertação. (Mestrado em Educação). Natal: PPGED-UFRN, 2004.

VALDEMARIN, V. T. *Estudando as lições de coisas: análise dos fundamentos filosóficos do método ensino intuitivo*. Campinas: Autores Associados, 2004.

A prática e a teoria: uma transversalidade possível no trabalho docente

Ednacelí Abreu Damasceno Mota

Nada é tão prático como uma boa teoria, porém, com a condição de que ela possa funcionar como ferramenta de análise para uma situação real.
(BARTH, 1993, p. 28)

O título deste texto remete às questões de pesquisa desenvolvidas com um grupo de 20 professoras que participaram de minha dissertação de mestrado (cf. MOTA, 2005). Como esse grupo de professoras exerce a profissão docente há mais de dez anos, as questões levantadas partiam da situação de considerá-las como profissionais experientes e que, naquele momento, encontravam-se fazendo um curso de formação de professores em nível superior (curso de Pedagogia). As questões, objeto de interrogação, tinham a seguinte redação: *A sua experiência ajuda na compreensão do que está sendo estudado no curso? O que você estuda no curso lhe ajuda a compreender melhor sua prática pedagógica?*

O curso a que me refiro faz parte de uma política educacional do Governo do Estado do Acre, formando parcerias institucionais entre a Universidade Federal do Acre, a Secretaria de Estado de Educação e prefeituras municipais. Esse projeto foi implementado em todo o estado do Acre, por intermédio de pólos formadores. Seu objetivo foi qualificar em nível superior mais de 2.600 professores que atuam na Educação Infantil e séries iniciais do Ensino Fundamental e que já pertenciam ao quadro de funcionários públicos da Secretaria de Educação, atuando como professores; portanto, a qualificação e formação desses profissionais se deu em serviço.

Durante a investigação nesse curso[1], o que eu pretendia com aquelas perguntas era saber se a teoria ajudava as professoras a compreender melhor a prática ou se era a prática que as ajudava a compreender melhor a teoria estudada no curso que faziam naquele momento. Atrelado a tais questões, não poderia deixar de pensar sobre o que significam as palavras "prática" e "teoria" e sobre o sentido dessas palavras nos cursos de formação de professores. Além delas, penso que se fazia ainda necessário atentar para um outro sentido da relação teoria e prática, que não somente o da "unidade". Na trajetória de análise dos dados, uma outra palavra foi surgindo mais forte para dar sentido a essa eterna relação "teoria e prática" no contexto da formação de professores: "transversalidade".

Portanto, inicialmente, pretendo aqui dizer do meu entendimento das palavras *teoria, prática e transversalidade*, focalizando a relação entre elas. Em seguida, discuto a proposta do diálogo transversal entre campos diferentes de produção de saberes[2] e conhecimentos – *prática* e *teoria,* como modo diferente de pensar a valorização da experiência e da formação teórica nos cursos de formação de professores. Finalizo apontando para a necessidade de se pensar uma relação não hierarquizada entre escolas e instituições de formação de professores – uma relação transversal – e propondo o desafio da seguinte reflexão: como incorporar no currículo dos cursos de formação de professores os saberes construídos a partir da experiência docente, sem abrir mão do papel da teoria na formação do futuro profissional da Educação Básica. Ainda, um grande desafio que fica é pensar a formação inicial de professores, que ao contrário do perfil dos sujeitos dessa pesquisa, não têm a sala de aula como verdadeiros "laboratórios de pesquisa", onde possam, ao mesmo tempo, se apropriar dos conhecimentos teórico-acadêmicos e exercitá-los em sua prática docente, não só ressignificando a própria prática, mas também as próprias teorias.

---

[1] Curso Modular de Licenciatura em Pedagogia do Programa Especial de Formação de Professores para Educação Infantil e Séries Iniciais do Ensino Fundamental da UFAC. A pesquisa foi desenvolvida a partir de uma abordagem qualitativa, utilizando como instrumentos de coleta de dados 305 questionários e, destes, foi selecionado um grupo de 20 professoras para a realização de entrevistas semi-estruturadas. A escolha da entrevista se deu pelo fato de acreditarmos no caráter discursivo dos saberes dos docentes entrevistados. Sujeitos estes, que têm uma longa experiência docente (tempo de experiência na docência do grupo de professoras entrevistadas varia de 10 a 23 anos de exercício no magistério), sendo que 8 professoras atuam na Educação Infantil e 12 nas séries iniciais do Ensino Fundamental. Em relação ao nível de escolaridade, no grupo de 20 professoras entrevistadas, todas têm o curso magistério (nível médio), sendo que 8 (40%) professoras declararam que fizeram o Logus II, espécie de magistério supletivo.

[2] Para outros detalhes relativos à categoria saberes docentes, cf. o capítulo de Dieb, neste livro.

A relação entre teoria e prática e a transversalidade que a identifica

Segundo Candau e Lélis (1989), num esforço para melhor compreender a questão teoria-prática, devemos buscar seu sentido etimológico e as diferentes conotações que essas palavras poderão assumir. Assim, seu estudo nos mostra que ambas vêm do grego e que "teoria significava originalmente a viagem de uma missão festiva aos lugares do sacrifício. Daí o sentido de teoria como observar, contemplar, refletir" (*ibidem,* p. 50). Quanto à palavra "prática", deriva dos vocábulos gregos *práxis / práxeos* e tem o sentido de agir. O fato de agir e, principalmente, a ação inter-humana consciente, difere da *póiesis,* que compreendia a ação produtiva e a atividade comercial (*ibidem,* p. 51). Transcrevo abaixo, com a intenção de explicitar melhor, a posição de Candau e Lélis (1989, p. 51-52) de que há diferentes significados atribuídos às palavras teoria e prática, conforme consulta realizada em um dicionário filosófico:

> Por teoria se entende uma construção especulativa do espírito aproximando conseqüências a princípios:
>
> 1º) Por oposição à prática na ordem dos fatos: o que é objeto de um conhecimento desinteressado, independe de suas aplicações [...];
>
> 2º) Por oposição à prática na ordem normativa: o que constituiria o direito puro, ou o bem ideal, diferentes das obrigações comumente reconhecidas [...];
>
> 3º) Por oposição ao conhecimento vulgar: o que é objeto de uma concepção metódica, sistematicamente organizada e dependente, por conseguinte, na sua forma de certas decisões ou convenções científicas que não pertencem ao sentido comum [...];
>
> 4º) Por oposição ao conhecimento seguro: construção hipotética, opinião de um sábio ou de um filósofo sobre uma questão controvertida [...];
>
> 5º) Por oposição à visão detalhista da ciência: ampla síntese se propondo explicar um grande número de fatos e admitida como hipótese provavelmente verdadeira pela maior parte dos sábios de uma época [...].
>
> Quanto à palavra prática são enumerados os seguintes sentidos:
>
> 1º) Exercício de uma atividade voluntária que transforma o ambiente que nos rodeia [...];
>
> 2º) Em outro sentido, a prática se refere às regras da conduta individual e coletiva, ao sistema de deveres e direitos, numa palavra, às relações morais dos homens entre si [...];

3º) O exercício habitual de uma determinada atividade, o fato de seguir tal ou qual regra de ação [...];

4º) Por conseguinte, o uso considerado em seus efeitos, a habilidade especial que dele resulta [...].

A partir dos sentidos diversos empregados às palavras teoria e prática, buscados no dicionário de filosofia, percebemos ênfase na idéia de um confronto entre essas palavras. Até mesmo de oposição e separação entre elas, assim como uma visão aplicacionista das mesmas, ou seja, na prática se aplica a teoria. A princípio, há dois pólos divergentes nessa visão dicotômica entre teoria e prática. O primeiro é que são os "teóricos" que pensam, refletem e teorizam; o segundo é que os "práticos" são aqueles que fazem, agem, praticam. Ademais, na visão aplicacionista, há uma dinâmica na relação que vai da teoria à prática. Ou seja, a boa prática é aquela que aplica fielmente os conceitos teóricos. Assim, essas duas posturas, ou melhor, visões da relação entre teoria e prática, nos permitem observar a ênfase dada à divisão social do trabalho, na qual uns pensam e outros executam. Isso também nos faz pensar que há lugares onde se produzem conhecimentos para que possam ser aplicados em outros. Além disso, podemos inferir que os saberes produzidos nesses outros lugares são aqueles que pertencem ao senso comum, e, portanto, não devem ser levados a sério. Tal visão mantém implícita

> uma postura de domínio, de apropriação dos que detêm o poder das idéias em relação aos práticos. Sem dúvida, isso reflete, também, a divisão social do trabalho numa sociedade de classes, onde há uma separação entre o trabalho intelectual e manual. (FÁVERO, 1981, p. 15)

Negando essa forma de relacionamento dicotômico entre teoria e prática, Candau e Lélis (1983) defendem uma visão de unidade entre elas. As citadas estudiosas explicitam que teoria e prática são dois componentes indissolúveis da "práxis", definida como "atividade teórico-prática, ou seja, tem um lado ideal, teórico, e um lado material, propriamente prático, com a particularidade de que só, artificialmente, por um processo de abstração, podemos separar, isolar um do outro" (VÁSQUEZ, 1997, p. 241). Nesse sentido, algumas premissas dão conta de caracterizar essa visão de unidade entre teoria e prática, tal como também sugere Vásquez (*ibidem*, p. 215-234):

> 1) A teoria depende da prática uma vez que esta "determina o horizonte do desenvolvimento e progresso do conhecimento";
>
> 2) A teoria tem como finalidade a prática no sentido da "antecipação ideal de uma prática que ainda não existe";

> 3) A unidade entre teoria e prática pressupõe necessariamente a percepção da prática como "atividade objetiva e transformadora da realidade natural e social e não qualquer atividade subjetiva ainda que esta se oculte sob o nome de práxis, como faz o pragmatismo";
>
> 4) A prática se afirma tanto como atividade subjetiva, desenvolvida pela consciência, como processo objetivo, material, comprovado pelos outros sujeitos.

Essas são as premissas que dão conta de superar a visão dicotômica entre teoria e prática para se chegar a uma visão de unidade entre ambas, mesmo deixando claro que unidade não significa identidade. É exatamente nesse ponto que proponho, aqui, pensarmos numa visão de transversalidade em vez de uma visão de unidade. Para desenvolver essa questão, precisamos pensar, portanto, sobre o sentido da transversalidade. Gallo (2002a, 2002b), trabalha a perspectiva da transversalidade com base no paradigma rizomático de Félix Guattari[3], a qual me parece bastante elucidadora do pensamento que pretendo desenvolver aqui sobre a noção da transversalidade entre teoria e prática:

> No rizoma são múltiplas as linhas de fuga e, portanto, múltiplas as possibilidades de conexões, aproximações, cortes, percepções, etc. Ao romper com essa hierarquia estanque, o rizoma pede, porém, uma nova forma de trânsito possível por entre seus inúmeros saberes; podemos encontrá-la na transversalidade. (GALLO, 2002a, p. 32)

Assim sendo, a transversalidade proposta na relação teoria e prática é uma relação que atravessa essas duas instâncias de saberes "abandonando os verticalismos e horizontalismos, [substituindo-os] por um fluxo que pode tomar qualquer direção, sem nenhuma hierarquia definida de antemão" (*ibidem*).

Retomando as premissas que caracterizam a visão de unidade entre teoria e prática, tento agora explicitá-las sob a ótica da transversalidade. A

---

[3] Felix Guattari e Gilles Deleuze, filósofos franceses, apontaram uma alternativa para superar a fragmentação/compartimentalização do saber com base na metáfora do rizoma, que subverte a ordem da metáfora tradicional da estrutura arbórea do conhecimento (tomado como uma grande árvore, cujas extensas raízes devem estar fincadas em solo firme), representando uma concepção mecânica do conhecimento e da realidade, resultado das concepções científicas modernas. Já o paradigma rizomático rompe com essa fragmentação e hierarquização que são próprias do paradigma arbóreo, pois são múltiplas e variadas as direções possíveis que podem tomar a análise da realidade e do conhecimento, portanto, são transversais.

primeira premissa diz que a teoria depende da prática, já que o desenvolvimento do pensamento humano se dá a partir de suas necessidades práticas. No entendimento de uma relação transversal entre teoria e prática, a relação de interdependência não faz sentido, pois ambas têm suas singularidades e são campos de saberes e conhecimentos que se atravessam e se desdobram em múltiplas e novas possibilidades. De acordo com Gallo (2002b), essa é a possibilidade de um diálogo e da interação que o conceito de transversalidade nos coloca a refletir.

A segunda premissa aborda que a teoria tem como finalidade a prática, no sentido que antecipa uma prática ideal ainda não existente. No que concerne a uma relação transversal, nem sempre a teoria tem como finalidade a prática, pois há teorias que não necessariamente têm uma finalidade prática, e sim teórica mesmo. Por isso, não adoto a idéia de fundamento entre teoria e prática e sim a idéia do diálogo, ou seja, da transversalidade entre ambas.

Sobre a terceira premissa, quando pressupõe a percepção da prática como uma atividade objetiva, transformadora da realidade natural e social e não qualquer atividade subjetiva, acredito que o diálogo, que atravessa toda a relação teoria e prática, vem carregado de elementos teóricos e práticos, objetivos e subjetivos, sem que uma seja uma só coisa ou outra. Por esse motivo, a quarta premissa me parece mais adequada à noção de transversalidade trabalhada aqui no texto, ao tratar da relação entre teoria e prática. Ela nos diz que a prática se afirma tanto como atividade subjetiva, desenvolvida pela consciência, como processo objetivo, material, comprovado pelos outros sujeitos. Concordando com essa premissa, preciso acrescentar que a teoria, também em um sentido transversal como campo de saber e conhecimento, pode-se afirmar como uma atividade subjetiva ou objetiva. Entretanto, ora pode predominar a objetividade ora a subjetividade entre uma e outra, posto que ambas são transformadoras e criadoras da realidade, mesmo que seu resultado não possa ser previsível.

Destarte, a idéia da transversalidade ocorreu-me a partir dos depoimentos das professoras que entrevistei em minha pesquisa de mestrado. Ao indagá-las sobre como se dá a relação entre o que se estuda e o que se trabalha, entre o que se teoriza e o que se pratica, entre o que sabem e o que conhecem, não obtive uma relação de unidade entre teoria e prática em seus depoimentos. Porém, percebi em seus dizeres que a prática transita/atravessa a teoria sem a menor vergonha, como a teoria transita/atravessa a prática, sem a menor cerimônia.

Acerca desse aspecto foram levantadas as seguintes questões: um processo de formação acadêmica, como o que as professoras entrevistadas estavam vivenciando, pode dificultar, ou até mesmo emperrar, o estabelecimento da relação de unidade entre teoria e prática, porque passa por um momento de transição, em que as "verdades" em que acreditam, ou as que são apropriadas, são desconstruídas em face da "realidade" do trabalho docente? E, a partir dessa crise, pode-se supor que, posteriormente, em um momento de síntese, as professoras poderão produzir novos sentidos e significados, tendo como base a "verdade da realidade" (conhecimento) e a "realidade da verdade" (saber), restabelecendo, assim, a unidade entre teoria e prática?

Tentando responder a essas questões, parto da idéia de que a complexidade da "realidade" educativa não favorece uma relação de unidade entre teoria e prática e sim uma relação de diálogo transversal, na qual as interações são mútuas e múltiplas entre esses campos de saberes e conhecimentos. A relação de diálogo transversal permite que conhecimentos e saberes produzidos no campo teórico se relacionem com o campo prático, sem hierarquia, sem fundamento, apenas com criatividade e vice-versa. Nesse sentido, "se atravessam, desdobrando-se em múltiplas possibilidades, como um caleidoscópio que, a cada golpe de mão, faz surgir um novo quadro, novas possibilidades" (GALLO, 2002b, p. 285).

Com base nesse movimento, a multiplicidade e a criatividade presentes no exercício cotidiano da sala de aula produzem novos significados e sentidos na prática pedagógica, reconstituindo conhecimentos e saberes do pensar e do fazer pedagógico. Portanto, na seqüência, passo a demonstrar a fala das professoras que me fizeram refletir melhor acerca da discussão acima apresentada.

A compreensão da teoria a partir da prática

As professoras[4] que entrevistamos enfatizam, de um modo geral, que a sua prática tem ajudado na compreensão dos conhecimentos adquiridos no curso que ora fazem. Elas relatam que se não tivessem o conhecimento e o saber da sala de aula, com certeza, teriam muitas dificuldades em compreender as teorias estudadas e outros conhecimentos trabalhados no curso. Além disso, dão exemplos vivenciados na sala de aula em que essa situação é demonstrada. Vejamos a fala da professora Valéria:

---

[4] Ao demonstrar a fala das professoras, utilizo os códigos A.B.F, M.A.T e M.C. que significam, respectivamente, Escola Antônio de Barros Freire, Escola Mustafa de Almeida Tobu e Escola Marcelino Champagnat. Essas escolas são pertencentes à rede pública de ensino do estado do Acre.

> Com certeza, você tem que ter a prática, e com a experiência que você vai adquirindo me ajuda muito mais na compreensão dos conhecimentos estudados. Com a experiência que tenho, lá no curso fica mais fácil eu entender a maneira como trabalhar. Um exemplo: ontem, nós fizemos uma prova de Português e a professora citou um texto de uma criança que falava errado, quer dizer "errado" não, que nenhuma língua é errada, era a maneira dela se comunicar na vivência dela. E através desse texto é que eu fui entender que tinha que conhecer as diferenças lingüísticas pra poder trabalhar com meus alunos na sala de aula. Ajudou-me muito a compreender as diferenças lingüísticas, sociais, regionais, etc. Aceito essas diferenças e trabalho no sentido de fazer com que minhas crianças adquiram a norma culta a partir do que já sabem. (Prof^a. Valéria – A. B. F.)

Na fala acima, a relação do que se estuda no curso dentro da universidade transversa o ambiente acadêmico e dialoga diretamente com o que se trabalha na sala de aula. Em outras palavras, não há hierarquia, nem fragmentação do saber, mas o diálogo dos campos: teoria e prática. Essa relação é posta em movimento, a partir de comparações entre a teoria e a prática, e isso pode ser efetivado, por causa do vínculo posto pelo trabalho com a formação, nessa situação especial de formação de professores em serviço.

Vejamos alguns outros depoimentos sobre essa questão:

> A minha experiência me permite fazer comparações com a teoria, quando o professor fala sobre determinado assunto e aquilo que a gente ensinou já há algum tempo para o nosso aluno, se era errado ou não. Por exemplo, quando a gente estudou sobre as fases de desenvolvimento da criança, a gente pensa na sala de aula e no conhecimento que estamos estudando e então, a gente vê o que realmente acontece ou não. (Prof^a. Susi – A. B. F.)
>
> Quando você vê a teoria, você já consegue fazer uma relação da teoria com o que você vive na sala de aula, com o que você vive na prática. Um exemplo disso é quando a gente estava fazendo o PROFA[5], nós sempre estávamos relacionando aqueles conhecimentos com

---

[5] O Programa de Formação de Professores Alfabetizadores é um curso de 180 horas elaborado nos anos de 2001 e 2002 e implementado pelo MEC em parceria com algumas universidades e secretarias de educação de todo o País a partir de 2003. Foi desenvolvido por algumas secretarias de educação (inclusive a SEE-AC) com o objetivo de aprimorar as competências profissionais necessárias a todo professor que alfabetiza e compunha-se de dois conteúdos básicos: como acontecem os processos de aprendizagem da leitura e da escrita e como organizar, a partir desses conhecimentos, situações didáticas adequadas às necessidades de aprendizagem dos alunos, pautadas no modelo metodológico de resolução de problemas. No estado do Acre, esse programa foi incorporado à estrutura curricular do curso de Pedagogia Modular do

> nossa realidade e fomos despertando para o que acontecia na sala de aula, compreendendo agora por que nosso aluno não aprendia. (Profª. Auxiliadora – M. A. T.)

É interessante o depoimento de uma professora, quando a mesma enfaticamente diz "nós sabemos fazer essa relação entre a teoria e a prática" (Profª. Glória – A. B. F.). Essa professora revela que, o que se estuda no curso passa pelo crivo de quem sabe como é a realidade do trabalho docente. Qualquer tema discutido no momento da formação acadêmica vivenciada no Curso de Pedagogia logo é relacionado com a realidade prática do trabalho que as professoras desenvolvem na sala de aula. Principalmente porque, o conhecimento e o saber da sala de aula, o conhecimento e o saber das crianças, dão poder às mesmas para argumentar, questionar, validar ou não as teorias e conhecimentos. É assim que, a professora Glória reage ao lhe perguntar "se a prática na sala de aula ajuda a compreender a teoria estudada no curso":

> Com certeza. Se eu não estivesse na sala de aula eu não teria o conhecimento de sala de aula. E já que eu tenho esse conhecimento, a gente sabe argumentar, defender algum ponto de vista, dar contribuições, dizer até que ponto aquele tema contribui pra sala de aula, até que ponto a gente pode colocar em prática o que estamos vendo lá no curso, *porque nós sabemos fazer essa relação entre a teoria e a prática*. (Profª. Glória – A. B. F [Grifo meu])

Como se pode perceber, a compreensão dos conhecimentos e das teorias é atravessada pelo conhecimento da realidade do trabalho.

Segundo a maioria dos depoimentos das professoras entrevistadas, o conhecimento e o saber da docência facilitam, e muito, a compreensão de assuntos ligados ao trabalho pedagógico. Por isso, conhecer e saber a sala de aula parece permitir e facilitar a compreensão de teorias e conhecimentos veiculados no curso, evidenciada pela relação que fazem entre sala de aula (*realidade*) e os conhecimentos e teorias (*verdades*). Portanto, a transversalidade proposta na relação teoria e prática é uma relação que atravessa essas duas instâncias de saberes, sem hierarquia definida, por isso, em vez de direções verticais e horizontais, assumem as direções mais variadas possíveis. E reafirmo ainda, o *lugar de aprender e o lugar de fazer* não podem ser vistos como instâncias fronteiriças, já que a subjetividade do

---

Programa de Formação de Professores que atuam na Educação Infantil e séries iniciais do Ensino Fundamental. Para conhecer as orientações metodológicas gerais recomendo consultar Soligo (2001).

trabalho docente é fortemente marcada pelos saberes personalizados e situados/contextualizados no âmbito do trabalho. Sendo assim, *lugar de aprender também é lugar de fazer; lugar de fazer também é lugar de aprender*.

Dessa forma, concordamos com Tardif (2002, p. 257) quando diz que "a prática profissional nunca é um espaço de aplicação dos conhecimentos universitários. Ela é na melhor das hipóteses, um processo de filtração que os dilui e os transforma em função das exigências do trabalho". Assim, tal relação parece ser fundamental no cotidiano das professoras, conforme nos mostra a fala abaixo:

> Minha experiência facilita bastante a compreensão do que eu vejo no curso porque muitos conhecimentos que são trabalhados dizem respeito à minha realidade, à realidade do meu trabalho. E quando a gente começa a ver esses conhecimentos no curso, a gente começa a fazer uma relação com o que a gente faz na sala de aula, com o nosso trabalho. Um exemplo disso foram os conteúdos passados pela PROFA, eu me identifiquei muito com esses conhecimentos porque era a minha vivência em sala de aula, portanto, não tive dificuldade nenhuma de entendê-los. (Prof^a. Joiceli – M. A. T.)

Por essa razão, as professoras chegam a salientar que quem não tem a experiência de trabalhar em uma sala de aula, isto é, não tem a vivência da docência, pouco consegue fazer a relação entre a teoria e prática:

> Para quem não tem conhecimento de sala de aula fica muito difícil entender os conhecimentos, porque não pode fazer uma relação entre teoria e prática. A gente que tá lá fica fazendo uma comparação entre a teoria e a prática. A gente automaticamente fica relacionando o que estuda no curso com a nossa prática. Um exemplo disso é quando nós estivemos estudando o PROFA, as teorias sobre as hipóteses das crianças, mostrava um vídeo onde a criança estava na hipótese pré-silábica, silábica, então quando a gente via aquilo ali, pensávamos: "aquilo acontece na minha sala", ou seja, quando a gente fala, há crianças que assimilam só as vogais, às vezes só as consoantes, ou as duas. (Prof^a. Enilda – M. C.)

Com base nas entrevistas, vejo evidenciarem-se duas premissas nas falas das professoras. A primeira delas é que as que estudam e trabalham, ou seja, freqüentam a universidade à noite e a escola durante o dia, tem condições de fazer a relação entre universidade-escola, formação-trabalho. Transitam entre uma instância e outra, levando e trazendo conhecimentos, saberes, experiências, teorias, práticas, idéias, dúvidas, inseguranças,

seguranças, certezas, incertezas, enfim, vários "mundos" de saberes e conhecimentos ocasionados pela festa do encontro. A segunda premissa é que a sala de aula é ponto de referência da relação entre teoria e prática. Nesse sentido, de acordo com Morais (1995, p. 10), a sala de aula é "uma realidade que contém muitas realidades", uma vez que ela é a realidade em que se põem em movimento todos os conhecimentos e teorias estudadas no sentido de transformá-los em saberes docentes.

Vemos assim que a sala de aula é um espaço legítimo de transversalidade entre teoria e prática. Nessa mesma direção de pensamento, caminha Azzi (1999) quando nos diz que as respostas do professor se converterem na sua forma de intervenção sobre a realidade em que atua, ou seja, a sala de aula. Para essa autora, tais respostas, quando ainda não se configuram como o saber pedagógico, constituem o seu gérmen. Portanto, o saber pedagógico que é elaborado com base no conhecimento e/ou saber que o professor possui, bem como na relação que se estabelece entre eles e a sua vivência, identifica-se com a relação teoria-prática da ação docente, ou seja, com a sua práxis.

Do mesmo modo, a sala de aula é para Santos Neto (2002, p. 48) um espaço que

> abriga, pois, um encontro de complexidades humanas no concreto contexto histórico e social. A complexidade do professor encontra-se com a complexidade do aluno e do grupo. Como não considerar tal condição no processo formativo dos professores, seja ela na formação inicial ou na formação continuada?

É, pois, com base nas definições acima acerca da sala de aula que reitero: os professores põem em movimento as teorias, julgando-as e validando-as e simultaneamente fazendo as relações possíveis com a realidade contextual de todos os elementos e pessoas que compõem o trabalho docente. Desse modo, o professor constrói seus saberes e se quiser, e for possível, dada as condições de trabalho, produz conhecimentos significativos ao desenvolvimento do trabalho profissional docente.

A compreensão da prática a partir da teoria

O papel da teoria em nenhum momento foi desconsiderado nas falas das professoras entrevistadas. Ao contrário do que se possa imaginar, elas dizem que a teoria tem exercido um papel fundamental na compreensão da prática pedagógica. Apontam, inclusive, as especificidades do trabalho docente desenvolvido com as crianças, colocando de que maneira o conhecimento da teoria tem ajudado a compreender melhor o *fazer* pedagógico. Portanto, isso mostra que as professoras percebem as diferenças entre como faziam seu trabalho antes e como o fazem agora, evidenciando a melhor maneira de desenvolvê-lo.

Buscando entender melhor essa relação, direciono-me às idéias de Gimeno Sacristán (1998) quando rejeita o ponto de vista de que a prática deriva diretamente da aplicação ou da adoção de conhecimentos teóricos. Segundo o autor, que também é citado por Moreira (2002), o poder da razão não chega a tanto.

Para melhor discutirmos isso, vejamos o que as professoras entrevistadas nos dizem sobre essa questão:

> A teoria me ajuda muito a compreender melhor o que se passava em minha sala de aula. O curso me ensinou muito a levar em consideração os conhecimentos prévios dos alunos. Por exemplo, essa semana trabalhando com o tema mapa, antes eu perguntei pras crianças o que elas entendiam pela palavra mapa, e um aluno respondeu: "professora mapa é um corpo". Aí eu quis dizer "tá errado", mas aí me lembrei que eu tenho que levar em conta o que ele sabe e comecei a questioná-lo sobre o porquê dessa resposta. Foi então que ele me disse "professora, é que eu já assisti um filme onde tinha um mapa do tesouro. Este mapa estava dentro do estômago do homem. De repente, eu poderia ter dito: "que mapa é corpo coisa nenhuma menino" [nesse momento, ela ri]. Uma outra aluna disse: "Professora, mapa ajuda a conhecer um lugar". Se fosse em outro tempo, eu ia logo dando o conceito certo de mapa e pronto, mas agora, eu parto do que eles já sabem e conhecem. Teve uma época quando eu trabalhei com a 4.ª série, eu tinha um aluno que a vida dele era desenhar. Eu estava explicando e ele desenhando. Aquilo me aborrecia profundamente [fecha as mãos e põe na cabeça] e dizia: "Menino, larga esses caderno"! Eu não tinha ainda... ou melhor, não fazia faculdade. Eu não sabia lidar com aquele conhecimento que o aluno tinha, porque eu não trouxe pra minha experiência aquele conhecimento que ele tinha, porque de certa forma eu poderia ter aproveitado desse conhecimento e trazido para o benefício de minhas aulas e até mesmo do meu trabalho. Hoje esse menino é um excelente pintor. Desenha tudo. E eu digo pra mãe dele: "Olha, eu impliquei muito com seu filho". Naquele tempo eu não sabia como valorizar esse conhecimento, pelo contrário, isso me aborrecia. Hoje em dia, se eu tiver um aluno com essa habilidade, eu vou até pedir pra ele me ajudar a fazer alguma coisa. (Profª. Susi – A. B. F.)

Como podemos observar, compreender o que se passa em educação, o que se passa no cotidiano da sala de aula, nos obriga a considerar o contexto/realidade em que o trabalho docente se efetiva, assim como os saberes produzidos pelos(as) docentes a partir da filtragem dos "conhecimentos teóricos" capazes de serem postos em prática, superando o aplicacionismo das teorias.

Gimeno Sacristán (1998), citado por Moreira, (2002, p. 72), afirma que:

> O que até agora conhecemos como realidade é um resultado da interação de múltiplas forças e condicionamentos. Não é o efeito da aplicação de teorias científicas concretas; ou, ao menos, não é apenas nem fundamentalmente o resultado dessa aplicação. Na prática, projetam-se elementos teóricos, mas não se pode compreendê-la somente recorrendo a tais elementos.[6]

É sobre isso que nos fala, exatamente, a professora Susi:

> Muitas coisas que a gente estuda na sala de aula são verdadeiras e outras, eu acho que não se aplicam à nossa realidade. Muitas eu mudo e outras que eu acho que dão resultados positivos eu continuo a fazer como eu fazia antes de estudar. Mas o meu maior desejo é terminar a faculdade pra colocar realmente em prática tudo que aprendi no curso, porque agora nós não temos muito tempo, pois é uma correria entre o estudo e o trabalho. (Profª. Susi – A. B. F.)

Sabendo que a compreensão da prática pedagógica exige um exercício de reflexão, a fala dessa professora nos mostra que ela compreende que para isso precisa dispor de tempo, o que lhe é escasso atualmente. Ademais, penso que quando ela usa a expressão "colocar realmente em prática" não esteja se referindo a um mero aplicacionismo da teoria, visto que o exercício de refletir, sem dúvida, possui um caráter transversal teórico-prático, o qual espero que tenha sido compreendido pelas professoras. Por isso, é importante perceber como essas professoras dizem precisar da teoria para ajudá-las a compreender melhor o que acontece no trabalho pedagógico. Logo, o pensar, isto é, o refletir à luz das teorias, só tem sentido se o contexto nascer da prática.

Assim, embora mergulhado na cotidianidade do trabalho docente, nem sempre o professor dele se distancia reflexivamente. De acordo com Therrien (1997), esse olhar crítico é fundamental para caminharmos com mais segurança e efetividade, para nos desembaraçarmos de alguns entraves e para descobrirmos novas alternativas para a melhoria de nosso trabalho, o que é,

---

[6] GIMENO SACRISTÁN, 1998.

em última instância, o que estamos buscando como profissionais. Por conseguinte, a articulação teoria/prática e o recurso à reflexão são aspectos significativos para disseminarmos idéias e construirmos saberes que emergem das situações pedagógicas vivenciadas no cotidiano da sala de aula.

Considerações finais

A partir dessa análise em que está posto o questionamento no qual se pergunta se os saberes e conhecimentos oriundos da experiência auxiliam na compreensão dos saberes e conhecimentos oriundos da formação acadêmica ou se os saberes e conhecimentos da formação acadêmica auxiliam na compreensão da própria prática pedagógica, o que surge na minha compreensão dos dados é que a interrogação da prática permite a renovação profissional, uma abertura de novos e outros horizontes de possibilidades de atuação docente. A riqueza e as implicações dessa transversalidade nos permite novos modos de pensar a valorização da experiência e da formação teórica, desencadeando um movimento de atravessamento entre os espaços/mundos onde acontecem os contextos "ideais" da formação e contextos "reais" do trabalho docente, superando a visão aplicacionista presente nos cursos de formação de professores. Dessa forma, é possível ser delineado um caminho interativo entre formação e trabalho docentes, permitindo o duplo movimento da transversalidade pelo qual mobilizamos saberes teóricos para a prática e, ao mesmo tempo, teorizamos os saberes práticos.

Ao colocar como questão de interesse investigativo o processo de atravessamento entre essas duas instâncias de produção de saberes e conhecimentos (universidade e escola) e quais relações são estabelecidas a partir delas como contextos de teorias e práticas, nos interessou o "achado" de que o *lugar de aprender* (universidade: onde fazem o curso de Pedagogia) também é lugar de fazer e que o *lugar de fazer* (escola: onde realizam seu trabalho docente) também é lugar de aprender. E ainda, *lugar de teorias*, também é lugar de práticas. *Lugar de práticas* também é lugar de teorias.

Tratando-se da relação entre o que se estuda e o que se trabalha, entre o que se teoriza e o que se pratica, entre o que sabem e o que conhecem, percebi em seus dizeres que a prática transita/atravessa a teoria constantemente, assim como a teoria transita/atravessa a prática continuamente, sem a menor cerimônia. As professoras que entrevistamos enfatizam, de um modo geral, que a prática docente exercida já há bastante tempo[7], tem ajudado as mesmas na compreensão dos conhecimentos adquiridos no curso que ora

---

[7] O menor tempo de exercício na profissão, entre as professoras entrevistadas, é de dez anos.

fazem, ou seja, o saber oriundo da experiência profissional ajuda na compreensão dos conhecimentos teóricos. É a prática facilitando a compreensão da teoria. Apesar de a prática ser ressaltada, em nenhum momento o papel da teoria foi desconsiderado nas falas das professoras entrevistadas. Pelo contrário, a teoria tem exercido um papel fundamental na compreensão da prática pedagógica, segundo as próprias professoras entrevistadas. Elas apontam, inclusive, em que especificidades do trabalho docente desenvolvido com as crianças o conhecimento da teoria tem ajudado a compreender melhor o *fazer pedagógico*, percebendo as diferenças entre como o fazia antes e como o faz agora, evidenciando a melhor forma de fazê-lo. É a teoria facilitando a compreensão da prática.

Sobre essa questão ainda é pertinente reiterar que a complexidade da "realidade" da prática pedagógica em seu contexto educativo favorece uma relação de diálogo transversal entre campos diferentes de produção de saberes e conhecimentos – *prática* e *teoria* –, nos quais as interações são mútuas e múltiplas, sem hierarquia, sem fundamento, e com muita criatividade. Na sala de aula temos a oportunidade de confrontarmos as teorias e as práticas e continuar esse movimento por meio do qual se produzem novas teorias, se reafirmam tradições pedagógicas consagradas por serem significativas e nos permitem pensar, re-pensar, construir, des-construir, formar, trans-formar nossos conhecimentos, saberes, teorias e práticas, permitindo o crescimento profissional docente. É importante reter de nossas considerações algumas pistas para pensarmos a formação de professores sem ignorar o saber docente construído por professores na experiência da docência. Em conseqüência disso, defendo a construção de uma relação estratégica entre formação e trabalho no desenvolvimento profissional de professores.

Olhar para a formação, tendo como horizonte a sala de aula e o reconhecimento de que os(as) professores(as) produzem saberes a partir de sua experiência docente, aponta para uma perspectiva de se repensar a formação do futuro professor pautando-se em modelos que não só privilegiem a análise do referencial teórico-acadêmico dos cursos de formação, mas, principalmente, que se voltem para a análise das práticas pedagógicas dos professores no contexto da escola e das salas de aulas que se desenvolvem a partir de uma determinada realidade. Não uma realidade pensada, idealizada, mas uma realidade vivida, sentida, experienciada.

Aponto, ainda, para a necessidade emergente do estabelecimento de uma relação transversal, não hierarquizada, entre escolas e instituições de formação de professores, no sentido de propiciar ao futuro profissional docente uma formação plena de sentido. Reafirmo que a responsabilidade pela formação de professores não pode ficar restrita unicamente ao espaço da universidade, como também não deve ficar restrita unicamente ao espaço-escola. Uma formação sólida, tanto teórica quanto prática, dos profissionais em educação de fato acontecerá com a integração de vários espaços de formação, principalmente universidade e escola, no sentido de promover cada vez mais os estudos teóricos docentes às reais condições da escola/sala de aula e de trabalho dos(as) professores(as) nos dias atuais.

Temos o grande desafio é o de como incorporar no currículo dos cursos de formação de professores os saberes formalizados e construídos por meio da prática docente, do exercício cotidiano das tarefas docentes, sem que para isso abramos mão do papel da teoria, não como fundamento da prática, mas como diálogo imprescindível com esta. Com isso, buscamos uma postura de rompimento com concepções fragmentadas sobre a formação do (futuro) professor que deve dar-se mediante ações que considerem duplamente a atividade de formar e formar-se. A atuação docente se faz, então, imprescindível em todo processo formativo comprometido com a melhoria da educação e do ensino, não podendo falar da preparação do futuro profissional de ensino sem dar conta desta perspectiva: o contato com a realidade do ensino, da escola, da sala de aula.

Ao refletir sobre o conjunto de análises pertinentes a este estudo percebemos o quanto significativa foi a articulação das experiências da formação acadêmica com as experiências da profissão a partir da proposta curricular do Curso de Pedagogia desenvolvida no Programa de Formação de professores para Educação Infantil e séries iniciais do Ensino Fundamental. O desenvolvimento do curso concomitante ao desenvolvimento do trabalho docente permitiu que a maioria dos professores e professoras fizesse de suas salas de aula, verdadeiros "laboratórios de pesquisa" experimentando, sentindo, confirmando ou refutando os saberes e conhecimentos apropriados na experiência da formação no Curso de Pedagogia a partir dos resultados postos pelo exercício cotidiano da prática pedagógica, não só ressignificando a própria prática, mas também as próprias teorias.

Referências

AZZI, S. Trabalho docente: autonomia didática e construção do saber pedagógico. In: PIMENTA, S. G. (Org.). *Saberes pedagógicos e atividade docente.* São Paulo: Cortez, 1999.

BARTH, B-M. *O saber em construção: para uma pedagogia da compreensão.* Lisboa: Instituto Piaget, 1993.

CANDAU, V. M.; LÉLIS, I. A. A relação teoria-prática na formação do educador. In: CANDAU, V. M. (Org.). *Rumo a uma nova didática*. 2. ed. Petrópolis: Vozes, 1989.

FÁVERO, M. L. A. *Sobre a formação do educador*. Série Estudos PUC-Rio, Rio de Janeiro, n. 7, p. 13-23, 1981.

GALLO, S. Transversalidade e Educação: pensando uma educação não-disciplinar. In: ALVES, N.; GARCIA, R. L. (Orgs.). *O sentido da escola*. 3. ed. Rio de Janeiro: DP&A, 2002a.

GALLO, S. Filosofia e Educação: pistas para um diálogo transversal. In: KOHAN, W. (Org.) *Ensino de Filosofia: perspectivas*. Belo Horizonte: Autêntica, 2002b.

GIMENO SACRISTÁN, J. *Poderes Inestables en educación*. Madrid: Morata, 1998.

MORAIS, R. de (Org.). *Sala de aula: Que espaço é esse?* 9. ed. Campinas: Papirus, 1995.

MOREIRA, A. F. B. O campo do currículo no Brasil: os anos noventa. In: CANDAU, V. M. (Org.). *Didática, currículo e saberes escolares*. Rio de Janeiro: DP&A, 2002.

MOTA, E. A. D. *Saberes e Conhecimentos Docentes: experiências da formação e experiências da profissão*. Dissertação (Mestrado em Educação). Campinas: FE-UNICAMP, 2005.

SANTOS NETO, E. Dos. Aspectos humanos da competência docente; problemas e desafios para a formação de professores. In: SEVERINO, A. J.; FAZENDA, I. C. A. (Orgs.). *Formação docente: rupturas e possibilidades*. Campinas: Papirus, 2002.

SOLIGO, R. A. (Org.). *Programa de formação de professores alfabetizadores: guia de orientações metodológicas gerais*. Brasília: Ministério da Educação, Secretaria da Educação Fundamental, 2001.

TARDIF, M. *Saberes docentes e formação profissional*. Petrópolis: Vozes, 2002.

THERRIEN, J. A Natureza reflexiva da prática docente: elementos da identidade profissional e do saber da experiência docente. In: *Educação em debate*. Fortaleza: Editora UFC, v. 20, n. 34, p. 5-10, 1997.

VÁSQUEZ, A. S. *Filosofia da práxis*. 2. ed. Rio de Janeiro: Paz e Terra, 1977.

Estratégias de indagação
em aulas de Matemática[1]

Francisca Ramos-Lopes

Os textos que os docentes expõem em sala de aula, geralmente, estão inseridos nos livros didáticos ou são extraídos de obras clássicas da nossa literatura. Na disciplina de língua materna, existe uma tendência mais moderna na qual os professores utilizam variados textos para realizarem sua exposição oral. Ao tratarmos mais especificamente da utilização do texto em sala de aula, estamos cientes de que o trabalho com o texto verbal escrito é algo comum à maioria dos que lidam com qualquer disciplina, menos, entretanto, para os que lidam com a disciplina de Matemática. Na maioria das vezes, o material trabalhado pelos professores dessa disciplina remete a um texto escrito no tradicional quadro negro, acompanhado da exposição oral do professor e de inúmeros exercícios de fixação, contendo uma série de cálculos para os discentes tentarem resolver. Quando muito, dependendo da escola, os alunos dispõem de um livro didático, por meio do qual o professor expõe o assunto e, em seguida, pede para que transcrevam as questões do livro para o caderno e, depois, respondam.

Essa prática é muito comum nas escolas públicas do estado do Rio Grande do Norte porque o livro utilizado durante um ano serve para os

---

[1] Artigo produzido no grupo de pesquisa PRADILE, a partir de um recorte feito de nossa dissertação de mestrado (RAMOS-LOPES, 2001), orientada pela Profª. Drª. Maria do Socorro Oliveira (UFRN). Meus agradecimentos aos colegas Prof. Dr. Júlio César Araújo (UFC) e Prof. Ms. Messias Dieb (UERN) pela leitura criteriosa deste capítulo e pelas sugestões valiosas. Os erros que possam ter permanecido são da minha responsabilidade. Também agradeço aos docentes Antônio Oberi, João Reinaldo e Trindade (professores da rede pública estadual e municipal de ensino, Angicos-RN), por aceitarem de bom grado minha presença e o meu envolvimento em suas aulas, durante a pesquisa.

alunos do ano seguinte, não só na disciplina Matemática, mas Português, Ciências, História, Geografia, etc. A diferença é que nessas várias disciplinas os professores têm outras fontes de pesquisa, facilitando a organização do seu discurso. Fato este que não ocorre na disciplina Matemática. Isso contribui para que o professor não se fundamente, exclusivamente, no conteúdo de um livro didático. Em face dessa constatação, sentimos a necessidade de compreender como se dá o processo dialógico em aulas de Matemática. Para isso, partimos da seguinte indagação: Quais as estratégias de que os professores fazem uso para ajudar os discentes na compreensão dos conceitos matemáticos? Com base nessa problemática, objetivamos, neste capítulo, descrever e analisar as estratégias interativas, de caráter verbal, utilizadas pelo professor de Matemática.

Para isso, organizamos a discussão acima em quatro seções. Na primeira, tendo como base os estudos de Koch (1997), Oliveira (1998) e Solé (1998), discutimos sobre o processo discursivo na sala de aula e as estratégias interativas. Na seqüência, apresentamos a constituição metodológica do capítulo; depois, analisamos os dados e, concluindo, retomamos a pergunta norteadora da pesquisa para expor nossas principais conclusões.

O processo discursivo na sala de aula e as estratégias interativas

A noção de estratégia adquire conotações variadas de acordo com o enfoque teórico em que ela é discutida. Assim, conforme Koch (1997), podemos falar de estratégias cognitivas, sócio-interacionais, textuais ou de reformulação. Essa autora as reúne sob um tema maior, denominado Estratégias de Processamento Textual. Além dessas, discutimos com Oliveira (1998) sobre as estratégias de indagação, constituída por perguntas variadas, como as retóricas, retóricas inferenciais e as de verificação. Ambas são componentes de uma categoria maior denominada Estratégias Interativas.

O primeiro grupo centra-se num trabalho mais voltado para a organização estrutural e retórica de um determinado texto, por exemplo, o texto didático. Elas são muito necessárias no momento de se trabalhar a produção textual. O segundo grupo apresenta como especificidade um certo estímulo ao raciocínio da assistência, sendo que na prática de sala de aula é uma das principais formas utilizadas pelo docente para avaliar a aprendizagem de um determinado conteúdo, como, por exemplo, os exercícios de fixação oral ou escrito.

Observando as idéias de Heinemann e Viehweger[2], Koch (1997) acrescenta que o processamento de um texto recebe a contribuição de três grandes sistemas de conhecimento: o lingüístico, o enciclopédico e o sócio-interacional. O primeiro é formado pelo conhecimento que temos da gramática e do léxico; o segundo, também conhecido por conhecimento de mundo, direciona-nos a fazer afirmações ou negações sobre os fatos do mundo ou aborda os modelos cognitivos determinados por nossa cultura e sociedade e que são adquiridos a partir das nossas experiências; o último se refere às ações verbais praticadas pelos sujeitos, por meio do uso da linguagem. Tais conhecimentos são norteadores da nossa análise, com destaque específico para o que concerne às estratégias de indagação.

Estratégias interativas: A função das indagações na aula de Matemática

No contexto escolar, as perguntas[3] aparecem como uma forma de estimular o raciocínio do aluno, sendo também uma das formas de que o professor faz uso para facilitar ou verificar a compreensão dos conteúdos expostos em sala de aula. Nessa perspectiva, Oliveira (1998, p. 160-161) comenta:

> a comunicação em sala de aula depende de um constante fluxo de informação, que caminha em dupla direção – do professor para o aluno e do aluno para o professor –, fica evidente que muitas das perguntas do professor exercem uma função eminentemente interativa, visto que pretendem controlar não só a participação dos atores sociais envolvidos no evento de aula (distribuição das tomadas de turno), mas também a forma como os conteúdos são repassados na organização didática da sala.

A autora mostra que a comunicação em sala de aula depende das informações advindas tanto do conhecimento do professor quanto do aluno. No momento de realizar perguntas, os professores baseiam-se ou no trabalho cognitivo que o aprendiz tem para respondê-las ou na função de interação que é peculiar a esse tipo de estratégia. Assim, algumas vezes a aplicação de perguntas é uma das formas de controlar a troca de turno entre os participantes daquela discussão. Por outro lado, servem também para alguns alunos questionarem sobre *pequenas* dificuldades relacionadas ao tema em estudo, ou a um conteúdo anterior que não ficou bem entendido.

---

[2] HEINEMAN, W.; VIEHWEGER, D. *Textlinguistik-Eine einfuhhrung*. Tubingen: Iemeyer, 1991.

[3] Para outros detalhes sobre o conceito de pergunta, remetemos o leitor para o capítulo de Silvano Araújo, neste volume.

Observando esse aspecto, Oliveira (1998), a partir do estudo de Neto[4], relaciona dez motivos pelos quais os professores formulam perguntas no contexto de sala de aula:

- Focalizar a atenção do aluno num determinado ponto que o professor considere relevante;
- Encerrar ou mudar os procedimentos explicativos;
- Funcionar como um pedido de adesão ao que foi explicado;
- Orientar discussões desenvolvidas em sala de aula;
- Reorganizar o curso da aula para um outro eixo de atividades;
- Abrir um quadro de suposições no sentido de que certas perguntas não esperam resposta, servem apenas para orientar o raciocínio (perguntas retóricas);
- Abrir novas seqüências explicativas, no desenrolar da aula;
- Marcar ou reforçar o trabalho coletivo na construção do discurso de classe;
- Manter e controlar níveis de participação comunicativa;
- Instituir uma posição de poder relativo dentro do grupo, por meio do controle da palavra.

Com base nesses motivos, o professor, ao dirigir perguntas aos seus alunos, tanto pode levá-los a voltar-se para um determinado ponto que merece destaque em sua explanação, mesmo que essas perguntas não exijam uma resposta (é o caso das perguntas retóricas), como pode, com as perguntas elaboradas, estimular o raciocínio e produzir novos conhecimentos. Nesse sentido, Dolz e Aeib (1999) afirmam que as perguntas do professor aparecem em sala de aula com a finalidade de criar uma zona comum de significação para, depois, construir novos saberes.

Discutindo sobre a técnica de formular e responder perguntas, Solé (1998) comenta que no contexto de sala de aula essa estratégia tanto aparece de forma oral quanto escrita e que, na maioria das vezes, é usada apenas como uma forma de avaliação. Essa pesquisadora destaca que, quando a estratégia de formular perguntas funciona apenas como uma forma de os educadores verificarem se os alunos entenderam ou não um texto didático, por exemplo, ela se torna problemática. O principal problema está no fato de

---

[4] NETO, J. G. S. Discurso de sala de aula: leitura e literatura no ensino de segundo grau. Tese (Doutorado em Educação). Natal: Programa de Pós-Graduação em Educação da UFRN, 1998.

que os alunos não irão preocupar-se com o entendimento geral do texto em discussão, e sim com uma forma de responder às perguntas *arbitrárias* realizadas pelo professor. A autora também aborda a relevância não só das perguntas formuladas pelo professor, como também a das que são emitidas pelo aluno.

Nessa discussão, Solé (1998) remete-nos a um trabalho anterior (cf. SOLÉ, 1987), no qual apresenta três tipos de classificação para as perguntas e as respostas que podem ser suscitadas a partir de um texto:

- Perguntas de resposta literal – a resposta se encontra de forma explícita no texto;
- Perguntas para pensar e buscar – a resposta pode ser deduzida, porém é necessário que o leitor relacione diversos elementos do texto para poder realizar algum tipo de inferência;
- Perguntas de elaboração pessoal – o texto funciona como referencial, no entanto a resposta não aparece no mesmo, ela exige a opinião do leitor.

Observando essa perspectiva, as perguntas do professor servem para ajudar no desenvolvimento cognitivo do discente, facilitando a construção dos novos conceitos surgidos no decorrer do processo de construção do conhecimento. No contexto de sala de aula, as perguntas funcionam como um apoio pedagógico dentro do construto do que Vygotsky (1991) chama de Zona de Desenvolvimento Proximal (ZDP). Elas correspondem ao apoio visível ou audível (*scaffold*) que direciona a criança desde cedo a participar das atividades que apresentam um grau de dificuldade maior. Também tratando desse tema, Cazden (1988) explica o funcionamento do *scaffold* a partir da metáfora da *mãozinha* (cf. BRUNER, 1985), ou seja, como um apoio ou "andaime" que todos os sujeitos, inicialmente, precisam para internalizar o conhecimento para, em seguida, tornarem-se independentes.

Referindo-se a esse assunto, Oliveira (1998) comenta que o nível das respostas dos alunos relaciona-se ao nível cognitivo das perguntas elaboradas pelo professor. Assim, elaborar perguntas não é tão fácil quanto aparenta. O professor, ao fazer uso dessa estratégia, precisa, além de saber as respostas que se adequam à pergunta, entender que o aluno, para responder a uma certa indagação, passa por determinados níveis de dificuldades cognitivas. Estes são classificados por Tollefson[5] e retomados por Oliveira em cinco níveis: a compreensão literal; a reorganização das informações; a

---

[5] TOLEFSON, J. W. Sistem for improving teacher's question. In: *English teaching Forum*. 1989. V.XXVII.

compreensão inferencial; o julgamento dos alunos por meio da comparação entre textos diversos e a emissão de respostas que se adequem ao texto em discussão, seja ele didático ou não.

Considerando essa discussão, percebemos que a estratégia de elaborar perguntas aparece no discurso expositivo dos professores investigados como uma das formas de apoio pedagógico. Os docentes, por meio do uso de perguntas diversificadas, observam se os discentes estão atentos a sua mediação e se conseguem compreender o conteúdo em discussão, como também estimulam o desenvolvimento cognitivo dos estudantes, facilitando a construção dos conceitos abordados.

Metodologia

Nesta seção, apresentaremos a construção dos dados utilizados para o nosso estudo sobre as estratégias de caráter interativo/verbal presentes no discurso explicativo do docente de Matemática. Esses dados foram construídos a partir de um texto-fonte e de um texto-mediado em salas de aula de duas escolas da Rede Pública de Ensino, sediadas no município de Angicos-RN. O texto-fonte, no sentido que lhe dão Passegi e Passegi (1998), é aquele que é utilizado pelo professor durante a aula e por meio do qual ele produz a sua mediação, ou seja, o texto-mediado.

Para a pesquisa que relatamos em Ramos-Lopes (2001), os textos-fonte utilizados foram os de autoria de Costa (1996), de Vitti (1996), de Tahan (1996) e de Gueli (1998); e os textos-mediados que constituíram o *corpus* analisado foram gerados durante o 2º semestre letivo do ano de 1999. Assim, esse *corpus* compreende 12 fitas de áudio, com duração variando entre 30 e 50 minutos cada uma, e três fitas VHS contendo, cada uma, a filmagem relativa ao agrupamento de quatro horas/aula de cada um dos docentes investigados.

Os docentes investigados foram três professores de Matemática da 8ª série do Ensino Fundamental das duas escolas acima referidas. Na época da pesquisa, ano de 1999, os supracitados docentes eram acadêmicos do curso de Matemática, sendo que um já tinha formação anterior em nível superior: bacharel em Ciências Econômicas. A escolha desses professores ocorreu porque adotamos como critério de seleção sujeitos que tivessem graduação concluída ou em andamento na área de Matemática. Optamos pela 8ª série porque coincidentemente os sujeitos da pesquisa atuavam nessa fase do Ensino Fundamental como professores de Matemática. Dessa forma, trabalhamos com três turmas, uma de cada docente.

Após selecionados os professores, observamos algumas de suas aulas de forma espontânea, ou seja, sem combinarmos dia ou horário. Para isso, fizemos algumas visitas às escolas e passamos informalmente nas turmas em que, posteriormente, construiríamos os dados. Nosso objetivo inicial era o de que os professores e os alunos se acostumassem com nossa presença na sala de aula, para que, no momento das filmagens e gravações, a construção dos dados ocorresse da forma mais natural possível.

Depois de realizarmos três visitas a cada professor, iniciamos a organização formal de nosso trabalho. Com a participação conjunta dos sujeitos, decidimos sobre quais aulas iríamos gravar e filmar. A característica básica de cada aula era a de que eles trabalhassem o conteúdo da disciplina por meio de um texto escrito. Coletivamente, optamos pelos seguintes textos: "A origem dos números fracionários" (COSTA, 1996); "Sistema de numeração decimal" (VITTI, 1996); "Números amigos" (TAHAN, 1996) e "O conjunto z dos números inteiros" (GUELI, 1998).

O critério geral para escolha desses textos foi o de que, segundo os professores, já estávamos quase no final do ano, e eles seriam aplicados como uma forma de revisão. Todos tratavam de assuntos ou já estudados no decorrer daquele ano letivo ou nos anos anteriores. Traçamos um calendário, e as gravações se iniciaram na segunda semana de outubro (1999) e foram, em datas alternadas e escolhidas pelos professores, até a primeira semana de dezembro do mesmo ano.

Por meio das gravações em áudio e em vídeo, procuramos observar as estratégias interativas usadas pelos professores de Matemática no momento de mediar as informações presentes no texto-fonte, como também o momento em que esses professores oportunizavam espaços para os discentes participarem da aula. Em decorrência da diversidade e da quantidade de nossa construção de dados, resolvemos, para este capítulo, homogeneizar e diminuir um pouco o *corpus*, encontrando pontos convergentes entre as turmas investigadas. Assim, reduzimos a análise a três eventos centrados no texto-fonte "A origem dos números fracionários", de Costa (1996).

A escolha do texto citado ocorreu em razão do seguinte fato: foi a última gravação que fizemos nas aulas de cada professor e pareceu que nossa presença no meio dos professores e alunos estava começando a ficar rotineira e as aulas estavam se tornando, cada vez, mais naturais. As explanações realizadas através do texto escolhido, variaram entre trinta e quarenta minutos.

Observe-se que a nossa análise constitui-se de algumas seqüências, as quais são representações da mediatização do texto-fonte pelos docentes[6]. Cada seqüência está numerada conforme a ordem de apresentação neste capítulo e codificada conforme os códigos adotados em Ramos-Lopes (2001). Leia-se:

- P1, P2 e P3 (Professor 1, Professor 2 e Professor 3);
- evento 04 (ordem de gravação e filmagem do texto/fonte mediatizado);
- ls. (linhas em que a seqüência de fala está inserida no texto total);
- 8ª A, B e C (série e turma na qual a aula foi gravada);
- Mun. e Est (escola pertencente a rede municipal ou estadual de ensino).

A dissertação, de onde extraímos este trabalho, é constituída de duas categorias de análise: uma trata da concepção docente a respeito do ensino de Matemática e a outra da sua prática efetiva. Para organização do capítulo, revisamos a análise como um todo e, dentro dos itens identificados na prática efetiva do professor, recortamos um subitem sobre as estratégias de indagação que se destacaram no momento de os docentes investigados oralizarem o texto escrito.

Análise dos dados

É papel desta seção apresentar a análise dos dados. Para tanto, apresentaremos ao leitor oito seqüências de fala que documentam algumas das perguntas dos professores de Matemática investigados, contribuindo assim para encontrarmos uma resposta a nossa problemática inicial: Quais as estratégias de que os professores fazem uso para ajudar os discentes na compreensão dos conceitos matemáticos?

Seguindo, pois, as idéias de Oliveira (1998), entendemos que muitas das perguntas realizadas pelo professor exercem uma função eminentemente interativa. Em alguns momentos, objetivam controlar a troca de turnos entre os participantes no evento. Em outros, visam controlar a forma como os conteúdos são didaticamente repassados em sala de aula. Nesse tipo de situação, é muito comum os professores utilizarem a indagação como estratégia interativa para apoiar o aluno no decorrer do seu processo de aprendizagem.

---

[6] A transcrição do texto-mediado observa, parcialmente, as idéias de Marcuschi (1991).

Na seqüência, veremos exemplos nos quais focalizamos algumas seqüências de fala que documentam as perguntas dos professores de Matemática investigados. O destaque é para as perguntas retóricas, para as retóricas inferenciais e para as de verificação.

Perguntas retóricas

Ao trabalhar com conceitos matemáticos, o professor faz uso das indagações por diversos motivos. Em alguns momentos, objetiva apenas controlar as mudanças de turno. Em outros, tenta chamar a atenção dos participantes para o conteúdo comentado e ilustrado ao mesmo tempo por meio de perguntas retóricas. Nessa ocasião, ele faz a pergunta e, em seguida, apresenta a resposta. Há também momentos em que o docente utiliza essa estratégia para verificar se está ocorrendo ou não assimilação do conteúdo por parte da assistência.

No tocante às perguntas retóricas, Oliveira (1998) comenta que elas apresentam como principal peculiaridade o sujeito falante formulando uma indagação sem o intuito de esperar pela resposta. Isso porque o principal objetivo é abrir um quadro de suposições, orientando, assim, o raciocínio do aluno. Observem-se as seqüências 1 e 2.

Seq. 1
se um ano são doze meses'
então' a metade de um dá o quê?
seis meses, né?
(P2- evento 04- ls. 422-423, 8ª B. Mun.)
Seq. 2
...é' um quarto de um ano'
são quantos meses"
são três' né', três vezes quatro doze, (+) né?
(P2- evento 04- ls. 437-439, 8ªB. Mun.)

Nos exemplos, acima, o professor formula a pergunta de imediato ao que está lendo ou explicando. Aparentemente, a intenção maior é chamar a atenção para o conteúdo explicitado sem perder o domínio do turno. Em outros momentos, o professor formula várias suposições para poder articular a pergunta. Veja-se:

Seq. 3
a gente vê' muitos assuntos de Matemática, a gen/
muitas vezes a gente diz assim'

mas por que estudar isso?
ma::is por que a gente faz essa interrogação
porque, muitas vezes, nós não sabemos de onde se originou /.../
(P1 – evento 04 – ls. 08-12, 8ªA. Mun.)

Na seqüência **3**, o professor direciona o aluno a refletir criando algumas suposições sobre o porquê de se estudar determinados assuntos inerentes à disciplina em questão. Ele instiga a assistência por meio de perguntas para as quais não espera resposta. Observe-se outro exemplo:

Seq. 4
P: nas frações tem as frações' tem as
frações equivalentes' e as irredutíveis,
o qué é fração equivalente?
frações iguais, né? então' essa fração
aqui é equivalente a essa próxima fração,
eu posso dividir o numerador e o (+++)
denominador por cinco, porque os dois
admitem uma divisão exata por cinco,
então, vinte e cinco por cinco? dá cinco,
(P3 – evento 04 – ls. 159-167, 8ª A. Est.)

Na seqüência 4, o professor apresenta a classificação do assunto em pauta, para em seguida apresentar um questionamento acompanhado da resposta. Ele diz: "nas frações tem as frações' tem as frações equivalentes' e as irredutíveis, o que é fração equivalente? frações iguais, né?" Em nenhum destes momentos o docente aguarda a resposta do aluno. Ele instiga a assistência apor meio de perguntas que são apresentadas como um componente facilitador do desenvolvimento cognitivo, ou seja, um recurso apropriado para que o desenvolvimento mental se processe, correspondendo ao que Bruner (1985) chama de "*scaffold*" (*andaime*). Nesse sentido, funcionam como uma forma de o professor apresentar definições e ajudar os alunos, tanto na ampliação quanto na construção dos conceitos matemáticos em discussão.

São vários os motivos pelos quais utilizamos a estratégia de formular perguntas em âmbito escolar. Oliveira (1998) relaciona dez desses motivos, expostos no item 1.1 da primeira seção deste capítulo. Nossas observações nos direcionam a acreditar que a formulação acentuada de perguntas retóricas se enquadra, entre outros já especificados, no que a autora aborda como a intenção de "instituir uma posição de poder relativo dentro do grupo, através do controle da palavra" (*ibidem*, p. 163).

Perguntas retóricas inferenciais

Denominamos aqui de pergunta retórica inferencial aquela em que – além de o professor formular as perguntas para as quais não espera a resposta, pois procura instigar de forma sistematizada o raciocínio do aluno – o conteúdo didático em discussão está relacionado a fatos do cotidiano. Observe-se que o docente, na concretização do evento didático, também oportuniza ao discente refletir e fazer determinadas inferências relacionadas ao mundo em que vive. Assim, mesmo o aluno não verbalizando as respostas, pode, entretanto, fazer implicitamente inferências, relacionando as informações expostas no texto com suas experiências ou conhecimento pessoal. Nesse sentido, observe-se esta seqüência:

> *Seq. 5*
> se você quiser saber qual a distância que você vai gastar
> daqui para Caiçara' daqui para Riachuelo'
> daqui para S.ta Maria' até chegar em Natal'
> então' o que é que nós vamos fazer?
> nós vamos' pegar a distância que nós temos de Angicos a Natal'
> *e vamos subdividir por estes pontos que são as cidades,*
> (P1 – evento 04 – ls. 51-56, 8ª A. Mun.)

A relação que esse professor faz do conteúdo didático com fatos da vida prática dos alunos direciona-os, por meio do uso dos cálculos matemáticos, a refletirem sobre qual é a distância da cidade que residem até a capital do estado. Apesar de nem todos os discentes terem se deslocado até a capital, eles podem, por meio da conversa informal, com os outros colegas e com os professores, fazer deduções e chegar a uma conclusão sobre a distância de Angicos a Natal. A esse respeito, realçamos as idéias de Solé (1998) quando discute sobre a importância da elaboração de perguntas para o aluno pensar e buscar. Por intermédio dessas perguntas, a resposta pode ser deduzida, porém é necessário que o leitor relacione diversos elementos do texto para realizar algum tipo de inferência. Inserimos aqui a importância da troca de experiência no contexto intra e extra-escolar.

Na seqüência seguinte, o professor relaciona didaticamente o exemplo relativo ao conteúdo da aula com o dia-a-dia dos discentes:

> *Seq. 6*
> muitas vezes' a mãe da gente' quando vai fazer o almoço, né?
> ela tem (+) limite' ela tem o limite do feijão'
> e::la tem o limite do arroz'

> ela tem o limite do macarrão,
> o que é esse limite?
> é a QUANtidade que ela sabe que vai dar para todos os filhos,...
> (P1 – evento 04 – ls. 316-321, 8ª A. Mun.)

Pelo conteúdo dessa seqüência, observamos que o professor é bem pragmático. Direciona os discentes a pensarem sobre os cálculos que uma dona de casa precisa fazer para ter noção da quantidade de alimento que será suficiente para alimentar sua família sem estragos. A inferência, aqui, relaciona-se com as experiências pessoais de cada um. Esse tipo de indagação ilustra a situação de perguntas de elaboração pessoal em que o texto serve como ponto de referência, no entanto a resposta não aparece explícita no mesmo, é preciso que o leitor formule sua opinião (cf. Solé, 1998).

Sob essa ótica, destacamos a importância de uma aprendizagem voltada à realidade do aluno, tanto para extrair as situações-problemas, como também para aplicar os conhecimentos construídos no decorrer do seu processo de aprendizagem, tentando, a partir do aprendido em sala de aula, resolver as situações-problemas que surgem no ambiente intra e extra-escolar.

Perguntas de verificação

Além das perguntas de ordem retórica e as que exigem compreensão inferencial, também identificamos momentos em que os professores indagam seus alunos para observar se eles compreenderam o que foi exposto. Essas perguntas exigem que os alunos deduzam as respostas, no entanto eles precisam relacionar diversos elementos textuais para realizarem algum tipo de inferência. Ou melhor, eles precisam pensar para encontrarem a resposta a partir do conteúdo exposto. Para ilustrar este comentário, observe-se a seqüência seguinte:

> *Seq. 7*
> P1: ... o problema diz o seguinte, que a diferença de um para o outro' quer dizer então' iam existir uma diferença, um ia receber mais do que o outro, SO QUE essa diferença' teria que ser igual (++) para todas as pessoas, se a primeira recebesse dez (+) a segunda recebesse vinte (+) qual seria a diferença da segunda pra primeira?
> A: [[dez,
> P1: dez, se a segunda recebeu vinte' a terceira teria
> que ter uma diferença de (incompreensível) receber
> quanto?

> A: [[trinta,
>
> P1: trinta, se a terceira trinta' ah ah
> quan/ quanto é que receberia a quarta' pra ter a mesma diferença?
>
> AA: [[quarenta,
>
> P1: quarenta, se a quarta recebeu quarenta' qual é a diferença que
> tinha que ter' para a quinta receber igual aos outros"
>
> AA: [[cinqüenta,
>
> P1: cinqüenta, então' o problema teve que ser a base dos números fracionários' porque se ele trabalhasse com parte inteira' ele não conseguiria resolver (++) porque conseqüentemente' a resposta não seria vinte pães para cada um (++) seria, dez pra o primeiro' vinte pra o segundo' trinta para o terceiro' quarenta para o quarto (+++) e:: e:: CINqüenta para o quinto' certo? então' e::le teria que (incompreensível) esse resultado (++) trabalhar com fração e não com parte inteira (++)
>
> (P1- evento 04- ls. 165-192, 8ª A. Mun.)

Nesse tipo de indagação, a partir do encadeamento de várias perguntas, o professor tenta verificar se os alunos conseguiram compreender a diferença entre os números inteiros e os números fracionários. Para encontrar a resposta adequada, os discentes precisam pensar e observar o conteúdo discutido para chegar à resposta solicitada pelo professor. Esse tipo de pergunta corresponde ao que Oliveira (1998) denomina como um pedido de adesão do professor ao conteúdo já explicado para o aluno.

Outra forma utilizada pelos professores para verificarem o conhecimento do aluno é a formulação de mais de uma pergunta no mesmo enunciado. Veja-se o exemplo da seqüência seguinte:

> *Seq. 8*
>
> P3: ... agora uma pergunta, alguém tem alguma dúvida sobre frações? o que é uma fração? pode dar exemplo em que' em que' é usado essas frações? Na hora que você vai comprar um material (++) vem medido em fração, o que é que normalmente se mede em fração?
>
> (P3- evento 04- ls. 178-184, 8ª A. Est.)

Inicialmente, o professor anuncia que vai fazer uma pergunta, no entanto, formula quatro questões no mesmo enunciado. Primeiro, ele procura descobrir se os alunos entenderam ou não sua exposição. Para isso, questiona se alguém tem alguma dúvida sobre frações. Depois, por meio de uma pergunta objetiva e literal sobre o conteúdo estudado, indaga o que é fração. Na seqüência, solicita um exemplo de um dos momentos no qual podemos empregar as frações. Conclui o enunciado tentando relacionar o conteúdo em discussão com os acontecimentos do nosso dia-a-dia. Nesse sentido, questiona sobre o momento no qual o discente se direciona a comprar um material, "o que é que normalmente se mede em fração".

Identificamos um acúmulo de perguntas no mesmo enunciado. Acreditamos que esse tipo de pergunta dificulta tanto o acompanhamento do professor quanto as respostas dos alunos, além do seu entendimento acerca do questionamento do professor. A esse respeito, Oliveira (1998) comenta que o nível das respostas dos alunos apresenta relação direta com o nível cognitivo das perguntas que são formuladas pelo professor. Veja-se que, no enunciado da seqüência anterior, o discente precisa responder a uma pergunta de ordem pessoal, comentando suas dúvidas sobre o texto, uma pergunta literal, apresentando uma definição para fração, além de apresentar dois tipos de exemplos.

De acordo com Solé (1998), temos, assim, um enunciado oral com questões que exigem compreensão pessoal, literal e inferencial. Na mesma esteira, conforme preconiza Koch (1997), o aluno precisa atribuir sentido a um conteúdo por meio da contribuição dos três grandes sistemas de conhecimento, ou seja, do lingüístico, do enciclopédico e do sócio-interacional. Em relação ao primeiro, o discente precisou fazer uso do significado lexical; no segundo caso, o aluno teve de relembrar as informações adquiridas por meio das experiências vividas como, por exemplo, as noções sobre parte, metade, fração; finalmente, pelo terceiro sistema, teve de explicitar seu entendimento para os colegas e o professor, fazendo uso da linguagem oral.

Considerações finais

A questão que iluminou este capítulo foi a de saber quais as estratégias de que os professores fazem uso para ajudar os discentes na compreensão dos conceitos matemáticos. A partir dessa indagação, descrevemos e analisamos as estratégias interativas, de caráter verbal, utilizadas pelo professor em sala de aula de Matemática, especificando-se as estratégias de indagação. Ao observarmos as principais estratégias de indagação presentes no discurso expositivo dos docentes colaboradores desta pesquisa, percebemos que eles usam perguntas diversificadas que nem sempre exigem a participação do aluno. O destaque foi para as perguntas retóricas, as retóricas inferenciais e as de verificação.

As perguntas retóricas apareceram no discurso dos docentes, algumas vezes, como uma forma de despertar a atenção do discente ou de direcionar sistematicamente o raciocínio do ouvinte para o assunto em discussão; outras, como uma forma de o docente permanecer como detentor da palavra no momento da exposição teórica em sala de aula. No que concerne às retóricas inferenciais, além de seguirem parcialmente os motivos elencados nas perguntas retóricas, o principal destaque na fala dos sujeitos foi direcionar o discente a refletir sobre os fatos do cotidiano, oportunizando-lhes reflexões inerentes a seu mundo pessoal. Já as perguntas de verificação funcionaram como uma forma de o professor depreender se houve ou não assimilação, por parte dos estudantes, a respeito dos conteúdos teóricos expostos. Estas exigiram respostas variadas, e o aluno ficou livre para se posicionar ou não. Percebemos que, em outro momento, as perguntas de verificação oralizadas pelo docente foram apresentadas aos alunos por meio de exercícios de fixação.

No geral, a maioria das perguntas apresentadas foram de ordem retórica. Estas contribuíram para despertar a atenção do estudante, no entanto mantiveram o professor no comando do discurso, prevalecendo, no ambiente de sala de aula, um discurso assimétrico, como assinala também Araújo (2005). Assim sendo, o professor sempre se destacou como o detentor da palavra. Sentimos falta de uma troca de turno entre o dizer do professor e um possível agir do aluno. Parece-nos interessante que, na nossa prática docente, como mediadores de diversos discursos e, na maioria das vezes, considerados, no contexto de sala de aula, o par mais competente, oportunizarmos ao discente momentos variados para que eles possam partilhar os conhecimentos construídos, seja a partir das novas informações ou das informações já conhecidas porém, muitas vezes, percebidas com um novo olhar.

Referências

ARAÚJO, J. C. Chat educacional: o discurso pedagógico na Internet. In: COSTA, N. B. (Org.). *Práticas discursivas: exercícios analíticos*. São Paulo: Pontes, 2005, p. 95-109.

BRUNER, J. S. Vigotsky: a historical and conceptual perspectives. In: WERTSCH, J. V. (Ed.). *Culture, communication and cognition: vygotskian perspectives*. Cambridge: Cambridge University Press, 1985.

CAZDEN, C. B. *Classroom discourse: the language of teaching learning*. Portsmouth: Heinermann, 1988.

COSTA, A. Origem dos números fracionários. In: TAHAN, M. (Org.). *Matemática divertida e curiosa*. Rio de Janeiro: Record, 1996.

DOLZ, J.; AEBI, C. P. *Perguntas de professor. E as perguntas dos alunos?* Mimeo., inédito. Tradução provisória de Roxane Rojo. (s/d)

GUELI, O. O conjunto Z dos números inteiros. In: *Matemática: uma aventura do pensamento.* São Paulo: Ática, 1998, p. 7. (livro didático)

KOCH, I. G. V. *O texto e a construção dos sentidos.* São Paulo: Contexto, 1997.

OLIVEIRA, M. S. O recurso das indagações em sala de aula: níveis de complexidade e funções. In: KOCK, I. G. V.; BARROS, K. S. M. (Orgs.) *Tópicos em lingüística do texto e análise da conversação.* Natal: EDUFRN, 1998, p. 159-170.

RAMOS-LOPES, F. *A construção de conceitos em aulas de Matemática: da concepção à prática efetiva do professor.* Dissertação (Mestrado em Estudos da Linguagem). Natal: PPGEL-UFRN, 2001.

SOLÉ, I. *Estratégias de leitura.* Porto Alegre: Artmed, 1998.

TAHAN, M. Números amigos. In: *Matemática divertida e curiosa.* Rio de Janeiro: Record, 1996.

VYGOTSKY, L, S. *A formação social da mente.* São Paulo: Martins Fontes, 1991.

VITTI, C. M. *Matemática com prazer: a partir da história e da geometria.* Piracicaba: UNIMEP, 1996.

Estudantes no Ensino Médio e a sua relação com as aulas de Português[1]

Francisca de Jesus Gomes de Sousa
Messias Dieb

Um estudante que é recém-chegado ao Ensino Médio deve apresentar, segundo os Parâmetros Curriculares Nacionais (PCN) para esse nível de ensino (BRASIL, 1999), condições de demonstrar de forma escrita o domínio da língua materna, com a mesma pertinência que a conduz durante a fala, e vice-versa. Para isso, espera-se dele a elaboração de textos coerentes, sem muito sofrimento para produzi-los, uma vez que se supõe a sua familiarização com as letras a tal ponto que as idéias aflorem sem muitas dificuldades. Na mesma proporção, é esperado que esse estudante tenha desenvolvido uma opinião crítica acerca de muitos temas sociais. Os debates e discussões promovidos pela escola devem ter tratado desses assuntos, os quais são, constantemente, explorados em produções textuais que visem não somente a preparação da sua entrada no vestibular como também a sua plena realização como cidadão.

Além disso, um outro pré-requisito imprescindível é a sua disponibilidade e procura por leituras mais complexas e mais longas, tais como as dos romances clássicos e as de textos científicos que tratam dos avanços do conhecimento humano no decorrer da história, bem como das questões relacionadas à existência do próprio ser humano. Essas questões podem ser encontradas tanto em textos antigos como nos mais contemporâneos. Portanto, não é difícil inferir que o estudante detentor dessas habilidades tende a se adaptar mais facilmente às normas do Ensino Médio, no tocante ao estudo da Língua Portuguesa.

---

[1] Este artigo é o recorte de uma pesquisa maior, realizada no Programa de Especialização em Ensino de Língua Portuguesa do CH da UECE, sob a orientação do professor Messias Dieb (UERN/UFC). A presente versão vincula-se aos estudos do NUPED (UERN).

Essa disciplina, certamente, o encaminha a um bom desempenho nas demais e, em acréscimo, a produção de texto, que é exigida no vestibular, não será um impedimento para que ele chegue à Universidade, tampouco que obtenha êxito nos processos seletivos de emprego. Infelizmente, o que verificamos na maioria das escolas brasileiras, especialmente nas escolas públicas, é que o estudante, ao concluir o Ensino Fundamental, parece não conseguir alcançar as metas minimamente estipuladas pelos PCNs. No seu percurso escolar, o estudante encontra diversos obstáculos de ordem cultural, social e política que o impedem no sucesso da sua trajetória. Tais obstáculos culminam, por conseguinte, naquilo que a escola costuma denominar de *fracasso escolar*.

Esse é um tema bastante discutido pelas autoridades políticas e educacionais, mas estas ainda não elaboraram estratégias bastante eficientes para, pelo menos, minimizar os seus efeitos. A ausência de estratégias se justifica, talvez, porque tais autoridades não perceberam que o *fracasso escolar* não existe, o que existem são alunos fracassados, em situações de fracasso, como defende o pesquisador Bernard Charlot (2000). Por esse motivo, o termo *fracasso escolar* ficou tão saturado e se transformou, pelo senso comum dos professores, em um vírus que parece contaminar todas as escolas. Segundo o referido autor, a maioria dos responsáveis pela educação dos jovens perdeu a dimensão do problema, esquecendo-se de particularizar a situação de cada estudante e, desse modo, interferir com mais coerência na sua aprendizagem, com base em uma abordagem mais eficaz.

Não obstante essa particularização, percebemos que os estudantes no Ensino Médio demonstram grande antipatia pelas aulas de Português e têm muitas dificuldades para redigirem idéias, que sequer formaram, sobre alguns temas relevantes. Contudo, há ainda aqueles que, embora enfrentem tais problemas, demonstram uma atitude menos antipática em relação às aulas concernentes à referida disciplina. Ademais, tal como nos informa Travaglia (1996) e Antunes (2003), muitos estudantes apresentam um assustador bloqueio para aprender as regras gramaticais da sua língua materna e uma indisposição desmedida para a leitura e a escrita, ou seja, um verdadeiro desestímulo em relação às aulas de Português, porque parecem não ter sido bem apresentados a ela.

Nesse sentido, o objetivo deste capítulo é discutir o processo ensino-aprendizagem da língua materna, por meio da compreensão do sentido que os estudantes do Ensino Médio atribuem a essa aprendizagem. Para isso, discutiremos, inicialmente, os postulados de Charlot (2000, 2001), que estuda a *relação com o saber* e com a escola dos jovens em situação de fracasso, para, em seguida, associarmos suas idéias com as dos autores que falam do ensino de Língua Portuguesa. Afinal, procuramos defender que esse é o primeiro ponto para chegarmos a um entendimento do problema, com base em uma abordagem que tenha como centro a mobilização (ou não-mobilização) dos estudantes para tal aprendizado.

O estudo da "relação com o saber" e as aulas de português

Por causa da sua condição de sujeito, o indivíduo humano deve ser livre para julgar, autonomamente, aquilo que mais lhe agrada, o que mais lhe dá prazer e, principalmente, o que lhe é mais necessário aprender. Mesmo na situação de dominado, o sujeito interpreta o que está em sua volta, "resiste à dominação, afirma positivamente seus desejos e interesses, procura transformar a ordem do mundo em seu próprio proveito" (CHARLOT, 2000, p. 31). Desse modo, estudar as adversidades de uma situação de aprendizagem na perspectiva da *relação com o saber* é lançar um novo olhar sobre ela, buscando compreender como tal situação se construiu na relação com o aprender.

O estudo dessa ampla relação, definida em termos mais específicos por Charlot (2000) como a *relação com o saber*, procura compreender como uma atividade intelectual é mobilizada, com base no sentido que as pessoas conferem àquilo que estão ouvindo ou às situações que estão vivenciando. Conforme as observações do próprio autor, isso varia de acordo com a história pessoal de cada um e com os motivos que despertam o desejo de aprender de cada pessoa, haja vista que esse despertar acontece de forma diferenciada para cada indivíduo, isto é, de acordo com a sua história e com a sua cultura[2].

As pesquisas de Charlot (1996) constataram que há posturas diferenciadas entre as crianças de classes médias e as das classes mais populares frente à escola. Mesmo que não haja uma relação automática de causalidade, as crianças pobres apresentam um índice maior de insucesso na escola do que as de classes mais privilegiadas. Entretanto, o autor defende que não se pode determinar a razão do fracasso da criança, unicamente, pela sua condição social, já que se constatam também casos de sucesso entre as classes populares e de insucesso entre as classes médias que são mais abastadas. Para reverter uma situação de fracasso, Charlot (2000) argumenta que o professor deve negociar significados com o estudante, fazendo-o perceber que o que está sendo ensinado tem algo a ver com ele, com suas idéias.

---

[2] Cultura entendida como um contexto que torna possível a descrição de algo de forma inteligível, ou seja, algo que tem sentido (GEERTZ, 1989).

Nesse sentido, é preciso abrir espaço para que o estudante considere como valioso o novo saber, por meio de diferentes tipos de tarefas e possibilidades de expressão.

Essa iniciativa é denominada por Charlot (2000, p. 55) de "mobilização" em vez do que muitos chamariam de "motivação". A diferença, segundo ele, é que "a mobilização implica mobilizar-se ('de dentro'), enquanto que a motivação enfatiza o fato de que se é motivado por alguém ou por algo ('de fora')". Entretanto, o autor reconhece que esses dois conceitos acabam se encontrando, pois se é verdade que alguém se mobiliza para atingir um determinado objetivo que o motive a fazer algo, também o é que as pessoas são motivadas por alguma coisa que lhes possa mobilizar. Ao final dessa reflexão, Charlot aponta para a idéia de movimento por meio do qual o sujeito se engaja em uma determinada atividade.

Assim sendo, a *relação com o saber*, que é uma forma específica de *relação com o aprender*, é o conjunto das relações de um indivíduo ou de um grupo com o mundo, enquanto saber objetivado, com os outros e consigo mesmo. De acordo com Charlot (*ibidem*, p. 73), "a relação com o mundo depende da relação com o outro e da relação consigo". Portanto, para que uma situação de aprendizagem desperte o interesse e o desejo de aprender de um estudante, o professor precisa tornar-se "interessante" e, desse modo, proporcionar ao aluno a mobilização da sua atividade intelectual, por meio do questionamento, conferindo um sentido ao novo saber que a ele quer ensinar.

Sendo a Educação um processo pelo qual o indivíduo se apropria, parcialmente, de tudo aquilo que a espécie humana construiu no decorrer de sua história, ela remete a muitas relações sociais que podem se transformar em experiências bem sucedidas ou não. Ao ingressar em tais experiências, um jovem do Ensino Médio, por exemplo, leva consigo uma gama de conhecimentos que sofrerão alterações no decorrer do processo de seu histórico escolar. Nesse sentido, o *fracasso escolar* como um objeto de pesquisa não seria aceitável porque, segundo Charlot (*ibidem*, p. 17), ele nos

> remete para fenômenos designados por uma ausência, uma recusa, uma transgressão – ausência de resultados, de saberes, de competência, recusa de estudar, transgressão das regras... O *fracasso escolar* é "não ter", "não ser". Como pensar aquilo que não é? Não se pode fazê-lo diretamente, pois é impossível pensar o não-ser. [aspas no original]

Como podemos perceber, portanto, pensar o *fracasso escolar* de um jovem no Ensino Médio seria, realmente, incoerente, uma vez que não poderíamos desprezar os mais de dez anos de aprendizagem que esse jovem vivenciou entre a Educação Infantil e o Ensino Fundamental.

No que concerne a tais observações, remetemo-nos a Bagno (2004, p. 119), para quem

> os métodos tradicionais de ensino da língua no Brasil visam, por incrível que pareça, a formação de 'professores de português'! O ensino da gramática normativa mais estrita, a obsessão terminológica, a paranóia classificatória, o apego à nomenclatura, nada disso é garantia de que o aluno se tornará um usuário competente da língua culta.

A persistência nessa prática pedagógica se distancia da finalidade maior do uso da linguagem, que é a interação social entre as pessoas, e reduz as metodologias de ensino a um estudo descontextualizado da realidade. Indubitavelmente, tal prática termina frustrando, muitas vezes, o estudante e comprometendo a sua auto-imagem no que concerne a sua capacidade para aprender.

Inferimos que, devido a essas discussões, o vestibular, que é o foco principal dos estudantes do Ensino Médio, tenha buscado evoluir em suas exigências. De uma vez por todas, na maioria das Universidades, já não se procura aprovar apenas um vestibulando que foi capaz de memorizar algumas das regras gramaticais, mas uma pessoa apta a realizar uma leitura ampla dos textos com os quais se depara. Isso significa uma atividade pautada na interpretação e na criticidade, não apenas em uma decifração de códigos. Porém, a escola de Ensino Médio ainda tem-se guiado por uma prática contrária ao novo modo de avaliação dos vestibulares e, em conseqüência, os estudantes terminam por se assustarem diante da própria língua, considerando-a complexa demais para ser "dominada".

Essa idéia de complexidade se dá também devido ao descaso e, às vezes, ao preconceito que a escola tem alimentado contra as variedades lingüísticas que são trazidas pelos estudantes para o espaço conflituoso da sala de aula. A compreensão e a valorização dessas variedades são importantes porque não ferem a auto-estima dos estudantes, especialmente dos que vêm de regiões onde não se usa a forma padrão da Língua Portuguesa, por exemplo. Nesse sentido, a aprendizagem e o aprimoramento do uso padrão da língua não deve trazer para o estudante um sentimento de desprestígio da sua variedade lingüística. Ao contrário disso, deve representar uma possibilidade a mais de aprender a usar a língua materna.

Por esse viés de pensamento, o estudo da gramática normativa padronizada em sala de aula deve acontecer, segundo Travaglia (1996), de modo a ficar claro para o estudante que ela é algo para ser usado quando se tem que atender às "etiquetas" sociais, por exemplo, e que o estudante não deve privar-se do uso espontâneo e criativo da língua na variedade em que a aprendeu. Por causa disso, o autor recomenda aos seus leitores o "cuidado com as normas que se dá e com o como se dá essas normas para não levar a comportamentos e atitudes totalmente inaceitáveis com relação ao uso da língua" (*ibidem*, p. 126). Esta, tal como uma roupa, deve-se adequar, sem exageros e/ou contradições, às situações de uso social, pois, do contrário, pode tornar ridículo o comportamento lingüístico do falante/escrevente, no sentido próprio dessa palavra, ou seja, aquele ou aquilo que provoca risos no outro, ou seja, naquele que o ouve/lê.

Assim, são as chacotas em torno do que falam/escrevem, ou como falam/escrevem, que levam alguns estudantes a pensarem que são incapazes. Essa tem sido uma problemática recorrente nas nossas salas de aulas, já que percebemos o aparecimento de um bloqueio no que concerne, especialmente, ao aprendizado da Língua Portuguesa. Os estudantes a consideram difícil demais, impraticável, e, muitas vezes, imaginamos que cheguem até a se perguntarem para que devem estudar algo que já sabem. Certamente, ao não ver sentido no que estuda, o sujeito cria um obstáculo que, muitas vezes, parece intransponível. Em conseqüência disso, é possível perceber que um estudante do primeiro ano no Ensino Médio, por exemplo, já traz consigo o discurso mítico de que português é muito difícil (cf. BAGNO, 2004).

Compreendemos, com Antunes (2003), no entanto, que os estudantes não gostam das aulas de Português por causa do modo como elas acontecem e não propriamente por causa da língua como objeto de estudo. Uma das razões para esse fenômeno, por exemplo, é que o aprimoramento da oralidade não costuma fazer parte do currículo da disciplina de Língua Portuguesa, nem da compreensão dos professores. Isso representa uma perda para o aluno por causa do valor que esse estudo tem para a sua vida. A linguagem falada se faz uso efetivo no cotidiano e, numa perspectiva futura do estudante, será exigência para uma comunicação eficiente e coerente nas relações pessoais e profissionais. De acordo com Antunes, essas relações se dão em ocasiões que pedem "registros mais formais da língua, com escolhas lexicais mais especializadas e padrões textuais mais rígidos, além de atendimento a certas convenções sociais exigidas pelas situações do falar em público" (*ibidem*, p. 25).

Embora essas afirmações sejam plausíveis, para que haja uma melhoria no ensino de língua materna a solução não está em, e nem basta apenas, apontar e punir os culpados, como bem observa Back (1987). Segundo o autor, apesar de sabermos de suas responsabilidades profissionais, "os professores são antes vítimas do que réus" (*ibidem*, p. 10), pois

> os professores formados pelos preceitos pedagógicos tradicionais continuam desconhecendo o que são objetivos de ensino e qual é a diferença entre domínio de língua e domínio de gramática. Muitos continuam convencidos de que saber gramática é saber português. Por esta razão, suas aulas se resumem ao ensino de gramática: definições, regras e muita análise sintática e morfológica. (*ibidem*, p. 16)

Ao serem tomadas como base, todas essas reflexões nos levam a concordar com Charlot (2000) em sua afirmação de que o fracasso escolar não existe, o que existem são momentos de fracasso de alguém que está em uma situação conflituosa ou fragilizada com o saber e com o aprender. Por esse motivo, sendo a *relação com o saber* uma relação com o mundo, com o outro e consigo mesmo, é de se esperar que os estudantes pensem negativamente sobre si mesmos quando não aprendem determinadas coisas, além de terem uma má impressão de quem lhes está ensinando e do local onde essa ação se desenvolve. Logo, ao falarmos da *relação com o saber* do aluno do Ensino Médio estamos falando, também, de sua relação com os professores, com a escola, com os colegas de sala e, no caso específico deste capítulo, com a Língua Portuguesa.

Metodologia da pesquisa

Escolhemos como *locus* para a pesquisa uma turma do 1.º ano do Ensino Médio, do turno da tarde de uma escola da rede pública do município de Maracanaú-CE. Supúnhamos que os estudantes do primeiro ano poderiam nos dar respostas bem interessantes e que, em muitos aspectos, encontraríamos indícios da curiosidade com que esses estudantes chegam ao Ensino Médio. Ademais, as expectativas em relação ao vestibular poderiam ser maiores na primeira série do que nas outras, já que ela sinaliza para uma nova etapa na vida desses estudantes.

Uma vez no campo de pesquisa, apresentamos aos sujeitos a nossa proposta de estudo e os cientificamos das nossas intenções, pois partimos do princípio de que o grupo investigado deveria ser esclarecido sobre as expectativas quanto à cooperação deles. Esse esclarecimento foi firmado em um diálogo que os deixou certos da não-obrigação de colaborar conosco, mas também os colocou a par de que a reflexão advinda deste trabalho poderia repercutir em mudanças favoráveis para o crescimento de todos os envolvidos. Demos início às nossas investigações no primeiro mês letivo do ano de 2005, por meio de observações e conversas informais com os 21 alunos que compõem a turma já mencionada. As observações se davam sempre à tarde, horário em que a turma estava na escola. O fato de ser professora nesse mesmo turno, e em uma sala vizinha, não nos obrigava a passar longos períodos com eles, posto que estávamos sempre juntos e realizávamos várias atividades em conjunto. Contudo, algumas vezes sistematizamos as observações em pequenos períodos de 15 a 20 minutos. Isso se explica porque não podíamos deixar nossa turma sozinha por muito tempo e porque era possível o contato constante com os estudantes dessa outra turma.

Também fez parte do nosso trabalho de pesquisa a aplicação de um questionário, pois julgamos que este seria um recurso bastante apropriado para obtermos as informações dos estudantes. Elaboramos o questionário com 14 questões, em obediência à ordem dos objetivos específicos do projeto da pesquisa, organizadas em três blocos temáticos. No primeiro, procuramos saber sobre as dificuldades que os estudantes sentem em relação às aulas de Língua Portuguesa. No segundo bloco, pretendíamos conhecer as imagens que os estudantes constroem acerca de si mesmos em virtude das dificuldades que sentem no estudo da língua materna. Finalmente, no terceiro e último bloco, buscamos compreender as relações que os estudantes constroem dentro da escola com os colegas de sala, com a professora e com a própria estrutura física da instituição.

Com o questionário, conseguimos o registro de frases carregadas de emoções que os sujeitos nos permitiram transcrever. É oportuno informar que aplicamos a técnica do questionário no final da nossa observação, ocasião em que já tínhamos desenvolvido com os atores um entrosamento cultivado ao longo do período que estivemos em campo, ou seja, um semestre letivo. O referido questionário foi aplicado a partir das 13h30min do último dia de nossa observação, durante o horário da aula de Português. Naquele dia, a professora da turma havia faltado por estar adoentada. Interrompemos no momento em que os estudantes realizavam uma atividade deixada por ela e percebemos que prontamente eles a substituíram pelo nosso questionário, talvez por se tratar de uma atividade com aspectos de novidade. Para nós, foi notória a insatisfação de estarem envolvidos com a tarefa elaborada pela professora, pois, pelas expressões dos jovens, parecia enfadonha.

Depois de distribuídas as folhas contendo o questionário, lemos as questões em conjunto para dissipar possíveis dúvidas no momento de respondê-las. Pelo fato de ser professora de uma outra turma na mesma escola e no mesmo horário, como já foi explicado, não foi possível permanecer na sala com os estudantes durante a aplicação do questionário. Por esse motivo, eles foram acompanhados de um estagiário da escola. Em virtude desse fato, insistimos para que os estudantes zelassem pela sinceridade, que não recorressem aos colegas em uma tentativa de se ajudarem nas respostas e que não havia necessidade de se identificarem. O estagiário confirmou, no final da pesquisa, que todos atenderam à solicitação, ficando compenetrados no que faziam, cada um em seu lugar. Os estudantes não se demoraram muito na atividade, e em menos de 20 minutos todas as folhas foram devolvidas.

As observações que construímos ao longo do primeiro semestre letivo na escola foram anotadas em um caderno para posterior análise. Quanto aos questionários, demos início ao tratamento dos dados que os estudantes nos forneceram, numerando as folhas de 01 a 21. Decidimos nos referir a eles pela sigla AP, que significa *aluno participante*. Desse modo, os estudantes foram codificados como AP1, AP2, AP3 e assim, sucessivamente, até AP21, o que nos permitiu resguardar a identidade dos sujeitos, além de melhor organizarmos as informações.

Em seguida, elaboramos uma tabela com quatro colunas, contendo as seguintes indicações:

Dificuldades dos alunos	Imagens de si	Relações	Cruzamento das informações

Fomos preenchendo as colunas de acordo com as respostas dos 21 alunos. À medida que líamos, resumíamos as respostas em palavras chaves, digitando-as nas colunas correspondentes. No final, realizamos um cruzamento entre as informações distribuídas nas colunas da tabela para termos uma idéia mais geral dos dados. Ao concluirmos esse trabalho, tínhamos em nossas mãos uma *radiografia* dos problemas mais comuns enfrentados por aquela turma em relação ao ensino de língua materna. Após a narração desse percurso metodológico, passaremos à demonstração dos achados que a pesquisa nos proporcionou.

A relação com o saber no ensino de língua portuguesa

As fragilidades na relação com o saber

O que nos chamou mais a atenção na pesquisa foi que 12 entre os 21 alunos, ou seja, mais da metade, disseram que consideram a Língua Portuguesa uma matéria difícil e, por isso, não gostam de estudá-la. Eles afirmam que não entendem as explicações da professora e, a julgar pela forma como se manifestaram, pudemos perceber que isso é fruto de um mito que foi sendo reproduzido ao longo da vida estudantil dos alunos e da atividade da professora. Esta, infelizmente, ainda transforma o ensino de língua materna em uma aula de Gramática, conforme podemos constatar nas falas abaixo.

> Acho que a nossa língua é difícil, só quem entende mesmo é os professores. (AP2)
> Não gosto da matéria, é chata demais... A matéria é difícil. Minha dificuldade é escrever sem errar demais porque isso é horrível. (AP6)
> A minha principal dificuldade é na gramática. (AP18)
> Detesto português. Tento ler, mas só que é difícil. Português é difícil mesmo muita gente é como eu. (AP20)

Em conseqüência desses fatos, o ensino da língua se torna frio e distante da realidade do aluno, o que culmina em seu desinteresse e pouco aprendizado. Percebemos, pelos dados, que os estudantes não se sentem capazes de aprender Português porque, para eles, somente os professores o são. Além disso, os alunos expõem que suas maiores dificuldades se encontram na habilidade de escrita, no domínio das regras gramaticais e na atividade de leitura.

Percebemos ainda, pelas observações que fizemos e pelas informações que os estudantes nos deram, que a professora da disciplina naquela turma usa uma maratona de atividades copiadas na lousa e com explicações que não fazem sentido para eles. Estes, influenciados pelo mito de que português é difícil, tornam-se dispersos, alheios e indisciplinados na sala de aula, o que contribui para que a professora perca o domínio da situação. Confirmemos isso com os relatos de AP16, AP15, AP2 e AP6, respectivamente, a esse respeito:

> A professora escreve muito.
> Suas aulas são cansativas.
> A professora não tem muito domínio e tudo fica mais difícil. A professora tem que fazer a turma ficar calada para poder dá aula porque se não, ninguém escuta nada.
> A professora não explica melhor porque não tem domínio de classe.

Com base nos depoimentos acima, inferimos que as aulas de gramática estão sendo ministradas com poucos vínculos de sentido, pois não alcançam a compreensão dos estudantes. Isso nos faz constatar que a professora se distancia dos objetivos do ensino de língua materna quando provoca uma inquietação negativa nos seus alunos. Os objetivos aos quais nos referimos são os que Travaglia (1996, p. 108) assinala de forma bastante elucidativa:

> O ensino de língua materna parece não se justificar por nenhuma outra razão que não seja o objetivo de desenvolver a competência comunicativa dos falantes, isto é, a capacidade de o falante empregar adequadamente a língua nas diversas situações de comunicação. Para consecução desse objetivo deve-se propiciar o contato do aluno com a maior variedade possível de situações através de um trabalho de análise e produção de enunciados ligados aos vários tipos de situações de enunciação.

Contrariando o exposto, o que está ocorrendo na sala de aula em análise é o mesmo equívoco que ocorre em muitas outras salas de aulas País afora, ou seja, a maior parte do tempo das aulas é gasto no aprendizado da gramática e na utilização da metalinguagem. Assim, ano após ano, há uma insistência na repetição dos mesmos tópicos gramaticais durante a elaboração dos planos de aula. Por conseguinte, os estudantes se desestimulam em relação ao ensino de língua materna e criam imagens muito negativas de si mesmos, o que nos autoriza a afirmar, com Charlot (2000), que eles não se mobilizam para esse aprendizado porque vão sendo fragilizados, silenciosamente, em sua *relação com o saber*.

AS IMAGENS QUE OS ESTUDANTES CONSTROEM SOBRE SI MESMOS E AS SUAS RELAÇÕES NA ESCOLA

Os dados da pesquisa nos revelam que a escola continua indo na direção inversa dos seus princípios de formação humana. Isso se justifica porque ela parece colaborar, cada vez mais, para que os estudantes desenvolvam uma auto-estima fragilizada, a qual já se encontra afetada, muitas vezes, por implicações familiares e por questões sociais. É sabido que os estudantes, especialmente os da escola pública, são mais vulneráveis ao preconceito e a possibilidades menores de aprovação no vestibular, bem como nas seleções de emprego, por causa da influência de sua origem socioeconômica, geralmente precária. Sendo essa a condição mais comum entre os alunos que investigamos, observamos muitas imagens negativas, construídas por eles sobre si mesmos, mas também sobre a professora e sobre as aulas de Português, geradas a partir das dificuldades com a aprendizagem das regras gramaticais.

Sobre algumas dessas imagens, sempre apresentadas em negrito, vejamos o que nos dizem os estudantes.

> Acho que sou cabeça dura, eu sou difícil de entender as coisas. Penso que não tem jeito de entrar tanta regra na minha cabeça. (AP2)
> Às vezes as aulas é chata, não tem muita coisa boa a se aprender... Falta interesse para mim. (AP10)
> Eu me sinto incapaz de fazer as atividades. Eu sinto insegurança de escrever, eu penso que esta tudo errado. (AP11)
> Ela (a professora) devia ser mais alegre como o professor de matemática. (AP12)
> Às vezes penso que sou uma burra por não ter muita capacidade de entender as coisas. Me sinto fracassada, e acho a língua portuguesa difícil. Quando não entendo, tenho vergonha de falar. (AP15)

Verificamos que os pesquisados dão para si adjetivos depreciativos em razão das dificuldades que sentem com o aprendizado da língua materna, tal como AP2 que se diz "cabeça dura" para entender português. É válido registrar ainda o fato de que os estudantes, especialmente AP12, citam o professor de Matemática da mesma escola como um professor interessante, apesar de esta disciplina também carregar o estigma de ser difícil. Inferimos que essa diferença de posição dos alunos acerca desse professor é em virtude do dinamismo com que administra as suas aulas, quase sempre animadas, com jogos e competições. As estratégias de aprendizagem que o referido professor usa parecem propiciar uma grande satisfação entre os estudantes.

Vemos, nesses dados, uma *relação com o saber* conflituosa, como nos fala Charlot (2000), a qual desencadeia tristeza nos alunos. Eles se sentem "preocupados", pois atribuem como sentido para irem à escola o desejo de serem aprovados no vestibular e a aquisição do certificado que lhes dê oportunidade de conseguir um emprego. Outros alunos afirmaram o temor da reprovação, e por isso freqüentam a instituição por imposição dos pais, sendo esse temor o único "incentivo" para estudar, conforme podemos constatar a seguir.

> Me preocupo com o vestibular e em conseguir emprego. (AP5)
> Fico preocupada, com medo de ficar reprovada. (AP6)
> Me sinto muito triste porque é ruim ficar de recuperação. (AP14)

Essas afirmações denunciam que as atividades de língua portuguesa deveriam ser menos cansativas. Como vimos, os estudantes transmitem a idéia de "chatice", termo bastante utilizado por eles nos questionários, o que nos leva a pensar que seja um indício de que a professora da turma precisa rever sua formação e nela investir com mais afinco para que suas aulas sejam mais produtivas.

Um certo dia, encontramos os alunos assistindo a um filme de terror, intitulado *O grito*. Eles estavam amontoados, junto à TV, sem uma ordem que propiciasse a todos verem a tela. Enquanto isso, a professora se dedicava ao preenchimento de seus diários, na outra extremidade da sala. Quando indagada sobre o propósito daquele filme, recebemos como resposta que era uma escolha feita pelos alunos em comemoração ao Dia do Estudante. Em um outro momento, soubemos que a direção da escola não tinha conhecimento do filme a ser apresentado naquela tarde e, por esse motivo, advertiu à professora que utilizasse o bom senso, na concessão às escolhas dos alunos. O filme exibido poderia até ser apropriado para o ambiente escolar, desde que tivesse um cunho educativo e fizesse parte de uma atividade no ensino de língua.

Entretanto, apesar dessas situações, os estudantes também fazem um esforço para aprender a língua portuguesa, como podemos observar na fala de dois deles:

> Tento compreender o máximo possível, eu leio a tarefa, releio até tentar compreender. (AP4)
>
> Eu me sinto mal, mas eu continuo insistindo até alcançar meus objetivos. (AP19)

Nessa insistência, os alunos constroem relações entre si e, por isso, revelam que desenvolvem uma atitude de parceria, com o intuito de se ajudarem, porque não conseguem sozinhos aprender a matéria. Eles informaram que quando sabem, ajudam-se uns aos outros, especialmente, por meio da "cola" ou "pesca", que é o recurso mais utilizado para se ajudarem em dias de avaliações bimestrais. Vejamos esses dados nas falas dos próprios sujeitos:

> Todos acham português dificio. A maioria não aprende, quaze todo mundo escreve ruim. (AP2)
>
> Alguns colegas ajudam bastante, a gente tira duvida antes da prova. Poucos sabem muito, a maioria não sabe nada. Todo mundo se ajuda, mas poucos sabem, so uns dois entendem bem. (AP13)
>
> Quando um amigo erra a gente corrige, tentamos ajudar de todas as formas. (AP18)
>
> A gente passa "pesca", estuda junto antes da prova. (AP12)

Além dos colegas, muitos estudantes recorrem aos familiares e a alguns professores de reforço, a fim de se prepararem para as avaliações. Os alunos precisam buscar ajuda fora da escola porque, ao analisarmos o diário da professora, o que ela prontamente nos ofereceu, verificamos que 15 deles (mais de 70 % da turma) estão com rendimento baixo, ou seja, assinalados com ANS (Aprendizagem não-satisfatória). Esse resultado deve ter origem também no fato de que os estudantes abominam a "obrigação" da leitura. Devido à ojeriza que eles demonstram em relação à leitura, inferimos que essa prática parece ter finalidades apenas avaliativas, o que afugenta qualquer possibilidade de prazer que os alunos poderiam desenvolver.

Para finalizar este capítulo, queremos nos referir a um aluno (AP21) que não contribuiu, completamente, com a nossa pesquisa. Ele devolveu o seu questionário quase incompleto, com apenas duas perguntas respondidas. Informou-nos que não tinha interesse em responder, negando-se a maiores explicações. Compreendemos, em parte, sua atitude negativa, quando escreveu em resposta às perguntas sobre suas dificuldades no aprendizado da língua materna e sobre o porquê de passar por tais dificuldades. Para a primeira pergunta, sua resposta foi rápida e precisa; sua maior dificuldade é em "Gramática" (AP21). No que concerne à justificativa para tal dificuldade, o estudante novamente foi conciso: "Por que não simpatizo" (AP21).

Sua recusa e evidente revolta com as aulas de Português nos dão a demonstração de que esse jovem está envolto em uma preocupante situação de fracasso. Além disso, é possuidor de uma baixa auto-estima e, sobretudo, sua atitude de querer silenciar é, na verdade, a comprovação gritante de que essa turma de alunos carece de maior atenção do grupo pedagógico da escola para que renovem seus conceitos sobre o ensino da língua materna. Nesse sentido, a professora, juntamente com os demais atores da escola, precisa reformular sua metodologia de ensino, tendo o texto como unidade de estudo, bem como desenvolver uma abordagem discursiva e interacional da linguagem. É necessário, ainda, e, acima de tudo, que seja considerada a realidade dos estudantes, suas necessidades de aprendizagem e seus conhecimentos lingüísticos, para um ensino de Língua Portuguesa direcionado para a formação de cidadãos críticos.

Entretanto, não podemos deixar de assinalar que somos conscientes de que a profissionalidade docente não se forma da noite para o dia. Se encontramos algumas contradições na prática da professora é porque talvez ela ainda não tem formada a consciência da docência como a sua profissão, a qual exige formação contínua, compromisso e dedicação exclusiva. Para isso é necessária, igualmente, uma remuneração justa e condizente com as necessidades do professor, o que não depende somente do profissional, mas das políticas públicas que devem valorizar o professor e a Educação como uma ação politizada, cidadã e libertadora, tal como sonhou Freire (1998, 2000, 2005). Portanto, a valorização do professor é tão necessária quanto a do aluno, o qual tem todo o direito de reivindicar melhores aulas e melhores condições de aprendizagem, apesar de que a mudança, principalmente no Ensino Médio, também depende dos jovens, de suas famílias, da escola, dos administradores públicos, enfim, de uma coletividade que sonhe, deseje e aja!

Considerações finais

Neste capítulo, buscamos compreender a relação de uma turma de estudantes do 1º ano do Ensino Médio com o aprendizado do Português como língua materna. Salvaguardando as diferenças, Travaglia (1996), Antunes (2003) e Bagno (2004), que de certa forma também trataram dessa relação, nos ajudaram como parâmetro para nos lançarmos em busca dos indícios da causa desse problema que assola as escolas brasileiras. De posse dos dados, concluímos que, nas aulas de Português, a *relação com o saber* dos alunos pesquisados é, de fato, frágil, tal como também apontam as pesquisas realizadas por Charlot (1996) com adolescentes franceses em relação a outras disciplinas e a sua escola.

Nossa pesquisa demonstrou que, mesmo para estudantes do Ensino Médio, a língua portuguesa é considerada difícil, sendo a turma pesquisada apenas uma amostra de muitas outras que enfrentam problemas decorrentes dessa crença. Em conseqüência, há uma aversão que os alunos desenvolvem quanto ao aprendizado do português, o que influencia, negativamente, o rendimento desses estudantes, pois enfrentam dificuldades para a compreensão das normas gramaticais, além da leitura e da escrita, que são consideradas dois grandes entraves para que o aprendizado aconteça.

Encontramos, nos questionários e nas observações feitas, estudantes que se sentem incapazes de aprender a língua portuguesa porque a consideram difícil e, por isso, têm a sua auto-estima abalada e se definem por adjetivos autodepreciativos, tais como burro, incapaz, cabeça-dura, triste, culpado, etc. Parecem alheios e indispostos a calcular os danos dessa situação para o futuro que se lhes anuncia. Sobre essa atitude passiva dos jovens, que por natureza são questionadores de seus direitos, concluímos que a sua inércia pode ser o resultado da auto-estima fragilizada e da descrença do sucesso no futuro.

Finalizando, vimos que as relações com a professora de Português, no ambiente escolar, acontecem de forma complexa. Em parte, por influência das suas origens socioeconômicas e por presenciarem o descaso das autoridades políticas com a Educação, os jovens calam e se fecham em auto-acusações. Não obstante isso, os alunos reconhecem que há algo errado nesse processo e, por isso, ainda possuem alguma esperança, mesmo que não a demonstre com bastante clareza, de que suas aulas de Português poderiam acontecer de forma diferente e quem sabe até prazerosas, tal como as de Matemática. Buscam ajuda dos colegas e de professores para o reforço, além de aproveitarem as oportunidades que a escola oferece. Com certeza sabem do valor desse aprendizado para suas vidas, porque em algum momento, no meio dessa confusão, aprenderam isso.

Referências

ANTUNES, I. *Aula de português: encontro & interação*. São Paulo: Parábola, 2003.

BACK, E. *Fracasso do ensino de português: proposta de solução*. Petrópolis: Vozes, 1987.

BAGNO, M. *Preconceito lingüístico: o que é, como se faz*. 28. ed. São Paulo: Loyola, 2004.

BRASIL. *Parâmetros curriculares nacionais: ensino médio*. Brasília: MEC-SEMT, 1999.

CHARLOT, B. Relação com o saber e com a escola entre estudantes de periferia. In: *Cadernos de pesquisa*. São Paulo, n. 97, p. 47-63, 1996.

CHARLOT, B. *Da relação com o saber: elementos para uma teoria*. Tradução de Bruno Magne. Porto Alegre: Artmed, 2000.

CHARLOT, B. (Org.) *Os jovens e o saber: perspectivas mundiais*. Tradução de Fátima Murad. Porto Alegre: Artmed, 2001.

FREIRE, P. Novos tempos, velhos problemas. In: SERBINO, R. V. et al. *Formação de professores*. São Paulo: Editora da UNESP, 1998, p. 41-47.

FREIRE, P. *Pedagogia da autonomia: saberes necessários à prática educativa*. 15. ed. São Paulo: Paz e Terra, 2000.

FREIRE, P. *Pedagogia do oprimido*. 40. ed. Rio de Janeiro: Paz e Terra, 2005.

GEERTZ, C. *A interpretação das culturas*. Rio de Janeiro: LTC, 1989.

TRAVAGLIA, L. C. *Gramática e interação: uma proposta para o ensino de gramática*. São Paulo: Cortez, 1996.

A Educação Infantil na LDB: pressupostos antropológicos, éticos e sociológicos[1]

Messias Dieb

As crianças de 0 a 6 anos [...] adquiriram o direito de serem educadas em creches e pré-escolas, passando a serem respeitadas portanto como cidadãs, sujeitos de direito. E, como todos os brasileiros, estão vendo ameaçados os seus direitos.

(FARIAS et al., 2003, p. 1)

A epígrafe que abre este capítulo anuncia uma crise pela qual o Brasil está passando em relação às políticas públicas de atendimento às crianças menores de seis anos. A referida crise tem raízes profundas na história da infância (cf. ARIÈS, 1981) e ganha outros contornos ao nos voltarmos para a implementação das determinações da Lei de Diretrizes e Bases da Educação Nacional (LDB) para a Educação Infantil (EI) em creches e pré-escolas, elaboradas com base na Constituição em vigência (BRASIL, 1988). Essas determinações, com a finalidade de promover o pleno desenvolvimento das crianças, ganharam um largo espaço de atenção e de discussões na sociedade contemporânea. No entanto, para o bom atendimento da população a que elas se destinam, parecem ainda necessários uma legislação mais pertinente e um aporte maior de recursos públicos específicos, bem como maior empenho por parte de alguns segmentos da sociedade.

---

[1] Artigo produzido nos grupos de pesquisa NUPED (UERN) e LUDICE (UFC). Agradeço a leitura feita pelos professores Dra. Juraci Cavalcante e Dr. Jacques Therrien, ambos do Programa de Pós-Graduação em Educação Brasileira da UFC. Os erros remanescentes são de minha responsabilidade.

Até onde conseguimos perceber, a situação ainda suscita algumas questões, especialmente devido à perspectiva de que a Educação se constitui um direito fundamental para as crianças. Assim, considerando as recentes mudanças que ocorreram no cenário educacional brasileiro e o histórico de exclusão e de desqualificação que tem marcado a EI, parece-nos relevante perguntar sobre os pressupostos[2] antropológicos, éticos e sociológicos que estão subjacentes às formulações políticas da atual LDB (BRASIL, 1996). Além disso, não podemos deixar de nos perguntarmos como tais pressupostos estão articulados na realidade de nossas creches e pré-escolas.

Supondo que ainda há uma enorme distância entre os ditames da Lei e a sua concretização nos espaços educativos referidos acima, buscaremos responder às questões apresentadas no parágrafo anterior, estabelecendo uma relação entre os pressupostos legais para a EI no Brasil e a realidade vivenciada pelos atores envolvidos nessa área. Tomaremos como base, então, além do texto da própria LDB, algumas pesquisas já realizadas e publicadas sobre o tema proposto.

A naturcza da educação infantil

A LDB determina que a EI tem por objetivo educar e cuidar das crianças de zero a seis anos de idade e é concebida como um serviço público de qualidade, o qual deve atender, em especial, aos direitos da criança e aos da família. Segundo Campos e Rosemberg (1995), a ação política nessa área deve procurar responder aos princípios de igualdade e de oportunidades para todas as classes sociais, sexos, raças e credos. Além disso, ao reconhecer que as crianças têm uma família, cuja função educativa é complementada pela EI, a Lei prevê ainda que a gestão dos recursos e dos equipamentos infra-estruturais aconteça de forma democrática e participativa com a comunidade.

Com base nisso, podemos afirmar que a criança é, para a LDB, um sujeito de direitos, um indivíduo que goza das garantias de um Estado deontologicamente ético. Porém, essa ética normativa, ou do "dever-ser", parece-nos ter levado o Brasil a tratar a educação das crianças como um projeto político neoliberal que se materializa nos artigos da Lei e na prática cotidiana das instituições. Por assim o ser, não julgamos leviano dizer, auxiliado pelas palavras de Sá e Martinho-Rodrigues (1994), que tal projeto

---

[2] A idéia de trabalharmos os pressupostos relativos à LDB foi inspirada pelo estudo de Martinho-Rodrigues (1997) em relação às idéias políticas de três pensadores modernos: Nicolau Maquiavel, Thomas Hobbes e John Locke.

parece se configurar como uma espécie de nova "paidéia", cuja intenção é salvar ou libertar as crianças das suas mazelas sócio-econômicas e do analfabetismo, preparando-as para enfrentar a vida escolar. Em outros termos, tem-se vivenciado mais uma escolarização precoce da infância do que contribuído para o desenvolvimento integral da criança. Assim, questionamo-nos sobre até que ponto a escolarização precoce consiste na garantia do direito à educação que é fundamental para os pequenos "cidadãos".

Entre outros direitos, que também constam como assegurados às crianças pelo Estatuto da Criança e do Adolescente (BRASIL, 1990), a LDB prevê o seu desenvolvimento intelectual pautado na socialização e na construção coletiva de saberes, desde os primeiros meses de vida. Para isso, em seus artigos 29[3] e 30[4], a Lei diz que a EI integra a Educação Básica e é sua primeira etapa, devendo ser oferecida em creches e pré-escolas. Esse atendimento deve obedecer, conseqüentemente, à seguinte divisão: nas creches são atendidas as crianças de zero a três anos, e nas pré-escolas as crianças de quatro a seis anos. Porém, a utilização desse critério, exclusivamente etário, é apenas para distinguir os dois espaços, pressupondo que eles não se diferenciam quanto a sua função, que é a de cuidar e educar as crianças. A EI, assim entendida, coloca, pois, a sociabilidade da criança como uma forma de aprendizagem que implica o conhecimento como algo a ser histórica e socialmente construído.

Essa representação jurídica para a EI contrasta, infelizmente, com as evidências empíricas tão difundidas pelas pesquisas no campo da Educação. Nessa direção, pensemos, como exemplo desse contraste, nos dados apresentados pelos trabalhos de Rosemberg (2000, 2002a, 2002b), para quem

> a expansão da educação infantil, ou as melhores taxas de cobertura da educação infantil em si, não constituem bons indicadores de desenvolvimento, sejam socioeconômicos ou educacionais. Isto porque estas taxas não nos dizem se a população de crianças na faixa etária prevista está sendo atendida por professoras qualificadas para esta função. Neste sentido, a expansão da educação infantil não significa obrigatoriamente um processo de democratização da educação, mas pode significar

---

[3] Art. 29 – "A Educação Infantil, primeira etapa da educação básica, tem como finalidade o desenvolvimento integral da criança até seis anos de idade, em seus aspectos físico, psicológico, intelectual e social, complementando a ação da família e da comunidade".

[4] Art. 30 – "A Educação Infantil será oferecida em: I – creches, ou entidades equivalentes, para crianças de até três anos de idade; II – pré-escolas, para as crianças de quatro a seis anos de idade".

uma realocação no sistema educacional de segmentos sociais excluídos. A inclusão acarreta, paradoxalmente, a exclusão. (*idem*, 2000, p. 146)

Como vemos, a noção de EI defendida pela LDB é contraditória com a realidade educacional porque a radicalidade e a totalidade do direito, como ciência social e jurídica, esquecem das carências organizacionais, tanto das instituições que não são adequadas à EI quanto dos seus profissionais que parecem não estar habilitados para o trabalho com as crianças. Além disso, a expansão do atendimento a essas crianças tende a caminhar paralelo com a busca de um barateamento das ações educativas, desempenhadas, geralmente, em instituições que nos permitem desconfiar da sua qualidade. Portanto, baseado nessas informações, acreditamos que, mesmo com o levante da bandeira pela democratização no ensino e pela participação comunitária, as desigualdades sociais, especialmente entre as crianças pobres e negras das regiões menos desenvolvidas do Brasil, continuarão a aumentar assustadoramente.

Discutiremos melhor essa tendência na próxima seção, tomando como base as políticas públicas que visam ao atendimento das crianças em creches e pré-escolas. Para isso, relacionaremos o precário financiamento dessas políticas com os problemas que enfrentamos também na profissionalização dos docentes.

A política de atendimento e o seu funcionamento

Para realizar a tarefa a que se propõem as creches e pré-escolas, estas devem ser incorporadas ao sistema de ensino[5] e elaborar uma proposta pedagógica, a qual implica um planejamento, envolvendo todas as políticas para o atendimento integral à criança. Nas palavras de Campos e Rosemberg (1995), essa proposta também parece se referir a um projeto que precisa conter, em seu texto, os critérios para a admissão das crianças de forma democrática, transparente e não discriminatória. Assim sendo, ele visa ao respeito às características individuais e culturais da população atendida sem, por isso, constituir-se em uma alternativa compensatória de carências sociais, como, por exemplo, para crianças de populações pobres, negras e índias. Em adendo, é necessário que tal projeto contenha o detalhamento de suas metas, de suas estratégias, de suas fontes de recursos e de seus mecanismos de

---

[5] Os prazos para a adaptação das legislações municipal, estadual e federal aos dispositivos da Ldb estão detalhados nos artigos 88 e 89 – Título IX – Das Disposições Transitórias.

supervisão e avaliação. Mais especificamente sobre a avaliação, devemos frisar que, de acordo com o art. 31 da LDB, ela não deve servir como promoção ou entrada das crianças no primeiro ano do ensino fundamental.

Para auxiliar na elaboração dessa Proposta Pedagógica, foram difundidos entre os professores alguns documentos oficiais tais como as *Diretrizes Curriculares Nacionais para a Educação Infantil – DCNEI –* (BRASIL, 1999a) e o *Referencial Curricular Nacional para a Educação Infantil –* RCNEI – (BRASIL, 2001). Esses documentos contêm toda a fundamentação legal e as principais orientações curriculares para as creches e pré-escolas. Todavia, parece-nos que os profissionais dessas instituições ainda não utilizaram os referidos documentos com o sucesso e a autonomia que deles são esperados. Isso se explica ou se justifica, a nosso ver, pelo fato de que, em muitas instituições de EI, os professores podem até ter acesso à legislação, entretanto, poucos são os que, na prática, têm condições de transformar as suas intenções e/ou orientações jurídicas em realidade.

Sobre essa questão, não podemos afirmar que haja uma intencionalidade negativa por parte dos professores, uma vez que estes sofrem limitações, essencialmente pelas condições de trabalho e pela pouca formação a que tiveram acesso. Falta-lhes também, em muitos casos, desde as condições básicas de infra-estrutura até o tempo necessário para o estudo de aperfeiçoamento profissional e para a organização de sua prática. Por essa razão, os documentos supracitados se tornam inoperantes frente às necessidades emergenciais dos professores.

Conforme podemos observar, por exemplo, na análise do RCNEI feita por Palhares e Martinez (2003, p. 15), ele tende a ser considerado

> uma "camisa de força" [...], um retrocesso [que] leva ao "engessamento" de práticas criativas diversas das que ele preconiza. [...] Devido à distância entre o "ideal" e o real, [...] [o RCNEI] pode ser levado a um engavetamento por inviabilizar as alterações de cunho qualitativo na educação da criança pequena, tal a dificuldade de sua execução.

Desse modo, é bem provável que os professores sejam levados a assumir uma atitude teleológica na qual importa mais ter os seus "empregos" garantidos, por meio daquilo que é possível fazer, bem como manter as crianças minimamente ocupadas e assistidas, do que se preocupar em perseguir os ideais universalistas defendidos pelos legisladores.

Por esse motivo, apesar da obsoleta idéia de EI como uma "boa política assistencialista" (cf. GUIMARÃES, 2002, p. 44) ter sido, pretensamente, abandonada pela atual LDB em favor da noção de uma ação pedagógica compartilhada pela família e pelo Estado, ela acaba prevalecendo na prática dos professores. Essa triste constatação se deve, em grande parte, à negligência dos administradores públicos e, em segundo plano, à distância entre as instituições e a família. O que concerne à participação da família, abordaremos mais adiante, uma vez que neste item estamos tratando apenas do financiamento das políticas públicas de EI e isso se configura como uma iniciativa que está sob a total responsabilidade do Estado.

Assim, o Poder Público é o grande responsável pela regulamentação[6] da EI, o que deve acontecer por meio de uma parceria administrativa entre os municípios, os estados e a União. No entanto, a atribuição da oferta de creches e pré-escolas hoje tem recaído, inteiramente, sobre a tutela dos municípios[7], os quais têm assumido essa difícil tarefa, apesar de não possuírem os recursos financeiros necessários para cumpri-la, nem serem, legalmente, obrigados a fazê-lo[8]. Por conseguinte, todos hão de concordar conosco que tais recursos precisam ser suficientes para oferecer, no mínimo, um atendimento digno às crianças e um certo reconhecimento salarial ao trabalho do profissional que atua na área.

Em relação ao atendimento, os investimentos representam um valor mínimo dentro do percentual geral que as prefeituras utilizam para financiar a Educação. No que concerne aos vencimentos dos profissionais, os recursos para esse fim são ainda mais reduzidos. Por mais incrível que pareça, essa escassez de recursos financeiros para a EI finda criando hierarquizações profissionais simbólicas, uma vez que os professores das crianças se sentem inferiores aos colegas do ensino fundamental ou médio, devido ao salário que recebem. Situações desse tipo ainda podem ser constatadas, apesar da equiparação dos salários e dos planos de carreira dos professores da EI com os dos professores do ensino fundamental estar garantida no Art. 67 da LDB (Brasil, 1996). Logo, mesmo que os professores possam contar com essa determinação jurídica, parece-nos que ela ainda

---

[6] Art. 8º – A União, os Estados, o Distrito Federal e os Municípios organizarão, em regime de colaboração, os respectivos sistemas de ensino.

[7] Art. 11º – Os municípios incumbir-se-ão de: I – [...] II – [...] III – [...] IV – [...] V – oferecer a educação infantil em creches e pré-escolas, e, com prioridade, o ensino fundamental, permitida a atuação em outros níveis de ensino somente quando estiverem atendidas plenamente as necessidades de sua área de competência e com recursos acima dos percentuais mínimos vinculados pela Constituição Federal à manutenção e desenvolvimento do ensino.

[8] Esperamos que a implantação do Fundo de Manutenção e Desenvolvimento da Educação Básica e de Valorização dos Profissionais da Educação (Fundeb) venha dar um outro rumo a esta situação, proporcionando a devida garantia da Educação Básica a todos os brasileiros, inclusive daqueles que não tiveram acesso à educação em sua infância.

não conseguiu desconstruir certas idéias difundidas pelo senso comum como, por exemplo, a de que para atuar em creches e pré-escolas basta gostar de crianças.

Idéias como essa pressupõem a não-necessidade de um profissional competente para o ensino de crianças, fomentando uma luta incoerente, que tem dividido a profissão docente, denunciada por Tardif (2002, p. 128) a respeito dos saberes dos professores[9]. Segundo o autor,

> os professores do secundário criticam a competência e o valor dos professores do primário; os professores do primário e do secundário criticam os professores universitários, cujas pesquisas eles acham inúteis e demasiado abstratas; os professores universitários, que muitas vezes se consideram guardiões do saber e estão cheios de seus próprios conhecimentos, criticam os professores de profissão, pois julgam que são apegados demais às tradições e às rotinas. Por toda parte reinam hierarquias simbólicas e materiais estéreis entre os professores dos diferentes níveis de ensino.

Além de tais fatores, o financiamento das políticas públicas para a EI também influencia na evidente predominância de crianças com idade entre quatro e seis anos nas matrículas dos últimos anos. Nessa idade, elas estão bem mais próximas da obrigatoriedade escolar determinada pela Lei ao ensino fundamental, o qual se transformou nos últimos anos no detentor do maior volume de recursos para a Educação. Ademais, investir no atendimento de pré-escola é visto como mais útil e mais barato do que no funcionamento das creches, que é mais caro e mais distante do ensino fundamental. Para ratificar essas afirmações, apoiamo-nos nos dados do Instituto Brasileiro de Geografia e Estatística – IBGE – (BRASIL, 1999b) que mostram, além do que já comentamos no início deste parágrafo, que a jornada das crianças nas creches e pré-escolas, geralmente, não tem ultrapassado as quatro horas, é um atendimento apenas de meio dia, ou seja, de tempo parcial.

Assim, mesmo que algumas das determinações legais, fruto das evidentes transformações sócio-econômicas da segunda metade do século XX e das argumentações científicas em relação ao desenvolvimento da criança, já possam ser empiricamente verificadas em alguns municípios brasileiros, não podemos deixar de observar as muitas distorções que neles existem. Craidy (2002, p. 59), por exemplo, afirma que "poucos são os estados e municípios que estabeleceram as normas para o credenciamento das creches e pré-escolas no sistema de ensino, e ainda mais raros [são] os que realizaram

---

[9] Sobre a categoria saberes docentes, cf. o capítulo de Mota, neste livro.

essa integração". Tais acontecimentos ganham proporções cada vez mais sérias e nos preocupam, pelo fato de o Brasil ser um país com profundas desigualdades sociais, com pouca preocupação com a qualidade dos serviços públicos, especialmente para os mais pobres, e com um baixíssimo controle social de suas políticas públicas.

Essas características do Estado brasileiro parecem se ajustar aos motivos pelos quais Nascimento (2003) denuncia que a política de EI ainda não foi, satisfatoriamente, implementada. Isso contrasta, igualmente, com a grande importância que a LDB confere à necessidade de qualificação em nível superior para os profissionais do magistério e com a defesa da sua complementaridade contínua, por meio da formação em serviço[10]. Desta maneira, o aperfeiçoamento dos professores, especialmente aqueles que devem atuar na EI, constitui-se em uma outra problemática que tem inspirado inúmeras pesquisas. Na seqüência, abordaremos a referida temática com um pouco mais de detalhes.

Sobre a formação dos professores e seus saberes

Segundo o Art. 62 da LDB, o professor de EI deve ter como nível mínimo de formação, para o exercício do magistério em creches e pré-escolas, o ensino médio, na modalidade normal. Porém, Campos (2002, p. 30) é enfática ao dizer que, nessas instituições, as atuais "condições de trabalho e salário, somadas à extrema desigualdade social da população brasileira, configuram um tipo de ocupação que dificilmente atrairá as jovens[11] que conseguem uma escolaridade maior". Dessa maneira, podemos observar duas faces de uma mesma moeda, as quais acentuam outros desajustes entre o texto da Lei e a realidade educacional.

De um lado, pelos motivos acima apresentados, encontra-se um número elevado de profissionais insatisfeitos e considerando-se mal remunerados, "sem preparo nenhum para atingir os ambiciosos objetivos fixados nos referenciais e diretrizes curriculares da Educação Infantil" (*ibidem*, p. 32) e do outro, os problemas referentes à formação desses docentes, causados em

---

[10] Por formação em serviço entende-se o aperfeiçoamento profissional contínuo do docente que está em pleno exercício de suas atividades pedagógicas.

[11] A grande maioria desses profissionais é composta por mulheres, devido à cultura de que trabalhar com crianças é uma tarefa feminina. Entretanto, vale salientar que Moss (2002) argumenta em favor do conceito de qualidade, o qual resulta de uma maneira particular de ver o mundo, defendendo a importância da presença masculina na Educação Infantil como um possível fator de qualidade, já que a criança precisa da referência de ambos os sexos em sua orientação.

boa parte pela reforma educacional dos países da América Latina no transcorrer dos anos de 1990. Como exemplos dessa reforma, podemos citar o caso do México, analisado por Ibarrola (1998), o da Argentina, estudado por Torriglia (2003), e o do Brasil, visto sob as lentes de Moraes (2003).

No caso específico do Brasil, a Lei abre um precedente para o questionamento da qualidade da formação inicial e, conseqüentemente, a qualidade da própria Educação. Tal precedente se evidencia pelo fato de os Institutos Superiores de Educação (ISES) terem sido criados e autorizados pela LDB a formar professores sem a infra-estrutura mínima adequada, adotando um modelo de formação diferente do das Universidades, que é baseado na tradição da pesquisa acadêmica. Acerca dessa questão, podemos citar alguns autores que também não concordam com o modelo de formação implementado pelos ISES.

Para Damis (2002), por exemplo, a manutenção dessas duas estruturas institucionais (ISES e Universidades), com características bastante distintas na formação do professor, abre espaço para desvincular o ensino da pesquisa como meio de construção do conhecimento. Apesar de considerarmos que é perfeitamente possível a existência de um ensino de boa qualidade mesmo sem pesquisa, essa desvinculação tende a limitar a formação docente em um tecnicismo professoral. Assim, pelo fato de os ISES terem sido instituídos como lugares privilegiados para a formação, abarcando ainda a vantagem das poucas exigências para a sua criação e manutenção, ao contrário das instituições universitárias, esses institutos buscam oferecer um ensino técnico-profissionalizante que transforma os professores em especialistas no domínio das habilidades necessárias para o exercício da sua atividade em sala de aula. Desse modo, os professores passam a conceber como sua área de atuação apenas os limitados espaços do âmbito escolar.

Scheibe (2002, p. 55), parece-nos complementar o pensamento de Damis, dizendo que "a formação inicial[12] é um momento-chave da construção de uma socialização e de uma identidade profissional" para o professor. No entanto, o que a autora percebe, com a formação fora da ambiência universitária, é que podemos estar diante de uma reacomodação depreciativa dos profissionais da Educação. Considerando, principalmente, os professores de EI, diríamos que essa reacomodação depreciativa tem influência direta na construção de sua identidade profissional.

Isso significa, a nosso ver, desconsiderar a condição de sujeito que é própria de cada um de nós, o que também é observado por Zeichner (2001)

---

[12] Entende-se por formação inicial aquela na qual se busca a qualificação do professor por meio do ingresso em uma instituição de ensino, seja nível médio ou superior.

ao falar sobre os "paradigmas" na formação de professores. Segundo a exposição do autor, grande parte desses paradigmas ou modelos de formação transforma os docentes em meros receptores de informações. Logo, pelo que podemos depreender, a subjetividade e a identidade dos docentes têm sido cada vez menos trabalhadas e/ou consideradas durante os processos de aperfeiçoamento profissional.

Pior do que isso parece ser o fato da ausência nos ISES de certos conteúdos curriculares e de professores com titulação acadêmica para assumir as funções docentes. Especificamente em relação ao primeiro problema, Kishimoto (2002) registra que, nos cursos normais superiores dos ISES, a reprodução de propostas fragmentadas não leva em consideração as especificidades da Educação Infantil. Segundo a pesquisadora, há cursos que não incluem, por exemplo, o "brincar" como um objeto de estudo entre os seus conteúdos. Além disso, a autora afirma que, mesmo quando ocorre a inclusão de certos conteúdos na formação, as informações não passam de visões teóricas, incapazes de fomentar as competências para a criação de uma ambiência de aprendizagem na qual se estimule esse objeto.

O segundo problema também merece que façamos algum comentário. Devido às facilidades concedidas ao funcionamento dos ISES, alguns coordenadores parecem não atentar para a formação dos formadores. Por esse motivo, não é difícil encontrarmos professores apenas com graduação ou especialização ministrando disciplinas importantes para a habilitação docente, as quais exigem conhecimentos mais aprofundados, tanto pelo debate como pela pesquisa acadêmica. Assim sendo, sem pretendermos desmerecer a capacidade e a competência desses profissionais, questionamo-nos sobre a efetiva contribuição dos ISES para a formação docente no campo da EI, já que ele tem passado por grandes reformulações.

Nesse sentido, torna-se um pressuposto ético que o que se esperava de um profissional de EI décadas atrás, consoante o RCNEI, "não corresponde mais ao que se espera nos dias atuais" (Brasil, 2001, p. 39). Ainda com base no referido documento, concordamos que

> o trabalho direto com crianças pequenas exige que o professor tenha uma competência polivalente. Ser polivalente significa que ao professor cabe trabalhar com conteúdos de naturezas diversas que abrangem desde cuidados básicos essenciais até conhecimentos específicos provenientes das diversas áreas do conhecimento. Esse caráter polivalente demanda, por sua vez, uma formação bastante ampla do profissional que deve tornar-se, ele também, um aprendiz, refletindo constantemente sobre sua prática, debatendo com seus pares, dialogando com

> as famílias e a comunidade e buscando informações necessárias para o trabalho que desenvolve. São instrumentos essenciais para a reflexão sobre a prática direta com as crianças a observação, o registro, o planejamento e a avaliação. (*ibidem,* p. 41)

Cientes desta complexidade em torno da EI, as universidades, ao contrário do que denuncia Kishimoto em relação aos ISES, já começam a modificar os currículos e a articular melhor os seus conteúdos. Na Faculdade de Educação (FACED) da Universidade Federal do Ceará (UFC), por exemplo, foi introduzida no curso de Pedagogia, pela professora Dra. Maria de Fátima Vasconcelos Costa, uma disciplina sobre o "brinquedo", a qual, além de dar uma importante contribuição na formação dos futuros docentes, tem-se transformado em uma relevante seara de pesquisas (cf. Costa, 2004).

A disciplina tem representado um avanço significativo para o curso de Pedagogia da FACED que, segundo Cruz (2002, p. 229), vem abrindo espaços à construção de um caminho pertinente para a EI, que é a área de maior interesse por parte dos alunos. Isso significa que a Universidade continua a exercer a sua função de "lócus" de construção e produção do conhecimento sem fomentar a "primazia da prática" em detrimento dos conteúdos, conforme também denuncia Shiroma (2003) em relação aos cursos que se realizam fora de ambiência universitária.

Apesar desses avanços, Sordi e Camargo (2003) consideram que a Universidade ainda precisa rever a sua relação com os professores que a ela recorrem em busca de subsídios para melhorar sua "práxis" pedagógica. Para as autoras, a mera preocupação em socializar e atualizar as novas tendências educacionais não são suficientes para resolver o leque de problemas enfrentados pela escola, posto que os conhecimentos que não são vivenciados não geram mudanças significativas no cotidiano. Pelo fato de não terem sido introjetados, alguns saberes não sobrevivem quando finda o processo de capacitação tutelada, por isso, as pesquisadoras defendem que a forma mais eloqüente de garantir o ensino da cidadania às crianças é praticá-la com os seus professores.

Mesmo com muitas deficiências, percebemos, atualmente, que os professores têm buscado acompanhar, e, indiscutivelmente, entender, as transformações do mundo contemporâneo para entrar em sintonia com as novas formas de pensar e de agir sobre a realidade. Esse fenômeno se torna ainda mais notório quando o que está em pauta é a necessidade de seu "aperfeiçoamento profissional" para a EI (cf. Barreto, 1994; Kramer, 1994; Cruz, 1996, 2002). Parece-nos que o motivo de os professores estarem tão preocupados com a sua atualização reside também na constatação de que a sociedade, com maior acesso à informação, torna-se cada vez mais exigente. Assim sendo, eles cobram dos administradores públicos que buscam, com rapidez, praticidade e bastante economia, atender às suas reivindicações.

Contudo, a ação dos gestores públicos é ainda insatisfatória porque segue as determinações da Lei tão-somente para não sofrerem sanções jurídicas e, essencialmente, políticas. Disso decorre ainda que as famílias, desencantadas com a falta de compromisso nos serviços públicos, respondem, paradoxalmente, às negligências do poder executivo com pouca participação e quase nenhuma colaboração. Para elas, as garantias que o Estado oferece parecem independer de sua participação cidadã, conforme iremos discutir, subseqüentemente.

A proposta pedagógica e a participação da família

Consoante o Art. 29 da LDB, a EI deve configurar-se como um atendimento complementar à ação da família e da comunidade, o que pressupõe a anterioridade da família em relação ao trabalho educativo desenvolvido nas creches e pré-escolas. Com base nesse relacionamento entre a família e as instituições, inferimos que se espera uma ação harmônica na qual a família forneça subsídios ao trabalho dos professores e estes disponibilizem uma série de novas informações às famílias. Tais informações devem ser transformadas em outros subsídios para que os professores possam melhor desempenhar a sua ação educativa complementar.

Para que essas relações aconteçam de forma mais efetiva, a EI exige a implementação de uma proposta curricular ou proposta pedagógica que auxilie os professores nas creches e pré-escolas onde trabalham. Nesse sentido, os professores devem ser os principais interessados pela proposta, embora não sejam eles os únicos responsáveis em sua elaboração. Logo, os educadores,

> por meio de suas ações, que devem ser planejadas e compartilhadas com seus pares e outros profissionais da instituição, [devem] construir projetos educativos de qualidade junto aos familiares e às crianças. A idéia que preside a construção de um projeto educativo é a de que se trata de um processo sempre inacabado, provisório e historicamente contextualizado que demanda reflexão e debates constantes com todas as pessoas envolvidas e interessadas. [Por isso,] para que os projetos educativos das instituições possam, de fato, representar esse diálogo e debate constante, é preciso ter professores que estejam comprometidos com a prática educacional, capazes de responder às demandas familiares e das crianças, assim como às

questões específicas relativas aos cuidados e aprendizagens infantis. (BRASIL, 2001, p. 41)

Essas observações são de extrema importância porque incumbem os profissionais da EI de pensar e de apresentar, explicitamente, os pressupostos teóricos que orientam a sua prática, as concepções que têm de infância, de EI, de instituição pré-escolar, de família, entre outras, para que possamos vislumbrar os interesses subjacentes a sua ação docente. Além das concepções que norteiam a prática, é-nos mister ressaltar o caráter político com que os educadores devem construir a proposta pedagógica, a fim de que possamos falar em garantias para a sua concretização. Isso se justifica devido à influência que ela tem na formação dos educandos, mas também na dos educadores. Afinal, para que um projeto político-pedagógico possa contribuir com mudanças significativas na Educação, é preciso contar com a existência de recursos não somente financeiros (materiais), mas, principalmente, humanos.

No entanto, eis o motivo pelo qual algumas pesquisas, tais como as que realizamos (cf. DIEB, 2004a, 2004b), a de Hollanda e Cruz (2004) e a de Loiola (2004), apontam para a necessidade de se pensar a formação, a partir do ponto de vista dos professores da EI. Essa atitude se impõe já que é preciso promover oportunidades concretas de formação que reconheçam a capacidade de decidir e de agir dos professores. Ao contrário disso, como pensar, em consonância com a LDB, que é possível a universalização do atendimento às crianças de zero a seis anos, se as pessoas que estão à frente desse empreendimento não se sentem profissionalmente preparadas?

Ademais, um engajamento mais efetivo com as famílias das crianças parece não se efetivar na prática de EI, o que pode acarretar certos conflitos e desencontros de informações. Em Dieb (2004a), por exemplo, analisamos depoimentos de professoras dizendo que alguns pais costumam fazer reclamações ao(à) diretor(a) da instituição em que elas trabalham. As reclamações são decorrentes de atividades lúdicas que elas desenvolvem com as crianças. No entendimento dos pais, as professoras "enrolam" o tempo da aula com brincadeiras e os seus filhos estariam sendo prejudicados no final do ano letivo. Ao invés de explicar para os pais a importância do brincar na EI, o(a) diretor(a) corrobora o pensamento dos reclamantes, dizendo que vai ter uma "conversinha" posterior com as professoras, como se elas estivessem a executar uma atividade ilícita para com a criança.

Ainda no depoimento dado pelas entrevistadas, essas cobranças parecem intensificar-se cada vez mais e dizem respeito a fatores que vão desde os cuidados mais básicos com as crianças até a pressão para que estas aprendam a ler e a escrever o mais cedo possível. Apesar das cobranças insistentes, uma boa parte dos pais se mantém distante da instituição de EI durante o processo de educação das crianças, alegando a falta de tempo para acompanhá-lo mais de perto. Em meio a essa situação, o que percebemos é que os pais cobram resultados das professoras, e estas responsabilizam o Estado que, por sua vez, trata-as como se fossem incompetentes.

Portanto, em meio a esse jogo de cobranças e acusações, a EI começa a se caracterizar como uma "arena" na qual parece prevalecer o "estado de natureza" descrito por Hobbes (2004), por meio do qual se instaura "uma guerra de todos contra todos" e "onde cada homem é inimigo de outro homem". Assim sendo, questionamo-nos, por último, sobre em qual parte dessa "arena" se encontram, e como se defendem, os pequenos sujeitos de direitos, amparados pela LDB? Na verdade, ao que nos parece, aqueles que podem fazer alguma coisa por eles, esqueceram-se completamente disso, em meio ao grande jogo de interesses entre adultos "desinteressados".

Considerações finais

Neste capítulo buscamos estabelecer uma relação entre o que é determinado pela LDB para a consolidação da EI como a primeira das três etapas da Educação Básica e os fatos reais da prática pedagógica nessa fase de ensino. Procuramos refletir sobre os pressupostos antropológicos, éticos e sociológicos que estão subjacentes às formulações políticas da Lei, a fim de analisarmos como tais pressupostos estão articulados na realidade das creches e pré-escolas. Por esse motivo, permitimo-nos, nesta última seção, tecer algumas considerações sobre a problemática da EI, com base no que foi acima exposto.

Abordamos o fato de que as determinações da atual LDB para a EI contrastam, fortemente, com a realidade das creches e pré-escolas brasileiras e, por isso, a Lei, em suas Disposições Transitórias, determina a integração dessas instituições aos sistemas de ensino a que correspondem. No entanto, parece-nos que tal integração não está sendo satisfatoriamente realizado, já que as políticas públicas para a área de EI ainda tendem a promover uma educação do tipo compensatória, assistencialista, especialmente para as populações mais carentes da sociedade. Portanto, na prática, a qualidade das ações que daí são decorrentes é, provavelmente, contestável, já que temos uma grande parte dos professores desqualificados para o trabalho com as crianças e pouca participação política das famílias neste processo.

Desse conjunto de fatores, podemos inferir que o pressuposto antropológico de criança como um sujeito de direitos parece servir tão-somente aos filhos de cidadãos mais abastados. Isso se justifica devido ao fato de que as crianças, especialmente as mais pobres, quase não possuem visibilidade pública eD ou nenhum poder de negociação no que concerne às políticas para a educação e para a infância. A essa situação, atribuímos o desenvolvimento de uma "cultura" que advoga em favor de que "qualquer coisa serve aos pobres", além de que estes devem ser sempre gratos pelos "favores" recebidos do Estado.

Impressiona-nos, igualmente, que os professores de EI tendam a ser impulsionados para a mesma situação de não-negociadores, devido às péssimas condições de trabalho em que se encontram e às limitações de sua formação. Assim, o pressuposto ético da normatização que rege o modelo de educação infantil pensado pela LDB acaba transformando-se em uma ação heterônoma de aparelhamento estatal que, ao invés de uniformizar a EI, cria situações propícias à negligência e ao descaso com as necessidades educativas das crianças menores de seis anos. Por essa razão, os pequenos beneficiários das políticas educacionais para a infância, ao invés de sujeitos de direitos, parecem não passar de simples usuários dos equipamentos de assistência social.

Nesse sentido, desaparece a pressuposta visão da LDB acerca de uma sociedade aberta à colaboração das famílias, pois estas acabam sendo responsabilizadas, equivocadamente, pelo insucesso de muitas das ações que o Estado deixa de assumir, alegando não ter havido a participação da comunidade. Desse modo, embora as determinações da LDB tenham sido reforçadas pelo Plano Nacional da Educação (PNE), muitos problemas operacionais se apresentam na passagem das determinações para as ações, "visto que os investimentos propostos pelo Plano esbarram nos vetos presidenciais sobre a matéria financeira, o que acaba por tornar inócuas as mais animadoras declarações de intenções" (VIEIRA; ALBUQUERQUE, 2002, p. 51).

Com base nessas considerações, concluímos dizendo que o direito à creche e à pré-escola de qualidade ainda está distante de se consolidar na prática, porque faltam recursos satisfatórios à sua implantação, qualificação adequada aos profissionais da área e uma efetiva participação familiar e social. Portanto, solicitamos, juntamente com Rosemberg (2002b, p. 58), a "pesquisadores, profissionais, políticos, administradores, mães e pais, e militantes da área, engajados em prol de uma EI democrática e de qualidade, criar barreiras sólidas para impedir novo retrocesso da EI brasileira".

Referências

ARIÈS, P. *História social da criança e da família*. Rio de Janeiro: Guanabara Koogan, 1981.

BARRETO, A. M. R. Por que e para que uma política de formação do profissional de educação infantil. In: BRASIL-MEC. *Por uma política de formação do profissional de educação infantil*. Brasília: MEC/SEF/DPE/COEDI, 1994.

BRASIL. *Constituição da República Federativa do Brasil*. São Paulo: Imprensa Oficial do Estado, 1988.

BRASIL. *Estatuto da Criança e do Adolescente*. Lei n.º 8.069/90, de 13 de julho de 1990.

BRASIL. *Lei de Diretrizes e Bases da Educação Nacional*. Lei n.º 9.394/96, de 20 de dezembro de 1996.

BRASIL. DCNEI. *Diretrizes curriculares nacionais para a educação infantil*. Parecer CEB-CNE n. 22/98, aprovado em 17/12/98, Resolução CEB-CNE n. 1/99. Diário Oficial, Brasília, 13/04/1999a, Seção 1, p. 18.

BRASIL. IBGE. *Pesquisa sobre padrões de vida 1996-1997*. 2. ed. Rio de Janeiro: IBGE, 1999b.

BRASIL. RCNEI. *Referencial curricular nacional para a educação infantil*. Brasília, COEDI-MEC, 2001.

CAMPOS, M. M. A legislação, as políticas nacionais de educação infantil e a realidade: desencontros e desafios. In: MACHADO, M. L. A. (Org.). *Encontros e desencontros em educação infantil*. São Paulo: Cortez Editora, 2002, p. 27-33.

CAMPOS, M. M.; ROSEMBERG, F. *Critérios para um atendimento em creches que respeite os direitos fundamentais das crianças*. Brasília: COEDI-MEC, 1995.

COSTA, M. F. V. Jogo simbólico, discurso e escola: uma leitura dialógica do lúdico. In: CRUZ, S. H. V.; PETRALANDA, M. (Orgs.). *Linguagem e educação da criança*. Fortaleza: Editora UFC, 2004b, p. 232-256.

CRAIDY, C. M. A educação da criança de zero a seis anos: o embate assistência e educação na conjuntura nacional e internacional. In: MACHADO, M. L. A. (Org). *Encontros e desencontros em educação infantil*. São Paulo: Cortez Editora, 2002, p. 57-61.

CRUZ, S. H. V. Reflexões acerca da formação do professor da educação infantil. Cadernos de Pesquisa. São Paulo: Cortez, n. 97, 1996, p.79-87.

CRUZ, S. H. V. A Faculdade de Educação da Universidade Federal do Ceará: a construção de um caminho. In: MACHADO, M. L. A. (Org.). *Encontros e desencontros em educação infantil*. São Paulo: Cortez Editora, 2002, p. 224-232.

DAMIS, O. T. Formação pedagógica do profissional da educação no Brasil: uma perspectiva de análise. In: VEIGA, I. P. A.; AMARAL, A. L. (Org.) *Formação de professores: políticas e debates*. São Paulo: Papiros, 2002, p. 97-130.

DIEB, M. *Educação infantil e formação docente: um estudo em representações sociais*. Dissertação (Mestrado em Educação). Fortaleza: PPGED-UFC, 2004a.

DIEB, M. A formação docente na educação infantil e as representações sociais do professor sobre a sua profissão. In: CRUZ, S. H. V.; PETRALANDA, M. (Orgs.). *Linguagem e educação da criança*. Fortaleza: Editora UFC, 2004b, p. 84-104.

FARIA, A. L. G. et al (Orgs.). *Apresentação. Educação infantil pós-LDB: rumos e desafios*. 4. ed. Campinas: Autores Associados – FE-UNICAMP; São Carlos: Editora da UFSCAR; Florianópolis: Editora da UFSC, 2003, p. 1-4.

GUIMARÃES, J. L. O financiamento da educação infantil: quem paga a conta? In: MACHADO, M. L. A. (Org.). *Encontros e desencontros em educação infantil*. São Paulo: Cortez Editora, 2002, p. 43-56.

HOBBES, T. Leviathan. Versão eletrônica da obra completa em inglês, disponível em <http://etext.library.adelaide.edu.au/h/h68l/h68l.zip>. Acesso em 15 ago. 2004.

HOLANDA, M. P.; CRUZ, S. H. V. A formação contextualizada do professor da educação infantil: uma perspectiva para a melhoria da qualidade da educação da criança de 0 a 6 anos. In: CRUZ, S. H. V.; PETRALANDA, M. (Orgs.) *Linguagem e educação da criança*. Fortaleza: Editora UFC, 2004, p. 42-66.

IBARROLA, M. A recente experiência mexicana de formação básica e contínua de professores. I: SEVERINO, R. V. *et al*. (Orgs.). *Formação de professores*. São Paulo: Editora da UNESP, 1998, p. 69-84.

KISHIMOTO, T. M. Encontros e desencontros na formação dos profissionais de educação infantil. In: MACHADO, M. L. A. (Org.). *Encontros e desencontros em educação infantil*. São Paulo: Cortez Editora, 2002, p. 107-115.

KRAMER, S. Currículo de Educação Infantil e a formação dos profissionais de creche e pré-escola: questões teóricas e polêmicas. In: BRASIL-MEC. *Por uma política de formação do profissional de educação infantil*. Brasília: MEC/SEF/DPE/COEDI, 1994.

KRAMER, S. Formação de profissionais de educação infantil: questões e tensões. In: MACHADO, M. L. A. (Org.). In: *Encontros e desencontros em educação infantil*. São Paulo: Cortez Editora, 2002, p. 117-132.

LOIOLA, J. S. L. Formação continuada e pesquisa colaborativa: re-conhecendo e re-construindo o saber prático contextualizado das professoras da educação infantil. In: CRUZ, S. H. V.; PETRALANDA, M. (Orgs.) *Linguagem e educação da criança*. Fortaleza: Editora UFC, 2004, p. 68-83.

MARTINHO-RODRIGUES, R. *Príncipe, lobo e homem comum: análise das idéias de Maquiavel, Hobbes e Locke*. Fortaleza: Casa de José de Alencar (UFC) – Programa Editorial, 1997.

MORAES, M. C. M. Proposições acerca da produção de conhecimento e políticas de formação docente. In: *Iluminismo às avessas: produção de conhecimento e políticas de formação docente*. Rio de Janeiro: DP&A, 2003, p. 07-19.

MOSS, P. Para além do problema da qualidade. In: MACHADO, M. L. A. (Org.). *Encontros e desencontros em educação infantil*. São Paulo: Cortez Editora, 2002, p. 17-25.

NASCIMENTO, M.E. P. Os profissionais da educação infantil e a nova lei de diretrizes e bases da educação nacional. In: FARIA, A. L. G.; PALHARES, M. S. (Orgs.). *Educação infantil pós-LDB: rumos e desafios*. 4. ed. Campinas: Autores Associados – FE-UNICAMP; São Carlos: Editora da UFSCAR; Florianópolis: Editora da UFSC, 2003, p. 101-120.

PALHARES, M. S.; MARTINEZ, C. M. S. Educação infantil: uma questão para o debate. In: FARIA, A. L. G.; PALHARES, M. S. (Orgs.). *Educação infantil pós-LDB: rumos e desafios*. 4. ed. Campinas: Autores Associados – FE-UNICAMP; São Carlos: Editora da UFSCAR; Florianópolis: Editora da UFSC, 2003, p. 5-18.

ROSEMBERG, F. Educação infantil, gênero e raça. In: GUIMARÃES, A. S. A.; HUNTLEY, L. (Orgs.). *Tirando a máscara: ensaios sobre o racismo no Brasil*. São Paulo: Paz e Terra, 2000, p. 127-164.

ROSEMBERG, F. Do embate para o debate: educação e assistência no campo da Educação Infantil. In: MACHADO, M. L. A. (Org.). *Encontros e desencontros em educação infantil*. São Paulo: Cortez Editora, 2002a, p. 63-78.

ROSEMBERG, F. *Organizações multilaterais, estado e políticas de educação infantil*. Cadernos de Pesquisa. n. 115, mar. 2002b, p. 25-63.

SÁ, M. I. P.; MARTINHO-RODRIGUES, R. Desenvolvimento e educação. In: *Revista educação em debate*. ano 16, n. 27 a 28, p. 13-30. Fortaleza: Edições UFC, jan./dez. 1994.

SCHEIBE, L. Formação dos profissionais da educação pós – LDB: vicissitudes e perspectivas. In: VEIGA, I. P. A.; AMARAL, A. L. (Orgs.) *Formação de professores: políticas e debates*. São Paulo: Papiros. 2002, p. 47-63.

SHIROMA, E. O. O eufemismo da profissionalização. In: MORAES, M. C. M. (Org.). *Iluminismo às avessas: produção de conhecimento e políticas de formação docente*. Rio de Janeiro: DP&A, 2003, p. 61-79.

SORDI, M. R. L.; CAMARGO, A. L. C. A formação do professor em situação de trabalho e o papel da universidade: competência aliada à produção. In: *Revista Educação On-line*. Disponível em: <http://www.educacaoonline.pro.br> Acesso em: dez. de 2003.

TARDIF, M. Os professores enquanto sujeitos do conhecimento: subjetividade, prática e saberes no magistério. In: CANDAU, V. M. (Org.) *Didática, currículo e saberes escolares.* 2. ed. Rio de Janeiro: DP&A, 2002, p. 112-128.

TORRIGLIA, P. L. Argentina: políticas de ajustes e paradoxos na educação. In: MORAES, M. C. M. (Org.). *Iluminismo às avessas: produção de conhecimento e políticas de formação docente.* Rio de Janeiro: DP&A, 2003, p. 99-127.

VIEIRA, S. L.; ALBUQUERQUE, M. G. M. Legislação educacional: novos rumos para a educação. In: *Estrutura e funcionamento da educação básica.* 2. ed. Fortaleza: Demócrito Rocha, 2002, p. 39-63.

ZEICHENER, K. M. *Paradigmas e modelos na formação de professores.* Disponível em: <http://educar.no.sapo.pt/modformação.htm>. Acesso em: mar. de 2001.

Os autores

ALESSANDRA CARDOZO DE FREITAS

Doutora em Educação pela UFRN. Professora no Departamento de Educação da UERN (Campos de Assú), onde é pesquisadora e líder do NUPED. Também desenvolve pesquisas no grupo O Ensino de Leitura & Literatura, da UFRN. Possui trabalhos publicados em eventos científicos regionais, nacionais e internacionais. E-mail: *alessandracardozo@superig.com.br*

ANTÔNIA NÁGELA COSTA

Especialista em Língua Portuguesa e Literatura Brasileira pela UECE. Professora de Língua Materna na rede estadual de ensino no estado do Ceará. Membro do grupo de pesquisa PROTEXTO (UFC). E-mail: *anaght@yahoo.com.br*

ANTÔNIO DUARTE FERNANDES TÁVORA

Doutorando e mestre em Lingüística pela UFC. É membro do grupo de pesquisa PROTEXTO e professor na Faculdade Farias Brito (FFB). E-mail: *adftavora@uol.com.br*

CARLA VIANA COSCARELLI

Doutora em Lingüística pela UFMG, onde leciona, desenvolve pesquisas e orienta dissertações e teses. Fez pós-doutorado no Departamento de Ciências Cognitivas da University of Califórnia San Diego (UCSD). É autora de livros como *Novas tecnologias, novos textos, novas normas de pensar* e *Livro de receitas do professor de Português*. É pesquisadora do grupo A Tela e o Texto e do Ceale (Centro de Alfabetização, Leitura e Escrita), ambos sediados na UFMG. E-mail: *ccoscarelli@letras.ufmg.br*

CÁSSIA FÁTIMA DOS SANTOS

Mestre em Literatura Brasileira pela UFRN. Professora de Literatura na Faculdade de Letras & Artes da UERN. Pesquisadora e líder do grupo de pesquisa PRADILE, sediado no Departamento de Letras do Campus de Assú. E-mail: *kssiamatos@yahoo.com.br*

EDNACELÍ ABREU DAMASCENO MOTA

Mestre em Educação pela UNICAMP. Professora no Departamento de Educação da UFAC, onde também atua como pesquisadora no grupo de pesquisa Formação Docente, Teorias & Práticas Pedagógicas. E-mail: *ednaceli@yahoo.com.br*

FERNANDA CORREA SILVEIRA GALLI

Doutoranda em Lingüística Aplicada pelo IEL da UNICAMP. Mestre em Letras pela UNESP (Campus de Assis), onde também concluiu a graduação em Letras. Professora do curso de Pedagogia no Centro Universitário de Rio Preto (UNIRP). E-mail: *fcsgalli@hotmail.com*

FRANCISCA DE JESUS GOMES DE SOUSA

Especialista em Ensino de Língua Portuguesa pela UECE. Professora de Língua Portuguesa na rede pública de ensino de Maracanaú-CE. E-mail: *gomesfran@yahoo.com.br*

FRANCISCA RAMOS-LOPES

Doutoranda em Lingüística Aplicada pela UFRN, onde também obteve título de Mestre. Professora de Lingüística na Faculdade de Letras & Artes da UERN (Campus de Assú), onde atua como pesquisadora no PRADILE. E-mail: *francisca.l@bol.com.br*

IRANDÉ ANTUNES

Doutora em Lingüística pela Universidade de Lisboa. Professora aposentada no Programa de Pós-Graduação em Lingüística da UFPE. Autora de *Aspectos da coesão do texto: uma análise em editoriais jornalísticos* (pela Editora da UFPE); *Aula de Português: encontro e interação* e *Lutar com palavras – coesão e coerência* (ambos pela Editora Parábola). No momento é professora visitante no Programa de Pós-Graduação em Lingüística Aplicada da UECE e desenvolve pesquisas relacionadas ao ensino de línguas e à formação de professores. E-mail: *moraisantunes@uol.com.br*

MARIA DA CONCEIÇÃO SILVA

Mestre em Educação pela UFRN, onde desenvolve pesquisas no grupo Gêneros & Práticas Culturais. Professora na Faculdade de Educação da UERN, Campus de Assú, atuando como pesquisadora do NUPED. Possui trabalhos publicados em eventos nacionais e internacionais, além de trabalhos publicados como capítulos de livros. E-mail: *conceicaosil@yahoo.com.br*

Marly Amarilha

É PhD em Literatura pela University of London, mestre em Literatura Brasileira pela UFSC e graduada em Letras. É professora no Programa de Pós-Graduação em Educação da UFRN, onde coordena o grupo O Ensino de Leitura e Literatura. É pesquisadora do CNPq e tem trabalhos publicados na França e na Inglaterra. No Brasil, é autora de *Estão mortas as fadas?*, já na 6ª edição, pela Editora Vozes. E-mail: *marlyamarilha@yahoo.com.br*

Regina Cláudia Pinheiro

Mestre em Lingüística pela UFC e Especialista em Informática Educativa pela UECE. É professora no Centro de Educação, Ciências & Tecnologia (CECITEC) da região dos Inhamuns, campus da UECE em Tauá. E-mail: *rclaudiap@yahoo.com.br*

Silvano Pereira de Araújo

Doutor em Letras pela UFPE. Professor de Prática de Ensino de Língua Inglesa na Faculdade de Letras & Artes da UERN, Campus de Assú, onde atua como pesquisador do PRADILE. E-mail: *silvano-p@uol.com.br*

Terezinha de Fátima Ferreira

Especialista em Pesquisa Científica e Ensino Superior pela UERN, onde trabalha como técnica no Departamento de Educação – Campus de Assú. É licenciada em Letras pela mesma Universidade e tem interesse particular pela literatura potiguar. E-mail: *xapria@yahoo.com.br*

Qualquer livro do nosso catálogo não encontrado nas livrarias pode ser pedido por carta, fax, telefone ou pela Internet.

✉ Rua Aimorés, 981, 8º andar – Funcionários
Belo Horizonte-MG – CEP 30140-071

📱 Tel: (31) 3222 6819
Fax: (31) 3446 2999
Televendas (gratuito): 0800 2831322

@ vendas@autenticaeditora.com.br
www.autenticaeditora.com.br

Este livro foi composto com tipografia palatino, e impresso em papel off set 75 g. na Formato Artes Gráficas.
Belo Horizonte, fevereiro de 2007.
